인문낙서 1

人文樂書

숨 막혀 죽겠거든, 철학하라

〈인생의 힘든 고비에서
나를 잡아준 책들〉

인문낙서 1

人文樂書

홍정 지음

숨막혀 죽겠거든, 철학하라

〈인생의 힘든 고비에서
나를 잡아준 책들〉

인간사랑

차례

프롤로그

운명의 쓰라린 고난에 '한 번 더!'라고 당당히 맞서 그 고난을 힘의 의지로서 극복하는 삶을 기대하며

시간은 야련하다. 지나간 시간을 붙잡으려고 해도 붙잡을 수 없다. 거울 속의 내가 나에게서 소외되듯이.

> 이 인생을 자연스럽게 잘사는 길을 배우는 것보다 더 힘든 학문은 없다. 그리고 질병 중에서도 가장 야만적인 병폐는 우리의 존재를 경멸하는 일이다.
> (…)
> 내 생명을 시간적으로 아주 짧게 보고 있는 지금에 와서는, 나는 인생의 무게를 늘려 놓고 싶다.
> 나는 인생이 빨리 달아나는 것을 재빨리 잡아서 멈추게 하고 싶다. 그리고 생명을 정력 있게 사용해서 그 빠르게 흘러가는 것을 보충하며, 삶의 소유가 더 짧아짐에 따라 인생을 더 심오하고

충만하게 만들어야겠다.[1]

장사익이 부르는 《봄날은 간다》는 마음을 저리게 한다. 《봄날은 간다》 가사를 음미해 보자.

연분홍 치마가 봄바람에 휘날리더라
오늘도 옷고름 씹어가며
산제비 넘나드는 성황당 길에
꽃이 피면 같이 웃고 꽃이 지면 같이 울던
알뜰한 그 맹세에 봄날은 간다

새파란 풀잎이 물에 떠서 흘러가더라
오늘도 꽃 편지 내던지며
청노새 짤랑대는 역마차 길에
별이 뜨면 서로 웃고 별이 지면 서로 울던
실없는 그 기약에 봄날은 간다

열아홉 시절엔 황혼 속에 슬퍼지더라
오늘도 언 가슴 두드리며
뜬구름 흘러가는 신작로 길에

---

1 『수상록』 나는 무엇을 아는가 판, pp. 1281-1282.

새가 울면 따라 웃고 새가 울면 따라 울고

얄궂은 그 노래에 봄날은 간다

고대 철학자 헤라클레이토스는 같은 강물에 두 번 들어갈 수 없다고 했는데, 틀린 말이다. 강물은 흘러가는데 같은 강물에 한 번 들어가는 것조차 불가능하기 때문이다. 들어가는 순간 이미 그것은 같은 강물이 아니기 때문이다. 한 번 지나간 내 청춘의 열아홉 시절은 다시 오지 않는다. 언제나 청춘일 것 같았는데 어느새 머리가 하얗다. 세네카는 이렇게 말한다.

> 정말 시간은 한없이 빠른 것이더군. 그것은 지난날을 되돌아볼 때 더욱 명백해지지. 눈앞의 일에 몰두해 있으면 깨닫지도 못할 만큼, 시간은 쏜살같이 빠르면서도 조용하게 지나가니까. 어째서 그런 거냐고? 지나간 시간은 모두 같은 곳에 있네. 한눈에 내다보이는 곳에 한 덩어리로 누워 있지. 또 모두가 같은 깊이 속에 있네. 그리고 전체가 짧은데, 그 속에 긴 간격은 있을 수 없네. 우리의 일생은 점, 아니 점보다도 작다네.[2]

이런저런 사연 없는 사람은 없다. 마냥 행복한 듯이 보이는 사람들도 다들 마음에 생채기 하나쯤은 보듬고 살아간다. 어떤 이는 이

---

2 『세네카 인생론』, pp. 453-454.

상처에 대어 좌절하다가 왜소하게 삶을 마감하고 어떤 이는 자신의 운명을 스스로 개척하여 고양된 삶을 살기도 한다. 『오뒷세이아』에서 오뒷세우스는 이렇게 말한다.

> 나는 너울과 전쟁터에서 고생을 많이 해서 마음이 굳건한 편이오.
> 그러니 이들 고난들에 이번 고난이 추가될 테면 되라지요.[3]

니체는 운명을 긍정하고 고양된 삶을 살 것을 주문한다. 삶이 고통에 처했을 때 체념하지 말고 그 고통이 '한 번 더' 내 삶에 오라고 한다. 그리고 그 고통을 힘의 의지로 극복하겠다는 것이다. "그것이 생이었던가? 좋다! 그렇다면 다시 한 번Noch Ein Mal!" (『차라투스트라는 이렇게 말했다』, 13: 263). 운명의 쓰라린 고난에 '한 번 더!'라고 당당히 맞서 그 고난을 온 힘을 다해 극복하는 삶을 살자!

자궁 안에서 엄마와 아빠, 가족들의 기쁨, 기대, 희망의 목소리와 교감하다가 생명은 세상 밖으로 내던져진다. 이 내던져지는 그 '응아!'하고 울음을 터뜨리는 순간, 생명은 경이롭게도 자연에서 문화로 도약한다.

> 자연이 어미의 뱃속에서 고생하며 어린애를 끌어내어

---

3 호메로스 지음, 천병희 옮김, 『오뒷세이아』(서울: 숲, 2006), p. 380.

어린애가 막 빛의 세계로 나오는 순간부터
마치 파도의 맹위가
해안으로 내던진 뱃사공과도 같이
어린애는 발가숭이로 언어도 모르며
생존에 필요한 모든 것이 결여된 채 땅에 팽개쳐져 있다.
그리고 애절한 울음소리로 자기가 태어난 장소를 채운다.
그 울음이 옳으리라, 이 불행아에게는 그의 인생행로에 겪어야 할
많은 불행만이 남아 있다! 그 반대로 동물은
가축이건 야수이건, 크건 작건, 수고로움 없이 성장하며
그들에게는 딸랑딸랑 소리 나는 장난감도
유모의 어르는 말도 필요치가 않다.
그리고 계절 따라 갈아입어야 할 옷조차도
찾으러 나가지 않는다. 끝으로 그들은 재산을 보존하기 위한
무기도 성벽도 필요치 않다.
왜냐하면 대지와 근면한 대자연은 그들에게 필요한
모든 종류의 자료를 풍부하게 생산해 주기 때문이다. (루크레티우스)

생후 얼마간 생명은 완전한 충족감을 느낀다. 아기는 왕자나 공주로 귀염을 독차지한다. 인간은 생애 처음 4분의 1이 가장 행복한 시기다. 그러므로 이때가 언제나 그리운 낙원으로 추억된다. 유년기에는 남과 교제를 거의 하지 않고 사교 욕구도 극히 작으며, 의지가 흥분하는 일도 매우 드물다. 따라서 그 본성의 대부분이 인식에 몰두

하고 있다.

> 인간의 두뇌는 일곱 살쯤 되면 상당히 커지며, 지능도 그 무렵부터 발달하기 시작하여 외부 세계를 인식하려고 한다. 인식의 대상인 외부 세계는 매우 신선한 느낌을 준다. 모든 것이 생기발랄해 보이기 때문에 유년시절은 그대로 하나의 아름다운 서사시가 된다. 사실 모든 시와 예술의 본질은 플라톤이 말한 바와 같이 이데아(사물의 실체)를 붙잡는 일, 다시 말해서 개체를 통하여 보편적인 것을 직관하는 일이다.[4]

그러나 아기는 언제나 충만할 수 없다. 아기의 삶 앞에는 사회가 도사리고 있다. 영화 《더 그레이The Grey》에서 오트웨이(리암 니슨 分)가 늑대의 공격으로부터 벗어나 살았구나 하고 안도하는 순간, 그곳이 늑대의 소굴이었듯이 말이다.

자기의 쾌락을 완전히 충족시키면서 살 수는 없다. 우리는 타자로부터 이런저런 제약과 구속을 받으며 살아간다. 모두가 결핍 없이 만족하는 세상에서는 행복이 존재하지 않는다. 모두가 만족하는데 그 만족에서 행복감을 느낄 수 없기 때문이다. 이를 괴테는 "화창한 날이 계속되는 것만큼 견디기 어려운 것은 없다"라고 에둘러 말하지 않았던가! 완전한 쾌락 충족의 세계에서는 인간의 삶과 동물의 본능

---

4 『삶의 예지』, p. 392.

은 구별되지 않는다. 따라서 생각하는 존재로서 인간은 자기와 타자를 구별하고 자기 보존과 염려에 관심을 갖는 운명을 타고났다고 할 수 있다.

유토피아에서는 행복을 모른다. 모두가 행복하면 쾌락이 좋은지 나쁜 지 알 수 없기 때문이다. 그래서 쇼펜하우어는 행복은 고통에서 온다고 단언한다.

> 그러나 마침내 모든 것을 극복하고 목적을 달성했다 하더라도 거기서 얻어진 것은 어떤 고뇌나 소망으로부터 해방된 것밖에는 없고, 따라서 그러한 것들이 생기기 이전의 상태가 된 것에 불과하다. 우리에게 직접 주어진 것은 언제나 부족, 즉 고통뿐이다. 그러나 우리는 충족이나 즐거움을, 생기는 동시에 끝나버린 이전의 고뇌나 결핍에 대한 기억을 통해 간접적으로만 인식할 수 있다. 그 때문에 우리는 실제로 우리가 소유하고 있는 재물이나 장점을 결코 제대로 알아채거나 평가하지 못하고, 그것이 의당 바로 그래야만 한다고 생각하게 된다. 그것들은 고뇌를 가로막으면서 언제나 소극적으로만 행복하게 하기 때문이다. 우리가 그러한 것을 잃은 연후에야 비로소 그것들의 진가를 느끼게 된다. 부족, 결핍 및 고뇌는 적극적인 것이고, 직접적으로 자신의 출현을 통고하는 것이기 때문이다.[5]

---

5 쇼펜하우어 지음, 홍성광 옮김, 『의지와 표상으로서의 세계』(서울: 을유문화사, 2009), pp. 529-530.

행복은 적극적이 아니라 단지 소극적인 성질이 있을 뿐이다. 그래서 지속적인 충족의 세계인 유토피아에서 행복이 있을 수 없다. 지루한 삶에서는 한없는 권태만이 있다. 무료함을 달래기 위해서 시간 죽이기에 몰두할 것이다. 무의미하고 단조로운 삶에서 벗어나 소일거리를 찾기 위해 몸부림칠 것이다. 행복은 언제나 고통이나 부족으로부터 구원된 것에 불과하다.

루소는 『인간 불평등 기원론』에서 "사색은 자연에 위배되는 상태이며, 명상하는 인간은 타락한 동물"이라고 말한다. 세계에서 자기가 자기임을 아는 존재는 인간이 유일하다. 지능은 자연 상태에서는 존재하지 않는다. 사회생활을 하는 인간에게만 지능이 존재한다. 다시 말해 자연 상태에서 인간은 결핍과 고통을 모르며, 결핍과 고통은 사회적 존재로서 생각하는 인간의 고유한 존재방식이다.

영화 《브루스 올마이티Bruce Almighty》에서 브루스(짐 캐리 分)는 하늘을 향해 삿대질을 하면서, 자신의 불행은 신의 탓이라며 원망하다 신의 전능을 부여받아 세상 사람들의 온갖 욕망을 접수받는다. 이 영화의 요점은 처음엔 욕망을 메모지로 나중에는 메일로 받는데, 그 수가 셀 수 없이 많아진다는 점이다. 결국 결핍의 존재로서 인간의 욕망은 충족될 수 없다. 그래서 인간은 마음의 안정을 얻기 위해 자기 자신을 부단히 도야한다. 지나친 경쟁과 과도한 쾌락 추구로 몸과 마음을 해치기 쉬운 현대인들은 명상과 수련을 통해 자기관리에 매진한다.

자신을 뒤돌아 볼 틈 없이 살아오다 어느 날 갑자기 자신의 삶에 대해 근원적인 물음을 던지는 순간이 찾아온다. 달리 말해 청춘의 시기에 던졌던 '나는 누구이고 무엇인가?'라는 물음을 다시 던지는 것이다. 이것은 생각하는 존재로서 인간에게 피할 수 없는 물음이다.

이같이 삶이 근원적 곤경에 처했을 때 우리는 멘토를 찾는다. 멘토라는 개념은 『오뒷세이아』에서 유래한다. 트로이 전쟁에 출정하기 위해 이타케 섬을 떠나야 했던 오뒷세우스는 친구 멘토와 유마이우스에게 어린 아들 텔레마코스를 보살펴 달라고 부탁한다. 나중에 오뒷세우스의 아내 페넬로페를 향한 구혼자들이 서로 경쟁하여 텔레마코스가 곤경에 처하자, 오뒷세우스가 떠나기 전 텔레마코스의 안전을 부탁한 친구인 멘토의 모습으로 변장한 여신 아테네는 텔레마코스 앞에 나타나 텔레마코스에게 조언을 한다. 그 후 '멘토'라는 고유명사를 18세기 프랑스의 한 작가가 '경험 많은 조언자'를 가리키는 보통명사처럼 썼고, 이후 '멘토'는 어리고 경험 없는 이에게 조언을 하는 지혜로운 어른을 가리키는 의미로 사용되었다.

철학은 삶의 피로에 지친 마음과 몸을 추슬러 활력을 찾도록 한다는 점에서 훌륭한 멘토라고 할 수 있다. 이 책은 저자가 삶의 곤경에 처했을 때 인문 멘토들과 소통해서 어떻게 어려움을 지혜롭게 헤쳐 나왔는지 다룰 것이다. 저자는 삶의 무게에 짓눌려 있을 때마다 인문 멘토들의 치열한 삶의 에피소드를 통해 마음을 다잡고 위안을 얻었다.

인간은 운명적으로 세상에 내던져진 불쌍한 존재이다. 이에 더하여 현대인은 경쟁과 과도한 쾌락 추구로 인해 이중삼중의 스트레스에 시달린다. 그래서 이 책은 인문 멘토들의 삶을 통해 어떻게 하면 조금이나마 삶의 곤경으로부터 벗어나 마음의 위안을 찾을 수 있을까 하는 문제에 천착한다. 이 책이 마음에 위안을 주고 안정을 회복하는 데 한 줄기 빛이 되기를 바란다.

2014년 4월

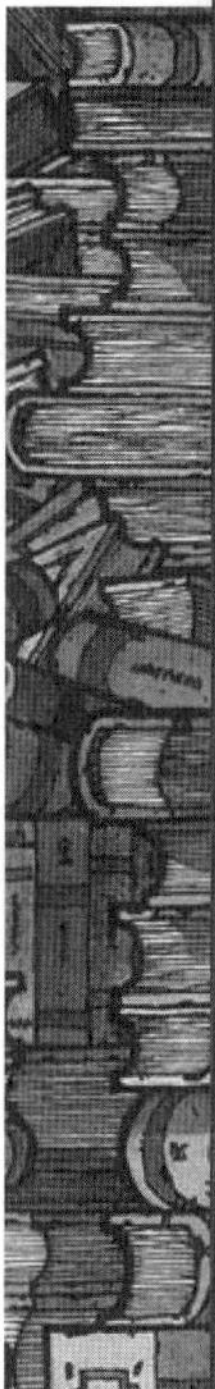

제1부

삶이
숨막혀
봐야
철학이
보인다

우리는 그것이 현실로 닥쳐올 때까지는 불행한 일에 대하여 아무것도 예상하지 못하고 자기는 예외이며 자기만은 불행을 면한 존재이고, 남보다 평온한 여로를 걸어가는 줄로 믿고, 다른 사람의 재난을 보고도 그 재난이 자기한테도 닥쳐올지 모르는 인간 모두에게 공통적이라는 것을 교훈으로 삼지 않기 때문입니다.

—세네카 「마르키아에게 보내는 위로의 편지」 중에서

제1장
내 운명(運命)은 정해진 것일까?

아버지와 동생의 죽음

이 책에서 나는 내 이야기를 하려고 한다. 내 가슴 깊숙이 누구에게도 들키지 않게 꼭꼭 숨겨둔 보물 같은 이야기 즉 '아갈마agalma'[6]에 대해 말하려고 한다.

---

6 아갈마agalma. 원래 조상(彫像)이나 동상(銅像)이란 뜻이다. 아테네의 전설적인 조각가 다이달로스Daidalos가 제작한 조상(彫像, 아갈마)들은 실물과 똑같이 살아 움직이는 것처럼 잘 만들어서 매어두지 않으면 달아나는 불안하기 그지없는 보물 같은 것들이었다. 정신분석학은 이러한 조상(彫像)에 대한 보물적 해석을 플라톤의 『향연』에서 찾는다. 이 책 215a-222c에 이런 내용이 나온다. 소크라테스가 아낀 젊은이들 가운데 알키비아데스가 있었다. 소크라테스가 자신의 매력에 빠져 수작을 걸어오기를 바랐는데 끝내 아무런 기미도 보이지 않자 도리어 자기가 망신을 당했다고 하면서, 오히려 자신이 소크라테스의 매력에 빠졌다고 말하고 있다. 이처럼 소크라테스 자신은 알지 못하지만 알키비아데스로 하여금 소크라테스를 욕망하게 만드는 원인이 있는데, 정신분석학에서는 소크라테스 속에

벌써 여러 해 전부터 내 사색의 목표는 나 자신밖에 없었고, 나는 나 자신만을 살펴보고 연구해 본다. 그리고 내가 다른 일을 연구한다면, 그것은 바로 자신에 적용해 보기, 또는 적절히 말하자면, 내 자신 속에 적응하기 위해서 하는 일이다. 그리고 이와는 비교할 수 없이 쓸모가 많지 않은 다른 학문에서와 같이, 내가 내 배움의 깊이에 만족하는 것은 아니지만, 여기서 배운 바를 남에게 전해 준다고 해도, 그것이 실수하는 일이라고는 보지 않는다. 자기 자신에 대한 묘사만큼 어려운 묘사도 없으며, 그만큼 유용한 일도 없다. 이것을 밖에 내놓으려면, 그만큼 더 맵시 있게 잘 그려서 더 질서 있게 정리해야만 한다. 나는 계속 내 자신을 장식하고 있다. 왜냐하면 나는 끊임없이 나를 묘사하고 있기 때문이다.[7]

누구나 가슴 깊이 묻어둔 이야기 한두 개쯤은 보듬고 살아간다. 삶을 단락(短絡)짓는 이 숭고한 이야기들은 삶이 다하는 순간까지 죽지 않고Un-dead 가슴깊이 살아남는다. 나는 여기서 이런 이야기를 하려고 한다.

있는 알키비아데스를 사로잡는 원인을 소중한 보물 즉 아갈마라고 한다. 다이달로스의 조상이 실물처럼 살아 움직일 만큼 잘 만들어져 매어 보관하는 보물과 같은 귀한 존재인 점을 생각하면 정신분석학에서 왜 아갈마를 보물이라 하는지 알 수 있다.

7 『수상록』, pp. 399-400.

세상 사람들은 늘 서로 상대편을 쳐다본다. 나는 내 눈을 내 속으로 돌리며, 시선을 거기에 처박고, 그 속을 부지런히 둘러본다. 모두들 자기 앞만 쳐다본다. 나는 내 속을 들여다본다. 나는 나밖에 일이 없다. 나는 끊임없이 나를 고찰하며 검토하며, 나를 맛본다. 다른 자들은 그들이 잘 생각해 본다면, 늘 다른 곳으로 가고 있다. 그들은 늘 앞으로 간다.

아무도 자기 속으로 들어가려고 시도하지 않는다. (페르시우스)

나는 내 속에서 굴러다닌다. 내 속에 있는 진실이 무엇이건, 이 진실을 추려 내는 능력과 내 신념을 쉽사리 굽히지 않는 이 자유의사를 나는 주로 내게서 얻었다. 내가 가진 가장 견실하고 일반적인 사상들은, 말하자면 나와 함께 출생하였다. 그것은 자연스럽고 그리고 완전히 내 것이다.[8]

나는 그토록 원하던 대기업 광고회사에 들어갔다. 내 회사 운(運)은 나쁘지 않았다. 그런데 내가 대기업 광고회사에 취직할 수 있었던 것은 학우들이 데모에 가담하여 민주화 투쟁을 할 때 나는 비겁하게도 도서관에 박혀 취업준비에 열중했기 때문이었다. 나는 재

---

8 『수상록』 나는 무엇을 아는가 판, pp. 766-767.

수를 해서 대학에 들어갔다. 재수를 해서라도 대학에 보내려는 부모님 덕분이었다. 이걸로 봐서 학운(學運)도 그리 나쁜 편은 아니었다.

> 그래서 에피쿠로스학파와 퓌론 회의주의자들에게 '에우다이모니아'(행복)는 인간의 기분이 완전히 "잠잠해진 바다*γαληνη*"와 같은 상태요, 스토아학파에게 그것은 "삶의 순탄한 흐름*ευροιαβιου*"으로 정의된다.[9]

나는 대학에 입학하고 바로 군대에 갔다. 군기가 세기로 악명 높은 탱크부대에 배치되었다. 억세게 군대 운(運)이 없다고 생각했다. 나는 탱크 조종수가 되어야 했는데 운 좋게도 교육병으로 차출되어 편안하게 군복무를 할 수 있었다. 휴가 때는 일반 군인들이 입는 군복이 아니라 탱크부대 군복을 입고 나와 친구들 앞에서 뻐기기도 했다. 자대에 배치되었을 때 삼청 교육이 실시되고 있었다. 나는 신병이었기에 운 좋게도 교육생들에게 구타를 하는 가해자에서 빠질 수 있었다. 어쨌든 운이 그리 나쁜 편은 아니었다. 그러나 40대 초반에 비극적 운명의 쓰나미가 가혹하게 나를 덮쳐왔다.

> 사람은 언제나 마지막 날을 기다려 보아야 아느니
> 죽어서 장례 지낸 뒤가 아니면

---

9 말테 호센펠더 지음, 볼프강 뢰트 엮음, 조규홍 옮김, 『헬레니즘 철학사』(파주: 한길사, 2011), p. 51.

어떤 이라도 행복하다고 큰 소리 치지 못한다.[10]

비극적 운명은 나에게 예고 없이 들이닥쳤고 나의 삶을 송두리째 앗아갔다. 2000년 초에 아버지가 사고로 죽고 이듬해 동생이 자살했다.

지금 당장 생각해두게, 모든 사람은 죽게 마련이라는 것, 그리고, 죽는 것에는 어떠한 확실한 법칙이 없다는 것을. 언제든지 일어날 수 있는 일이라면 오늘이라도 일어날 수 있네.[11]

나는 40대 초반에 운이 다했다고 생각했다. 남들이 부러워하는 국내 굴지의 광고회사에 다니면서 결혼해 딸아이를 키우며 단란하게 살던 안정된 삶은 무너졌다. 나는 이 가혹한 운명 앞에 속절없이 무너져 내렸다.

그는(크로이수스 왕) 키로스 대왕에게 사형선고를 받자 그 집행하는 마당에서 "오! 솔론이여! 솔론이여!"하고 소리쳤다. 이 말이 키로스에게 보고되어, 그것이 무슨 뜻인가 하고 심문했다. 크로이수스가 대답하기를, "옛날 솔론이 자기에게 한 말에, 사람은

---

10 몽테뉴가 『수상록』 p. 86에서 인용한 오비디우스.

11 『세네카 인생론』, p. 487.

운이 아무리 좋아도 그 인생의 마지막 날을 보기 전에는 그를 행복하다고 부를 수는 없는 법이다. 그것은 인간의 일이 불확실하고 변화무궁하여 아주 가벼운 동기로 어떤 형세에서 전혀 판이한 다른 형세로 변해 가기 때문이라고 하더니, 이제 자기의 불행이 이 예고에 적중되었다."는 것이다.[12]

2000년 추석을 며칠 앞두고 아버지는 큰 아버지 산소에 성묘를 다녀오려고 집을 나섰다. 아버지와 분가해서 살던 나는 외국계 광고회사에서 일하고 있었다. 추석 전이라 매우 분주했고 마음도 들뜬 상태였다. 또한 오랜만에 고등학교 동창들과의 만남에 마음이 설렜다. 나를 포함한 10명의 고등학교 친구들이 모임을 만들어서 계속 만남을 유지해 왔는데 서로 바쁘다는 핑계로 전화로 안부만 묻다가 쌓인 회포를 풀기로 했기 때문이다. 당시는 의욕적으로 일에 매달려 나를 돌아볼 여지가 전혀 없었던 때였다. 모두가 그렇게 살겠지 하고 나를 잊고 살았다. 룸살롱에서 술에 취해 비틀거리면서 삶 뭐 별거 있어 다들 이렇게 사는 거지 하면서 사는 것에 익숙했었다.

이렇게 남들처럼 평범한 샐러리맨으로 살고 있었다. 명절을 앞둔 그날 오후 동생의 다급한 전화를 받았다. "형! 아버지가 사고가 났어." "무슨 사고?" "교통사고!" 나는 임종도 못보고 아버지를 떠나보내야 했다. 공직에서 은퇴하고 평안한 노후를 보내실 60대 중반 나

---

12 몽테뉴 지음, 손우성 옮김, 『수상록』(서울: 동서문화사, 2007), p. 86.

이에 아버지는 이렇게 허망하게 세상을 떠났다. 경황없는 나를 대신해 고등학교 동창들이 자기 일처럼 나서서 장례식을 마칠 수 있었다. 이 자리를 빌려 친구들에게 고맙다는 말을 전한다.

> 그러나 폭력에서 오건 도둑질에서 오건 타인의 침해로 생긴 손실은, 탐욕으로 병들어 고통 받는 사람과 똑같이 나를 괴롭힌다. 이런 침해는 그 손실보다 마음에 쓰리기 한이 없다.
> 온갖 종류의 불행이 줄을 지어서 내게 닥쳐왔다. 다른 사람들과 모두 함께 당한다면, 나는 더 마음 편히 당했을 것이다. 벌써 나는 내가 늙어 넋을 잃어 곤궁하게 되면 친구들 중에 누구에게 몸을 의탁할 것인가 하고 생각해 보았다. 눈으로 사방을 둘러본 뒤에 나는 알몸뚱이로 돌아왔다. 그렇게 높이서 곤두박질쳐 떨어지려면, 견고하고 힘차고 여유 있게 풍족한 친구의 팔에 떨어져야 할 일인데, 그런 친구란 있다고는 해도 드물다. 마침내 나는 내가 곤궁한 때에 나를 맡길 가장 안전한 곳은 나 자신이라는 것을 알았다. 그리고 운의 은혜에서 냉대 받는 경우를 당한다면 가장 간절하게 나를 자신의 은혜에 당부하고 내게 애착하며 나를 더 가까이서 주시해 보아야 할 것임을 알았다.[13]

나는 다시 일상으로 돌아왔다. 그러나 이제는 예전의 내가 아니었

---

13 『수상록』 나는 무엇을 아는가 판, p. 1202.

다. 내 영혼에는 구멍이 뚫려 있었다. 나는 아버지의 임종을 지켜보지 못했다는 죄책감에 시달렸다. 아버지의 서재에서 아버지의 손때가 묻은 책들을 보면서 어릴 적 기억이 주마등처럼 떠올랐다. 중학교 입학 때 아버지가 선물로 사준 김소월의 시집을 달달 외웠던 기억, 재수(再修)할 때 아버지가 사준 에리히 프롬의 『사랑의 기술』을 읽으면서 밤을 지새웠던 기억들이 더욱 생생하게 떠오를 때면 마음을 주체할 수 없었다. 그리고 아버지를 애도하면서 눈물로 밤을 지새우는 날들이 많아졌다.

프롬의 말처럼 아버지는 사람과 사람의 결합을 유지하려면 상당한 노력, 특히 사랑 능력을 키우는 노력이 필요함을 가르쳐 주었다. 『사랑의 기술』에서 에리히 프롬은 예술이나 의술처럼 사랑도 하나의 기술이라고 정의했다. 감흥을 느낄 때에만 피아노에 앉는 피아니스트는 그저 음악을 좋아하는 사람일 뿐 예술가라고 부를 수 없다. 아버지는 프롬의 말처럼 사랑의 기술은 갑자기 생기는 능력이 아니라 부단한 노력을 거쳐 발전하다는 사실을 가르쳐 주었다. 아버지는 사랑의 기술은 팔은 뻗는 것보다 훨씬 어려운 능력이고 따라서 사랑의 기술을 익히기 위해 훈련을 하면 사랑에 능한 사람이 된다는 것을 몸소 나에게 일깨워 주었다.

> 목공 기술을 배우는 자는 나무를 깎는 법부터 배워야 한다. 피아노 연주를 배우는 자는 음계 연습부터 시작해야 한다. 궁술(弓術)의 선적(禪的) 기술을 배우는 자는 호흡에서부터 시작해야 한다. 우리가 어떤 기술에 숙달하려면 삶 전체를 이 기술에

> 바치거나 적어도 이 기술과 관련시켜야 한다. 자기 자신이 기술 훈련의 도구가 되어야 한다.
> 사랑의 기술에 대해서 이 말은, 이 기술 분야에서 명장이 되려는 야망을 가진 사람은 누구든지 삶의 모든 국면을 통해 훈련, 정신집중, 인내를 '실행'하는 것으로부터 시작해야 한다는 의미이다.[14]

직장생활을 하면서 나는 시간이 없다는 핑계로 내면을 돌보지 않았다. 그런데 아버지의 죽음으로 나를 돌아볼 시간이 없다는 것이 그야말로 핑계였음을 알았다. 왜냐하면 그렇게 짬이 나지 않던 내가 내면을 들여다 볼 시간을 가졌기 때문이다. 사실은 바빠서 나를 돌아볼 수 없었던 것이 아니라 나와 대면하는 것이 두려웠던 것이다. 프랑스 사상가 몽테뉴는 『수상록』에서 "세상에서 가장 중요한 일은 자기 자신이 될 줄 아는 것이다. 모든 인간은 자신을 직시해야 한다. 내 안을 들여다보고, 오직 나 자신과 관계하며, 끊임없이 자신을 생각하고, 다스리며, 음미한다. 우리의 일부분은 사회의 몫이지만 가장 귀중한 부분은 우리 자신의 몫이다. 타인에게는 자신을 빌려주어야 하지만, 자신에게만은 모두 주어야 한다."고 말한다.

이렇게나마 내게 깨달을 힘을 준 것은 어릴 적 아버지의 서재에서 아버지와 함께 책을 읽었던 소중한 기억 때문이었다. 아버지는 늘 책

---

14 에리히 프롬 지음, 황문수 옮김, 『사랑의 기술』(서울: 문예출판사, 2006), p. 151.

을 가까이 했다. 이런 아버지를 보면서 자란 우리 형제 또한 꾸준히 독서를 했다. 그리고 내가 힘든 군대생활을 할 때 아버지는 책을 보내주었다. 이러한 인문 본능이 내 영혼에 새겨져 있었다. 아버지는 당신이 죽어서도 사랑을 주고 계셨다.

> 사랑은 수동적 감정이 아니라 활동이다. 사랑은 '참여하는 것'이지 '빠지는 것'이 아니다. 가장 일반적인 방식으로 사랑의 능동적 성격을 말한다면, 사랑은 본래 '주는 것'이지 받는 것이 아니라고 설명할 수 있다.[15]

아버지가 사랑으로 준 인문 본능이 아버지의 죽음으로 내 영혼이 비틀거릴 때 나를 붙잡아 준 힘이란 사실을 뒤늦게 알게 되었다.

> 그리고 자연은 자기 신체를 계승하는 부분들을 연장시켜 앞으로 내보낼 목적에서 이 본능을 부여한 것으로 보이는 만큼, 거꾸로 자손으로부터 조상에게 거슬러 올라가는 치사랑이 그렇게 크지 못하다고 해도 놀랄 일은 아닙니다. (…)
> 그런데 유용성은 영예성(榮譽性)보다 훨씬 귀엽지 못합니다. 영예성은 안정되고 항구적이며 그것을 행한 자에게 꾸준한 만족을 제공합니다. 유용성은 쉽사리 없어지며 사라집니다. 그리고

---

15 『사랑의 기술』, p. 40.

그 기억은 생생하지도 못하고 달콤하지도 않습니다. 우리에게 더 힘든 사물이 우리에게 한층 더 소중합니다. 그리고 주기는 얻기보다 더 힘듭니다.[16]

그래서 나는 더 서러웠다. 아버지는 죽어서도 이렇게 나를 지탱시키고 지켜 준다는 것을 깨닫는 순간 아버지에 대한 그리움에 하염없이 울고 또 울었다.

남들은 당당하고 풍부한 재료를 자기들 속에서 찾기 때문에 자기 말을 할 생각이 났다. 나는 반대로 내 재료가 너무 가늘고 얇으며 빈약한 것을 발견했기 때문이다. 여기에 자랑으로 보여 준다는 것은 의심의 여지가 없다.[17]

동생은 법대를 나와 은행에 들어갔다. 그런데 고시에 대한 미련을 버리지 못하고 은행을 그만두고 다시 고시에 도전했다. 뜻을 이루기 전에는 결혼도 하지 않겠다고 한 동생은 분가한 나를 대신해 부모님과 함께 살았다. 아버지는 동생에게도 인생의 선배이자 멘토였다. 아버지의 죽음 이후 동생은 공부를 할 수 없었다. 아버지 사망 1주기를 며칠 앞두고 동생은 아버지가 묻힌 산에서 목을 매었다. 극심한

---

16 『수상록』, pp. 407-498.

17 『수상록』 나는 무엇을 아는가 판, p. 773.

우울증이 동생을 극단적인 선택을 하도록 내몰았다. 얼마나 사는 것이 고통스러웠으면 목을 맬 결심에 이르렀을까 생각하면서 나는 흐느끼고 또 흐느꼈다. 동생의 자살은 나를 죽음의 충동으로 내몰았다. 사는 것 자체가 무의미했다. 아무 것도 할 수 없는 권태에 휩싸였고, 시간만 꾸역꾸역 흘러갔다. 아무런 일도 할 수 없었다. 산다는 것 자체가 고통이었다. 보들레르는 『악의 꽃』의 안내서 역할을 하는 첫 번째 시 「독자에게」에서 무의미하고 부조리하며 권태로운 삶을 살아야 하는 존재의 불만에 대해 이렇게 토로했다.

제일 흉하고 악랄하고 추잡한 놈 있으니!
놈은 야단스런 몸짓도 큰 소리도 없지만
지구를 거뜬히 박살내고
하품 한 번으로 온 세계인들 집어삼키리;

그놈은 바로 「권태」! — 눈에는 무심코 흘린 눈물 고인 채
담뱃대 빨아대며 단두대를 꿈꾼다.
그대는 안다, 독자여, 이 까다로운 괴물을,
— 위선자 독자여, — 내 동류, — 내 형제여![18]

보들레르는 무력증과 불안감이 주는 절망 속에 빠져 살았기에 이

18 보들레르 지음, 윤영애 옮김, 『악의 꽃Les Fleurs du Mal』(서울: 문학과지성사, 2004), pp. 36-37.

시를 썼다. 보들레르는 권태에 빠져 생각할 능력도 잃어 글 한 줄 쓸 수 없었다. 무력증에 빠져 있을 때 삶에 활력을 준 것은 바그너의 음악이었다. 그러나 그런 활력도 잠시였고, 다시 무력증에 빠져 들어 자살을 시도했다. 무의미한 삶에 절망하여 아무 것도 할 수 없어서 무력하게 하루하루를 고통 속에 사는 삶이 권태이다. 하루하루 반복되는 일상을 아무 것도 할 수 없는 무력증에 빠져서 지루하고 고통스럽게 무의미한 삶을 사는 것이 권태로운 삶이다.

그래서 권태는 삶의 고통이다. 불만조차 느끼지 못한 채 불행하게 사는 존재에게는 권태가 삶의 전부이다. 고통스럽기에 지루하게 시간을 죽이면서 살아가는 삶이 권태이다. 행복만이 있으면 그것이 행복인지조차 모른다. 그래서 삶은 고통이다. 나는 고통으로 지겹게 덧없이 흐르는 시간 속에서 의미 없고 부조리한 나날을 일할 의욕을 잃고 힘겹게 비티고 있었다. 권태는 삶의 지루함이며 덧없다고 느끼는 존재의 불만이다. 아버지의 죽음에서 온 충격으로 비틀거리는 나를 겨우 주체하면서 버틴 1년인데 동생의 비참한 죽음으로 나는 완전히 무너졌다. 나는 절망했고 삶은 고꾸라졌다. 나는 삶의 의미를 잃었고 아무 일도 할 수 없었다. 삶의 의욕을 잃었다.

> 우리 즐거움의 원인과 마찬가지로 고통의 원인은 그 때문에 대체로 실재하는 현재에 있는 게 아니라, 단순히 추상적인 생각 속에 있을 뿐이다. 간혹 우리를 참을 수 없게 하고 고통스럽게 만드는 것이 바로 이러한 추상적인 사상이다.[19]

나는 비루하게 생을 연명하겠다고 축사(畜舍) 속으로 기어들어갔다. 나에겐 죽을 용기가 없었던 것이다. 아니 나에겐 어머니와 아내와 딸이 있었기 때문이다. 어떻게든 생명의 끈을 붙잡고 놓지 않아야 했다. 살아야만 했다. 아니 구걸해서라도 살고 싶었다. 나는 살고 싶었다. 그래서 나는 축사 속으로 꾸역꾸역 울음을 삼키며 기어들어갔다.

축사(畜舍) 속으로

카이사르의 삶 속에 이미 루비콘 강을 건너는 사건이 운명처럼 예정되었다는 라이프니츠의 예정조화설이 맞단 말인가! 삶에 대한 결정론의 입장을 믿지 않던 나도 내 앞에 펼쳐진 가혹한 운명을 갖고 태어나지 않았을까 하는 운명결정론 속으로 깊숙히 빠져들 수 밖에 없었다. 고대 그리스와 로마인들처럼 운명의 세 여신 즉 인간 운명의 실을 잣는 클로토와 인간 생명의 길이를 할당하는 실을 감는 라케시스, 생명의 실타래를 잘라 생명을 거두어들이는 아트로포스가 있다고 믿으라는 것인가?

---

19 쇼펜하우어 지음, 홍성광 옮김, 『의지와 표상으로서의 세계』(서울: 을유문화사, 2009), p. 497.

> 시간의 간격이라는 점에서 우리는 구별되지만, 죽음이라는 결말은 평등하네. 최초의 날과 최후의 날 사이에 뻗어 있는 이 (인생이라는) 기간은, 다양하게 변화하는 불확실한 것이네. 만약 그 기간을 고통스럽다고 생각한다면 그것은 어린이에게 있어서도 같고, 세월은 화살 같다고 보면 노인에게도 운명의 명령에 의해 모든 것은 동요하며 정반대 방향으로 변천하네. 인간세계의 이러한 혼란 속에서는 누구에게나 확실한 것은 아무것도 없네.
>
> (…) 인간에게는 확실한 것은 아무것도 약속되지 않네. 운명은 반드시 노년까지 이끌어주지 않고, 이제 됐다고 생각한 시점에 삶에서 내보내네.[20]

그렇다면 삶은 왜 이렇게 부조리하단 말인가! 아버지와 동생은 모두 선하고 착한 사람들이었고 우리 가족 모두 열심히 산 것이 죄라면 죄인데 운명을 관장하는 신이 있다면 이런 부조리를 어떻게 설명할 것인가?

> 그건 신들조차도 실은 많은 선량한 사람에겐 불운과 불행한 삶을 배정하면서, 이들과 반대되는 사람들에겐 그 반대의 운명을

---

20 『세네카 인생론』, p. 592, pp. 595-596.

내린다는 것입니다.[21]

필연적으로 따라야 할 섭리가 존재하므로 따라야 한다고 할 수 있단 말인가? 섭리가 존재한다면 부조리는 도대체 왜 존재하는가? 그렇다면 아버지와 동생은 가혹한 죽을 운명을 타고났다는 말인가? 더구나 착한 사람들한테 그런 참담한 운명이 정해져서 그 운명에 순응해서 살아야 한다는 것이 어디 가당한가? 내 앞에 펼쳐진 참담한 운명의 부조리 앞에서 나는 되물을 수밖에 없었다.

> 인생은 배의 항로와 비교할 수 있다. 운명이 바람의 역할을 하여 우리를 재빨리 멀리 운반해 가기도 하고, 때로는 멀리서 되돌려 보내기도 하는데, 이에 대한 우리의 노력이나 분투는 별로 힘을 쓰지 못한다. 이때 이 노력이나 분투가 노 역할을 하여, 많은 시간을 허비하면서 오랫동안 애쓴 나머지 얼마간 전진했다고 생각하면, 갑자기 회오리바람이 일어나 우리가 지금까지 전진해 온 거리만큼 후퇴시킨다. (…) 우리의 생애는 거기서 그어지는 하나의 대각선이다. 그러므로 테렌티우스(BC 195?~150? 로마의 희극 시인)는 이렇게 말하고 있다.
> "인생은 주사위놀이 같은 것으로, 만일 자기가 바라는 주사위가 손에 들어오지 않더라도 우연히 가져다 준 주사위를 이용해야

---

21 플라톤 지음, 박종현 옮김, 『국가·정체(政體)』(파주: 서광사, 2008), p. 136.

한다."

그는 트리크트락이라는 일종의 주사위놀이를 생각했던 모양이다. 간단히 말하면, 주사위를 뒤섞는 것은 운명이고 승부를 하는 것은 우리 자신이라고 할 수 있다.[22]

사르트르의 『구토』에서 앙투안 로캉탱이 마로니에나무 뿌리에서 인간이 부여한 모든 규정(섭리)을 제거해 버린 물질 고유의 "순수한 존재"(우연)를 발견한 순간 구토했다는 실존적 깨달음의 상황은 나에게 전혀 위로가 되지 못했다. 로캉탱은 그저 단순히 거기에 있다는 우연성 즉 부조리 자체로 존재한다는 것을 깨달은 순간 구토를 했다. 존재에는 원인과 결과의 인과관계와 같은 섭리가 없다. 존재에는 원인도 없으며 목적도 없다. 인간은 스스로의 실존적 선택보다는 변덕에 의해 좌우되는 우연적, 무상적(無償的) 존재로서의 인간일 뿐이다.

모든 것이 이유가 없다. 공원도, 이 도시도, 그리고 나 자신도. 그것을 깨닫게 되면, 속이 메스꺼워지고 모든 것이 요동치기 시작한다. 이것이 구토다.[23]

---

22 『삶의 예지』, pp. 384-385.

23 사르트르의 『구토』 중에서.

모든 것이 우연과 변덕에 의한 무상(無償)임을 깨달은 순간 구토를 했다는 로캉탱에게서 나는 전혀 위로를 받지 못했다. 아버지와 동생의 죽음은 우연하게 변덕이 작용하여 발생한 무상(無償)적인 사건이 아니었다. 그것은 내 삶 전체와 직결되는 문제였다. 나는 정신이 나갔었다. 다윗 왕은 이미 변경할 수 없는 불행한 사고를 당했을 경우, 이렇게 되지 않을 수도 있었다거나 미리 방지할 수 있었을 거라는 후회는 삶에 무익하다고 말했는데, 이런 다윗 왕의 말도 도움이 되지 않았다. 다윗 왕(이스라엘의 왕, 「시편」의 저자)은 후회는 고통을 조장하며, 결국에는 자학에 빠지게 되므로 삶에 도움이 되지 않는다고 했다. 그래서 다윗 왕은 자식이 병으로 누워 있는 동안에는 여호와께 기도와 애원으로 성가시게 했으나, 자식이 죽자 거문고를 튕기며 이에 대해 생각도 하지 않았다고 한다.

나는 다윗 왕처럼 아버지와 동생의 죽음에서 받은 상처를 치유할 수 없었다. 나에게 일어난 불행을 필연적으로 피할 수 없는 일로 받아들이라는 숙명론으로부터도 위로를 받지 못했다.

> 인간계의 사물은 모두 수명이 짧고 언젠가는 붕괴하는 것이며, 그것이 무한한 시간의 흐름에 차지하는 비율은 무입니다. 수많은 도시, 수많은 국민, 여러 강이나 둘러싼 바다를 포섭하는 이 지구조차 우주에 비한다면 한낱 점에 불과합니다. 하물며 우리 인간의 수명이야 영원한 시간에 비한다면 점에도 미치지 않는 부분밖에 되지 않습니다. 영원한 모든 시간에 걸친 범위는 우주보다도 큽니다. 그것도 당연하며, 우주는 그 영원의 모든 시간

속에서 계속 순환을 되풀이하기 때문입니다. (…) 각자에게 약속된 것은 지불됩니다. 운명은 각자의 길을 걸어 아무것도 보태지 않고, 동시에 또 약속한 것으로부터 아무것도 빼앗아가지 않습니다. 기도나 노력도 소용없는 일입니다. 각자는 삶의 최초의 날에 그에게 할당된 수명을 갖게 되는 것입니다. [24]

이때 나는 불행으로부터 벗어나기 위해서는 혹독한 매가 필요하다는 사실을 알지 못했다. 나는 마음을 치유할 방법이 전혀 없었고 무방비 상태였다. 모든 사물은 끊임없이 변화하므로 언제 정반대의 현상이 나타날지 모른다는 가르침을 따를 수 없었다. 셰익스피어의 다음 말도 나에게 전혀 위안이 되지 못했다.

나는 몇 번이고, 큰 기쁨과 슬픔을 낱낱이 맛보았으므로, 그 어느 쪽에 대해서도 처음부터 담담한 마음으로 맞이한다.[25]

나는 갑자기 닥친 불행에 대해 참으로 침묵할 수 없었다. 나에게 닥친 불행에 대해, 이 세상에는 불행과 화근이 수없이 많이 일어나며 정말 끔찍한 일이라고 남들 얘기하듯 할 수 없었다.

---

24 『세네카 인생론』「마르키아에게 보내는 위로의 편지」, pp. 182-183.

25 『끝이 좋으면 모두 좋아』 3막 2장(『삶의 예지』, p. 388에서 재인용).

불운-외부의 힘에 의한 욕망의 좌절은 초자아 속의 양심의 힘을 크게 강화한다는 사실이다. 일이 잘 되어 가는 동안은 양심이 관대해져서, 자아가 온갖 일을 하도록 내버려둔다. 그러나 불운이 닥치면, 인간은 영혼을 찾고, 자신의 죄를 인정하고, 양심의 요구를 높이고, 자제를 서약하고, 속죄 행위로 자신을 징벌한다. 모든 사람이 이런 식으로 행동했고, 지금도 마찬가지다.[26]

이 재앙은 얼마든지 있을 수 있고, 또 생길 수 있는 재앙 가운데서 극히 적은 부분이라는 스토아적인 사고방식으로 나는 생각할 수 없었다. 인간 존재는 언제나 참담하고 비통한 운명에 놓여 있으므로 세상에 나타나는 불행과 재앙이 얼마나 많은가를 언제나 염두에 두라는 가르침은 공염불에 불과했다. 나에게 닥친 불행에 대해 침착하게 대응하거나 인내할 수 없었고 삶은 수없이 많은 재앙에 불과하다는 말도 전혀 위안이 되지 못했다. 쇼펜하우어의 충고는 나와는 거리가 먼 얘기에 불과했다.

우리는 어디까지나 지각 있는 사람이므로 설사 액운이 인간에게서나 또는 어떤 일에서 일어나더라도 이를 예방하기 위해 세밀한 주의를 기울이는 동시에 동화에 나오는 영리한 여우처럼 크

26 프로이트 지음, 김석희 옮김, 『문명 속의 불만』(파주: 열린책들, 1998), pp. 317-318.

고 작은 모든 재앙을 조심스럽게 피하도록 해야 한다.

대체로 모든 불행을 미리 예상해서 각오하고 있으면, 실제로 불행이 닥쳤을 때 한결 견디기가 쉽다. 재난을 있을 수 있는 일로 생각하면 그 재앙의 정도를 헤아리게 되어, 적어도 그것을 유한한 것으로 간주할 수 있다. 따라서 그것으로부터 실제 이상의 영향을 받지 않는다.[27]

또한 쇼펜하우어의 죽음에 대한 태도에서도 나는 전혀 위로를 받지 못했다.

우리는 매일 시시각각 개별적으로 분비 작용에서 일어나는 것과 같은 일이 죽음의 경우에 보다 높은 차원에서 전체적으로 일어난다면, 같은 방식으로 행동해야 한다. 우리가 분비 작용을 아무렇지 않게 생각하듯이, 죽음의 경우에도 겁내어 뒷걸음칠 필요가 없다. 그 때문에 이러한 입장에서 보면 다른 개체를 통해 대체되는 자신의 개체성의 존속을 요구하는 것은, 끊임없이 새로운 물질로 대체되는 자신의 신체 물질의 존속을 요구하는 것과 마찬가지로 불합리한 일로 생각된다. 시신을 방부 처리하는 것도 자신의 배설물을 주도면밀하게 보존하는 일과 마찬가지로 어리석은 일이다. 개인의 신체에 매여 있는 개인의 의식에 관련

---

27 『삶의 예지』, pp. 388-389.

> 해 말하자면, 그 의식은 매일 수면에 의해 완전히 중단된다. 잠은 가끔, 예를 들어 얼어 죽는 경우, 언제나 죽음으로 귀결되는데, 깊은 잠은 현재 지속되는 동안 죽음과 전혀 다를 바 없고, 미래에 대해, 말하자면 깨어난다는 점과 관련해서 죽음과 다를 뿐이다. 죽음이란 개체성이 망각되는 잠이다. 즉 다른 모든 것은 다시 깨어나거나, 또는 오히려 계속 깨어 있는 것이다.[28]

나는 냉정하게 잘 참아나갈 수 없었다. 모든 사건은 크든 작든 필연적으로 일어난다고 생각할 수 없었다. 불가피한 일에 대해서는 쉽사리 체념하는 것이 인간의 일반적인 모습이라고는 더더욱 생각할 수 없었다.

> 죽음은 모든 고뇌와 고통으로부터의 해방이고 마지막으로 그것을 넘어서 이 세상의 재앙이 이어지는 일은 없으며 우리가 태어나기 전에 가로놓여 있었던 그 고요한 곳으로 다시 우리를 돌아가도록 하는 것입니다. 혹시 죽은 사람을 가엾이 여기는 사람이 있다면 그 사람은 아직 태어나지 않은 인간도 가엾게 생각해야 합니다. 죽음은 선도 아니고, 악도 아닌 것입니다. 사실 '무엇'인 것은 선이 아니면 악의 어느 것입니다. 그러나 그 자체가 허무인 것이고, 모든 것을 무(無)로 돌아가게 하는 것은 행운, 불운의

28 『의지와 표상으로서의 세계』, p. 465.

그 어느 쪽으로도 우리를 건네주는 것이 아닙니다.[29]

우연히 당하는 일은 사람의 힘을 능가하는 필연적인 결과이므로 이것을 확신하는 사람은 우선 자기 힘으로 할 수 있는 일만 하고, 자기가 당해야 할 고뇌를 나중에 의지의 힘으로 참아나가야 한다는 가르침은 전혀 위안이 되지 못했다. 나는 슬기롭게 감당하지 못했다. 운명의 주사위가 사정없이 굴러가는 이 세상에서 운명과 인간에 대해 든든한 갑옷을 입고 언제나 강철 같은 굳은 마음을 지녀야 하는데 그러지 못했다. 인생은 하나의 싸움이며, 한 발짝 앞으로 나갈 때마다 싸워야 하는데 그러지 못했다. 그래서 쇼펜하우어도 나에게는 위로가 되지 못했다.

그의 개인적인 행복이나 불행은 그에게 그다지 영향을 미치지 않고, 오히려 그는 햄릿Hamlet이 호레이쇼Horatio에 대해 묘사하는 것과 같은 심경일 것이다.

갖은 고초를 겪으면서도 아무것에도 고통스러워하지 않고,
운명의 신이 고통을 주던 선물을 주던,
한결같이 고마운 마음으로 받아들이는
그런 사람이기 때문이지, 자네는.

29 『세네카 인생론』「마르키아에게 보내는 위로의 편지」, p. 179.

(A. 3. sc. 2.)

> 성격이 그런 사람은 자신의 인생행로나 그것에서 생기는 불행을 개인적인 사건으로 바라보기보다는 인류 일반의 운명으로 바라보고, 그에 따라 그 경우에 괴로워한다기보다는 오히려 인식하는 태도를 취할 것이기 때문이다.[30]

또한 나는 "이 세상에서 성공을 거두려면 죽을 때까지 칼을 손에서 놓지 말아야 한다."고 말한 볼테르처럼 하지 못했다. 오히려 나는 위축되어 겁을 내고 비명을 질렀다. "불행에 꺾이지 마라, 오히려 대담하게 불행에 도전해 나가라"는 베르길리우스(『아이네이스』 6의 95)의 의연함 대신에 비겁하게 뒷걸음질 쳤다. 하늘의 한 모퉁이에 파란 여백만 있어도 날씨가 갤 가망이 있는데 나의 마음은 이런 희망이란 아예 없었다. 나는 황폐해져만 갔다. 내가 화를 입었다는 사실보다는 오히려 사정에 따라서는 그것을 피할 수도 있었다는 생각 때문에 더 고통스럽다는 조언도 위안이 되지 못했다. 그 때문에 일어난 일을 필연성의 관점에서 고찰하는 것이 가장 효과적으로 나를 안심시키리라는 말도 나를 위로하지 못했다. 또한 모든 우연은 지배하는 운명의 도구로 나타나고, 따라서 우리에게 생긴 화는 내적인 사정과 외적인 사정의 충돌을 통해 어쩔 수 없이 초래된 것이므로 숙명론으

30 『의지와 표상으로서의 세계』, pp. 349-350.

로 인식하라는 말은 위로는커녕 나를 더욱 참담하게 만들었다. 착한 아버지와 동생에게 닥친 죽음(부정)이란 모순된 운명 앞에 나는 고통스러웠고 속절없이 무너졌다.

> 삶은 자신 속에 있는 그런 부정성을 지양할 때 비로소 긍정적인 것이 된다. 대립과 모순, 그리고 이 모순을 해결하는 과정을 완수하는 것이 살아 있는 자연물들이 갖고 있는 숭고한 특권이다. 처음부터 긍정적으로만 존재하고 계속 그런 상태로 머무는 것은 생명 없이 존재할 뿐이다. 삶은 부정과 그 부정이 지니는 고통으로 이행하면서 거기에서 나오는 대립과 모순을 제거할 때 비로소 스스로를 위해 긍정적으로 된다. 물론 만약에 그런 모순들이 해결되지 않은 채 계속 모순으로 머물면 그때 삶은 그 모순 때문에 무너지게 된다.[31]

그러나 나는 나를 어떻게든 붙잡아야 했다. 그동안 내가 가치 있다고 생각해서 소유하려고 갈망했던 좋은 차, 좋은 집, 좋은 옷이 무의미해졌다. 그것들은 타인의 시선에 나를 돋보이기 위한 외양일 뿐이었다.

---

31 헤겔 지음, 두행숙 옮김, 『헤겔의 미학강의 1』(서울: 은행나무, 2010), p. 189.

"주어진 것을 선용(善用)할지니"

쇼펜하우어는 자기 자신을 돌보는 것과 자신에 속하는 것을 돌보는 것을 다음과 같이 구분했다.

1. 인간의 자아, 즉 가장 넓은 의미의 인격이다. 그 가운데는 그 사람의 건강, 역량, 미모, 기질, 도덕적인 성격, 교양이 포함된다.
2. 인간이 소유하고 있는 것. 즉 일반적인 의미의 재화와 소유물을 말한다.
3. 인간이 표상(表象, 의식 내용)하는 것, 즉 자기가 남의 표상 속에 나타나는 것, 다시 말해서 본래 자기는 남에게 어떻게 보이느냐 하는 것이다. 따라서 이것은 타인이 본 자기에 대한 견해 속에 이루어지며, 명예와 지위 및 명성 등이 포함된다.[32]

1은 자기 자신을, 2와 3은 자기 자신에 속하는 것을 돌보는 것이다. 소크라테스는 자기 자신을 돌보는 것과 자기 자신에 속하는 것을 돌보는 것에 대해 이렇게 말한다.

---

32 『삶의 예지』, p. 220.

소크라테스 : 그러면 나와 자네가 말을 사용해서 서로 사귈 때, 혼이 혼을 상대로 한다고 믿는 것이 좋지 않겠는가?

알키비아데스 : 물론입니다.

소크라테스 : 그러고 보니 이건 조금 전에도 우리가 말했던 것이군. 소크라테스가 알키비아데스와 말을 사용해서 대화를 나눌 때, (내가 보기에는) 자네 얼굴을 상대로 해서가 아니라 알키비아데스를 상대로 해서 말을 한다고 말이지. 그런데 이 알키비아데스가 혼일세.

알키비아데스 : 제가 보기에 그런 거 같습니다.

소크라테스 : 그러니 자신을 알라고 명하는 자는 우리에게 혼을 알라고 시키는 걸세.

알키비아데스 : 그런 거 같습니다.

소크라테스 : 그러니 신체에 속하는 것들 중에 무엇인가를 아는 사람은 자신에 속하는 것들을 아는 사람이지. 자신을 아는 사람은 아닐세.

알키비아데스 : 그렇습니다.

소크라테스 : 그러니 어떤 의사도, 의사인 한에서는, 자신을 알지 못하고, 어떤 체육 교사도, 체육 교사인 한에서는, 자신을 알지 못하네.[33]

---

33 플라톤 지음, 김주일·정준영 옮김, 『알키비아데스 I·II』(서울: 이제이북스, 2007) 130d-131a, p. 110.

자기 자신의 돌봄은 영혼을 돌보는 행위이며 자기 자신에 속하는 것을 돌봄은 몸, 바로 외양을 돌보는 것이다. 몸을 돌보는 것은 자기에게 속한 것이지 자기 자신은 아니라고 플라톤은 단언한다. 몸이 사용하는 옷이나 신발 등은 자기 자신에 속하는 것을 돌보는 것이지 자기 자신의 돌봄인 영혼과는 거리가 멀다고 할 수 있다. 플라톤은 마지막 저서인 『법률』편에서 이렇게 말한다.

> **아테네인** : 그러니까, 인간의 힘이 미치는 한도까지, 장차 보존되고 행복할 나라는 명예들과 불명예들을 옳게 배분해야만 하며 또한 그러는 게 불가피하다고 우리가 주장하고 있는 것 같습니다. 결국 혼과 관련되는 좋은 것들ta agatha을, 혼에 절제(건전한 마음 상태)가 있을 경우에는, 가장 귀하고 으뜸가는 것들로 삼되, 몸과 관련되어 아름답고 좋은 것들은 버금가는 것들로 삼으며, 재산 및 재물과 관련되는 좋은 것들은 셋째 것들로 삼는 것이 옳습니다. 그러나 어떤 입법자나 나라가 이에서 벗어나, 재물을 명예로운 것들로 앞세우거나 또는 뒤의 것들 가운데 어느 것을 명예에 의해 앞쪽에 배치할 경우에, 이는 경건하지도hosion 정치적이지도politikon 않은 짓을 하는 것입니다. 우리가 이런 말을 한 것으로 할까요, 아니면 어떻게 말한 걸로 할까요?[34]

34 플라톤 지음, 박종현 옮김, 『법률』(파주: 서광사, 2009), p. 276.

스피노자에게 자신을 돌보는 것은 내가 인생의 원인이 되어 능동적인 힘을 발휘해 자유의지로서 사는 것을 말한다. 물론 내가 인생의 원인이거나 능동적이라는 말은 내 맘대로 할 수 있다는 뜻이 아니다. 흔히 자유를 모든 구속으로부터 벗어난 독립된 개인의 속성으로 파악하지만 스피노자는 데카르트와 달리 자유로운 독립된 개인은 불가능하다고 본다. 절벽에서 떨어지면 몸이 박살나듯이 중력의 법칙에서 자유로울 수 없다. 모든 존재는 자연 법칙, 인과 사슬 안에 있기 때문이다. 그러나 스피노자는 인간은 자연 법칙에서 벗어날 수는 없지만, 자기 자신을 돌보는 것에 속하는 자유 능력을 향상시켜 살 수 있다고 한다.

이러한 자유 능력의 향상에 적합한 인식을 스피노자는 '공통' 개념이라고 말한다. 이것은 타인과 공동체를 만들어 삶을 공유하고, 지혜로운 우정을 통해 삶을 풍요롭게 만드는 것이다. 여기서 우리는 스피노자에게 자기 자신을 돌보는 것으로서의 자유란 세계를 좀 더 풍요롭게 만나면서 삶을 능동적으로 조직할 수 있는 능력임을 알 수 있다. 이것이 스피노자가 『에티카(윤리학)』에서 말하려고 한 자기 자신을 돌보는 것으로서의 자유이다.

반면에 스피노자가 말하는 자기 자신에 속하는 것을 돌봄은 욕망의 원인을 모르는 수동적인 상태에서 원하는 이유도 모른 채 무언가에 매달려서 사는 것을 말한다. 그래서 인간이 자기 자신에 속하는 것에 매여 살면 삶의 원인을 망각하고 스스로 예종하며 수동적으로 살게 된다. 대부분의 사람들은 자기 자신을 돌보는 삶인 스스로 삶의 원인을 파악하여 사는 것이 아니라 자기 자신에 속하는 것에 매여 살아간다. 자신에 속하는 삶은 폭식(대식)과 술에 곯아빠짐과 황음(荒淫)과 같은 무절제한 행위를 하며 사는 것이다. 플라톤은 이렇게 말한다.

> **손님** : 다음은 어떤가? 우리는 천한 사람들의 혼 안에서 판단이 욕망과, 격정이 쾌락과, 이성이 고통과, 그리고 이와 같은 모든 것들이 서로서로 불화상태에 있다는 것을 알지 못했는가?
>
> (…)
>
> **손님** : 그러니까 혼 안에 있는 불화와 질병을 못됨(나쁜 상태, ponēria)이라 부른다면 우리는 제대로 말한 걸세.[35]

자기 자신에 속하는 것을 돌보며 산다는 것은 타인에게 치욕을 느끼게 하는 오만, 무례함, 방자함, 인격적·신체적·성적 폭행 등을 서슴지 않고 행하는 것을 말한다. 이것은 타인에게 고약한 짓을 해서 자신의 우월함을 내보이려는 데서 기인한다. 따라서 난폭하고 제멋대로이고 오만 무례하고 욕정에 사로잡히고 자제하지 못하는 것은 자신에 속하는 혼을 돌보지 않고 자기 자신에 속하는 것만 돌보는 삶의 전형적인 특징이라고 하겠다. 이것들은 자기 삶의 원인으로 살려는 자유의지 없이 외부의 시선을 좇아 수동적으로 살려는 데 그 행위의 원인이 있다.

---

35 플라톤 지음, 김태경 옮김, 『소피스테스』(파주: 한길사, 2000), p. 111.

스피노자는 자기 삶의 원인을 망각한 채 자신에 속하는 것만을 추구하는 수동적인 삶을 극복하려면 삶의 원인을 파악해서 삶을 생산해야 한다고 말한다. 따라서 스피노자에게 자기 자신을 돌보는 삶은 자기 삶의 원인을 스스로 파악하여 사는 삶이다. 자기 삶의 원인이 되는 것, 즉 내 삶이 다른 요소들에 의해 영향 받도록 내버려 두지 않고 삶을 스스로 만드는 것이 자기 자신을 돌보며 사는 삶이다.

스토아 철학자 에픽테토스는 자기 자신을 돌보는 것을 내면적인 목표, 자기 자신에 속하는 것을 돌보는 것을 외면적인 목표로 구분한다. 내면적인 목표는 내면에서 최선을 다하는 것이다. 따라서 내면적인 목표는 스스로 통제 가능한 목표이다. 반면에 부와 명성을 얻는 것은 외면적인 목표인데, 자기 마음대로 할 수 없으므로 통제할 수 없는 목표이다. 내면적인 목표는 자기 자신을 돌보려는 마음으로 최선을 다해 노력하는 것을 목표로 삼는다. 그래서 성공하지 못하면 극심한 좌절감을 불러오는 외면적인 목표와는 달리 내면적인 목표는 최선을 다하므로 실패에서 오는 고통을 피하고 마음의 평정심을 유지할 수 있다. 에픽테토스는 자신을 돌보는 것에 속하는 자존감, 신뢰, 고매함이 자신에게 속하지 않은 부와 명성보다 귀한 것이라고 했다.[36]

---

36 플라톤은 자기 자신에 속하는 것은 혼의 돌봄, 자신에 속하는 것은 신체의 돌봄, 자신에 속하지 않는 것은 부(富)라고 했다. 『알키비아데스 I』, p. 111 참조.
소크라테스 : 그런데 돈을 보살피는 사람은 자신에 속하는 것들을 보살피는 것이 아니라 자신에 속하는 것들보다 훨씬 동떨어져 있는 것들을 보살피는 것 아닌가?

그런데 여기서 주의할 점은 자신에 속하지 않는 것을 돌보는 부와 명성이 그 자체로서는 나쁜 것이 아니라는 사실이다. 자신에게 속하지 않는 것이 나쁘다는 의미는 부와 명성을 얻기 위해 자기 자신의 돌봄인 인간적 성품을 포기하면서까지 부와 명성을 추구할 때 나쁘다는 사실이다. 달리 말해 타인에게 해를 끼치면서까지 부와 명성을 얻어서는 안 된다는 말이다. 이렇게까지 해서 많은 부와 높은 명성을 얻은 사람은 가난하고 명성은 없지만 자신을 돌보면서 사는 사람보다 결코 나은 사람이 아니라는 것이다. 따라서 자신을 돌보면서 사는 사람은 타인에게 이로운 존재가 되기 위해 노력하는 것은 당연한 것이라 하겠다. 인격을 수양하면서 내면을 가꾸는 사람은 자신을 사랑하는 사람들인데, 타인을 향한 이들의 시선이 어떻게 따뜻하지 않을 수 있겠는가? 그래서 쇼펜하우어는 나와 네가 하나가 되려는 마음이 동정심이고, 이것이 바로 자기 자신을 돌보는 삶의 실현이라고 단언한다.

행복이 신령과 영혼을 뜻하는 다이몬daemon과 좋음을 뜻하는 에우eu가 결합한 에우다모니아eudaemonia 즉 영혼의 좋음을 뜻하는 데서 알 수 있듯이 행복이란 평정한 마음 상태와 다르지 않다고 스토아 철학자들은 말한다. 내면의 평정심을 유지하면서 행복을 찾기보다는 외적인 것에 관심을 둘 때 근심과 두려움이 생긴다. 이러한 근심과 두려움을 극복하는 방법이 바로 여러 종류의 행복론이다. 실러는 마음의 평정심보다 근심과 두려움에 집중하는 삶의 방식을 "삶과 잘 사는 것(웰빙)을 무한히 지속하는 것, 오직 삶과 잘 사는 것 자체만을 위해서, 그것은 단지 욕망의 이상일 뿐이며 절대에까지 뻗어

나간 동물성에서 생겨난 요구"[37]이며, 자기 이익에만 몰두하는 삶이라고 비판한다.

> 감각성[물질추구]은 자신의 이익 외에 다른 어떤 목적도 알지 못하며, 맹목적인 우연 이외에는 다른 어떤 원인도 알지 못하므로 인간은 자신의 이익을 자기 행동의 결정자로, 그리고 우연을 세계의 지배자로 만듭니다.[38]

타인과 비교하면서 타인보다 소유하지 못하면 노심초사하면서 불안해하는 것은 "멀리 있는 것을 추구하느라 현재를 잊고, 한계 없는 멀리에서 바로 현재만을 찾는"[39] 삶이기 때문이다.

또한 세네카와 에픽테토스 그리고 마르쿠스 아우렐리우스는 자기 자신을 돌보며 만족한 삶을 살려면 현재 삶보다 처한 상황이 더 나빠질 수도 있다고 생각하는 부정적인 상황을 설정하면 가능하다고 한다. 따라서 무엇을 가졌든 가진 것에 감사하고 만족하며 살라는 스토아 철학의 가르침은 자기 자신을 돌보는 것으로부터 만족을 얻으라고 주문한 소크라테스의 사상에서 유래했음을 알 수 있다. 다시 말해 이것은 소크라테스 사상이 스토아 철학의 뿌리이고, 양쪽

---

37 프리드리히 실러 지음, 안인희 옮김, 『미학편지』(서울: 휴먼아트, 2012), pp. 181-182.

38 『미학편지』, p. 183.

39 『미학편지』, p. 182.

은 사상의 궤적을 밀접하게 공유하고 있음을 의미한다.

또한 키케로와 라이프니츠가 선취해서 사용한 개념임을 언급하면서 롤랑 바르트는 자기 자신을 돌보는 것을 '래티시아laetitia', 자기 자신에 속하는 것을 '가우디움gaudium'으로 구별한다.

> 래티시아는 단순한 쾌락이 아닌 "인간의 힘이 성숙된 실현이나 인격의 성장을 표현하는 행복의 쾌감"을 말한다. (…) '가우디움'은 "현재 어떤 것을 소유하고 있거나 장차 소유할 것이 확실시될 때 영혼이 느끼는 즐거움이다. 우리는 어떤 것을 소유하고 있어, 그리하여 우리 세력 하에 있어 우리가 원할 때면 언제나 그것을 즐길 수 있다."[40]

롤랑 바르트는 '가우디움'은 종신(終身)의 소유를 향유하기 위해 연인을 소유 도구로 삼는 것인 반면 래티시아는 연인이 주는 경쾌한 즐거움이나 소유 대상으로의 연인이 아니라 연인의 인격성을 인정하여 인격성을 오염하거나 훼손하지 않은 채 쾌락의 만족을 추구하는 것이라고 말한다. 왜 자기를 사랑하느냐고 묻는 연인에게 '당신을 사랑하기 때문에 사랑한다.'는 동어반복의 사랑이 래티시아이다. 아무 조건 없이 연인 자체를 사랑하는 것은 래티시아이다. 반면에 가우디움은 연인 자신에 속하는 부나 명성 등의 조건을 좋아하는 것이다.

---

40 롤랑 바르트 지음, 김희영 옮김, 『사랑의 단상』(서울: 동문선, 2004), p. 82.

버트런드 러셀은 연인을 소유하는 사랑이 아니라 연인 자체를 사랑하는 래티시아식 사랑에 대해 이렇게 말한다.

> 사랑 자체가 단순히 소유욕의 차원이라면 가치가 없다. 그것은 금전을 목적으로 하는 경우와 별반 다르지 않다. 우리가 여기에서 말하는 사랑이란, 애인의 자아를 자기 자신의 자아와 동일하게 중요하게 느끼고, 상대방의 감정과 희망을 마치 자기 자신의 것처럼 이해할 때 가치가 있는 것이다. 즉, 자아 중심의 감정을 의식적이 아니라 본능적으로 전개해 타인을 다 같이 포용하는 것이어야 한다. 이러한 모든 것을 곤란하게 만든 것은 우리의 투쟁적이고도 경쟁적인 사회이며, 프로테스탄트 정신과 낭만주의 운동에서 유래한 어리석은 인격에 대한 예찬이었다.[41]

스탕달은 『연애론』에서 사랑을 정열적 사랑, 취미로 하는 사랑, 육체적 사랑, 과시적 사랑 등 네 종류로 구분한다. 정열적 사랑은 사랑하는 존재 자체를 사랑하는 래티시아에 해당하고 취미로 하는 사랑과 육체적 사랑, 과시적 사랑은 가우디움 곧 연인을 소유하여 도구로 삼는 사랑에 속한다. 스탕달은 정열적 사랑은 사랑하는 상대방에게 눈과 귀가 멀어서 세상의 이목 따위에는 애초에 관심이 없다고 한다. 바로 아벨라르와 엘로이즈의 사랑이 이에 해당한다. 취미로 하

---

41 버트런드 러셀 지음, 김영철 옮김 『결혼과 성(性)』(서울: 간디서원, 2004), p. 142.

는 사랑과 과시적 사랑은 그 당시 유행했던 살롱에서 행해졌던 사랑이다. 세상 사람들의 주목을 받으려는 목적에서 허영을 쫓아 인기 있는 상대에 연연하는 사랑이다. 아름다운 이성과의 낭만적 사랑을 꿈꾸지만 상대에 대한 욕망이 시들해지면 가차 없이 내팽개치고 다른 사랑을 찾아 떠난다. 육체적 사랑은 연인과의 정신적 교감보다는 육체적 쾌락을 추구하는 사랑을 말한다. 스탕달은 네로 황제와 사드 후작의 소설 『쥐스틴』을 극단적으로 육체적 향락을 추구한 사례로 꼽는다.

또한 스탕달은 연인을 존재로 대하는 방식을 결정작용(結晶作用, crystallization)에 비유해 설명한다. 잘츠부르크의 소금 광산 깊은 곳에 떨어진 나뭇가지를 넣어두고 서너 달 후에 꺼냈더니 나뭇가지가 온통 반짝이는 다이아몬드처럼 소금 결정으로 뒤덮여 있었다. 앙상한 나뭇가지에 소금 결정이 입혀지면서 경이롭게도 영롱한 빛을 띠는 다이아몬드와 같은 귀중한 물건으로 다시 태어난 것이다. 이처럼 사랑은 연인을 원래의 평범한 나뭇가지처럼 내가 함부로 해도 되는 도구로 보는 것이 아니라 내게 존재가 되어 다가온 연인으로 인해 모든 것이 한없이 만족스럽고 행복감을 느끼게 하는 "연인이 어떤 모습을 보여주건, 어떤 행동을 하건 상대를 아름답게 미화해서 보려는 정신적 작용"[42]인 것이다.

에리히 프롬Erich Fromm은 『사랑의 기술』에서 존재 자체의 사랑에 대해 말한다. 그는 사랑을 인간 내부에 있는 능동적이고 '주는 것'의 행위인 존재 방식의 사랑으로 규정한다. 이러한 존재 방식의 사랑에서는 타인에게 주는 행위 또한 희생이 아니며 자신의 잠재능력의 표현이다. 또한 존재 자체를 사랑하는 사랑은 타인조차 주는 자로 만들며 이로 인해 존재의 기쁨이 소생해 이러한 존재의 기쁨을 공유하게 한다.

또한 세네카는 사람을 칭찬할 때 그 사람에 속하는 것을 칭찬하는 것만큼 어리석은 일은 없다고 단언했다.

> 누구든지 자신의 것이 아니면 자랑거리로 삼아서는 안 되네. 우리가 포도나무를 칭찬하는 것은, 가지가 휠 정도로 열매가 맺혀 있을 때, 열매의 무게로 가지가 지면에 쓰러질 것 같을 때라네. 도대체 누가, 이러한 포도나무보다 황금 포도송이나 황금 잎이 달린 포도나무를 좋다고 하겠는가? 포도나무의 경우에는 풍작이 고유의 미덕이고, 인간의 경우에도 칭찬의 대상은 그 사람 자신의 것이어야 하네. 저택은 아름답고 일을 잘하는 노예가 있네. 경지도 넓고, 빌려줄 수 있는 돈도 많다네. 그러나 그것은 모두 그 사람 자신의 내부가 아니라 주변에 있는 것들이네. 칭찬한다면, 그 사람의 내부에 있어서 빼앗을 수도 줄 수도 없는 것, 그 사람에게 고유한 것을 칭찬해야 하네. 그것이 뭐냐고? 영혼과 영혼 속에서 완성된 이성이네. 실제로 인간은 이성을 갖춘 동물이니까.[43]

---

42 스탕달 지음, 권지현 옮김, 『스탕달의 연애론』(서울: 삼성출판사, 2007), p. 37.

43 『세네카 인생론』, p. 443.

스토아학파로서 세네카는 선(善)이란 자유로운 영혼, 똑바로 서서 다른 것을 자신에게 종속시키되 자신은 그 무엇에도 종속되지 않는 영혼이라고 단언한다.

> 그 선이란 무엇인가? 말할 것도 없이 더러움 없이 순수한 영혼이네. 신과 경쟁하며, 인간계를 초월하여 자신을 높이고, 자기 밖의 어떠한 것도 자기의 것으로 생각하지 않는(*자기의 모든 것을 자기 자신 안에서 완결시키고 있다는 스토아적인 자족을 표현하는 말) 영혼이네. 자네는 이성적인 동물이네. 그렇다면 자네 속의 선은 어떤 것일까? 완전한 이성이네.
> 이것을 자네는 지금 여기서 그 자신의 궁극을 향해 일깨우게. 그리고 가능하면 크게 성장하는 대로 내버려두게. 자네 자신 속에서 자네 기쁨의 모든 것이 태어날 때, 바로 그때 자네 자신은 행복하다고 판단하게. 사람들이 빼앗고, 원하고, 매우 소중히 하고 있는 것을 본 뒤에도, 자네가 다른 것보다 갖고 싶은 것이 아니라, 단순히 갖고 싶은 것을 아무것도 발견할 수 없는 바로 그 때.[44]

델피의 아폴론 신전 입구에 새겨졌던 "너 자신을 알라"라는 그리스인의 잠언을 소크라테스가 화두로 삼은 이유는 자기 자신을 아는

---

44 『세네카 인생론』, p. 652.

일에 마음 쓸 것을 종용하려는 데 있다. 소크라테스는 '자기 자신을 아는 것'의 의미에 대한 해석을 『알키비아데스 I』에서 하고 있다. 여기에서 소크라테스는 "자기 자신을 알 것을 지시하는 사람은 우리로 하여금 혼을 알게 되도록 타이르고 있다"고 한다. 훗날 아테네의 풍운아이며 골칫거리가 되었던 제자 알키비아데스와의 대화에서 소크라테스는 "적어도 우리 자신을 주도하는 것으로서 혼보다 더한 것은 아무 것도 없을 것이라고 어쩌면 우리는 말할 걸세. … 나와 자네가 서로 대화를 나누고 있는 것은 언어logos를 이용해서 혼을 상대로 혼으로 하는 것이라 믿는 게 옳을 걸세. … 소크라테스가 언어를 이용해서 알키비아데스와 대화하는 것은 자네의 얼굴을 상대로 하는 것이 아니라, 알키비아데스를 상대로 말을 하고 있는 것이지. 그런데 이(알키비아데스)는 혼이야."라고 말한다. 이어서 그는 자기 자신에 속하는 것인 몸을 돌보는 것에 속하는 것들 가운데 무엇을 아는 자는 자신의 것들은 알지만 자기 자신을 아는 것이 아니라고 하면서, "혼을 보살펴야만 한다."고 타이른다. 여기에서 몸에 속하는 것들을 현대적으로 해석하면 미용 성형이나 몸짱 만들기에 해당한다.

> 누군가가 〔사람으로서의〕 훌륭함(덕, aretē)보다도 준수함kallos을 더 귀히 여길 경우도, 이는 참으로 그리고 전적으로 혼의 불명예atimia 이외의 다른 것이 아닙니다. 왜냐하면 이 주장은 혼보다도 몸이 더 귀한 것이라 말하고 있기 때문입니다. 이는 거짓말을 하고 있는 것입니다.[45]

미용 성형이나 몸짱 만들기는 자기에게 기쁨을 주거나 자신의 주장이 아니라 남을 만족시키는 것이다. 이것들은 남을 의식해 남의 눈을 즐겁게 해주는 것이며, 나를 어떻게 볼 것인가에 집착한다. 몸을 잘 관리해서 튼튼하고 건강하게 돌보는 목적을 벗어나 어떻게 하면 외형적으로 남들에게 멋있어 보일까에 집착할수록 자존감은 상실된다.

> 물론 인생은 엉터리 물품이 다 그렇듯이 외양은 거짓된 빛깔을 띠고 있고, 고통스러운 것은 언제나 감추어져 있다. 이와 반대로 노력하여 얻은 화려하고 찬란한 것은 누구나 남에게 드러내 보인다. 그리고 그의 내면적 만족이 부족할수록 남들에게 행복한 사람으로 보이기를 바란다. 즉 거의 모든 언어에서 허영vanitas이란 본래 공(空)과 무(無)를 의미하는 것을 통해 이미 사람들의 목표가 전적으로 헛된 것으로 나타나는 데도, 우둔함이 그 정도에 이르고, 다른 사람들의 견해가 모든 사람이 노력하는 주된 목표이다.[46]

이러한 과도한 외부 시선에 대한 집착은 건강을 해치는 결과를 낳는다. 과도한 다이어트로 우울증에 시달리든지 속성 근육 만들기 등

---

45 『법률』, p. 353.

46 『의지와 표상으로서의 세계』, p. 539.

을 위해 약에 의존하든지 해서 결국 건강을 잃는다. 이것은 자존감의 고양인 자기에게 자기를 주장하기가 아닌 외부에게 자기를 주장하기인 외부로의 시선인 점에서 소크라테스가 경계한 몸에 속한다고 할 수 있다.

> 장차 행복하게 될 사람은 여신[정의의 여신 디케]을 붙들고 겸손하고 예의바르게 따르지만, 자만심으로 해서 으쓱대는 자나, 재화 또는 명예로 해서, 심지어는, 젊음 및 어리석음과 함께, 몸의 외형미로 해서 의기양양한 자는 그 혼이 오만hybris으로 이글거리고 있습니다.[47]

소크라테스에게 혼을 아는 것은 자기 자신을 돌보는 것인데 세네카에게는 이것이 이성이다. 혼psyche과 이성logos은 모두 마음이다. 이런 점에서 소크라테스(플라톤학파)와 세네카(스토아학파)는 공명한다. 소크라테스는 혼을 아는 것이 곧 절제이며 정의와 다르지 않다고 말한다. 자기 자신에 속하는 것인 외적인 사물에 대한 집착은 자신의 혼을 알 때 타인에 대한 정의와 배려, 절제하는 마음으로 바뀌기 때문이다.

그리스의 격언에 '주어진 것을 선용(善用)할지니to paron eu poiein'라는 말이 바로 자신에게 주어진 혼의 선용을 뜻한다. 이 말은 곧

47 『법률』, p. 326.

인격이 주어진 것이라면 그것을 갈고 닦아서 좋게 다듬어 훌륭하게 사용하라는 뜻이기 때문이다. 달리 말해 인격이 주어졌다면, 그 인격의 선함과 악함은 정해져 있지 않고 우리가 그것을 어떻게 형성하느냐에 따라 스스로 결정할 수 있음을 말한다. 자신의 운명을 불운하다고 예단해서 자신의 잘못과 죄로 받아들여 포기하지 말라는 것이다. 자신에게 닥친 시련이 자기 업보로 인해 부여된 죄라고 단정하지 말고 조건으로 받아들여 최선을 다해 극복하려고 노력할 때 얼마든지 개선 가능하다는 것이다.

자기에게 닥친 불운이 자기가 죄를 지었기 때문에 내리는 벌이므로 그 죄가 내 운명이려니 하며 살지 말라는 것이다. 내 운명이려니 하고 사는 것은 주어진 것을 선용(善用)하는 것이 아니라 주어진 것을 오용(誤用)하는 것이다. 불운하게 운명이 주어졌다고 체념하는 것은 주어진 것을 오용하는 것이다. 주어진 불운한 운명을 극복하는 것은 주어진 것을 선용하는 것이다. 왜냐하면 그 불운하게 주어진 운명을 극복하는 노력 또한 운명으로 주어진 것에 포함된 것이라는 자각은 그 무엇보다 더한 운명을 긍정(선용)하는 능동적인 삶의 태도이기 때문이다. 이것이 운명애이고 이것이 곧 자기 돌봄이다.

푸코는 『주체의 해석학』(pp. 119-122)에서 소크라테스의 혼의 돌봄(배려)을 '자기로의 회귀'로 분석한다. 자신에게 시선을 돌리기, 자신을 점검하기, 자신을 중심으로 움직이고 통제하기, 자신을 주장하기, 자신을 해방시키기, 자신을 존중하기, 자신 앞에서 부끄러움을 느낄 줄 알기, 자신에게서 환희를 느끼기가 자기로의 회귀라고 말한다.

이러한 소크라테스의 자기 자신을 돌봄에 대한 탐구가 현대 실존

철학의 뿌리임을 알 수 있다. 혼은 내면을 말한다. 자아 성찰이 바로 지혜이다. 따라서 지혜를 사랑하는 학문이 철학이다. 철학은 자신의 내면을 가꾸면서 진리라는 지혜를 추구하는 학문이다. 그렇다면 자신이 아닌 것은 무엇인가? 소유나 재화 등을 말한다. 이것은 타인에게 과시하기 위해 자기를 돋보이려는 것이다. 남과 비교해 더 많이 가지려는 것이다.

실존주의란 무엇인가? 참된 나의 삶을 사는 것이다. 참된 나를 찾으려면 결단을 해야 한다. 결단은 자신의 삶을 사는 것을 말한다. 결단은 선택이다. 자신을 회복하는 삶과 타인을 자기의 도구로 삼는 것 중에서 전자를 택한 삶을 말한다. 실존주의의 선구자인 키르케고르는 매순간 결단하는 삶을 '반복'이라고 했다. 여기서 반복이란 매일 반복되는 권태로운 일상의 삶에 스스로 매여 사는 존재가 아니다. 내가 처한 삶을 지루하고 권태로운 삶이라고 포기하는 것이 아니라 스스로 결단해 자신이 선택한 삶을 사는 것이다.

인간에게는 그를 억압하는 어떤 본질이 없으며, 인간은 자유롭고 어느 누구나 어떤 사회적 관습 제도, 심지어는 신도 인간을 억압할 수 없으므로 운명은 자기 손에 달려 있고 매순간 스스로 선택하고 결정해야 한다는 것이다. 여기서 우리는 "너 자신을 알라"는 소크라테스의 가르침이 현대의 실존주의의 뿌리임을 알 수 있다.

> 그리하여 만약에 그가 사람으로서의 훌륭함(덕, aretē)을 지니고 있지 못하면서도 지니고 있다고 주장하는 것으로 제게 생각되는 경우에, 저는 그가 가장 값진 것들은 가장 경시하면서 한결

하찮은 것들을 더 중시한다고 나무랄 것입니다.[48]

소크라테스는 매순간 스스로 선택하고 결정해서 자신을 회복하고 살라는 실존주의와 공명하기 때문이다. 따라서 근대의 계몽주의에서 말하는 이성과 소크라테스가 말하는 이성은 다르다. 근대의 이성은 과학주의를 말한다. 과학은 너 자신을 알라는 소크라테스의 이성이 아니다. 자신을 망각하는 이성이다. 자신을 망각한다는 것은 비이성이다. 따라서 과학주의는 본래의 이성을 망각한 것이다. 하이데거는 서구 철학이 그동안 존재를 망각하고 존재자를 존재로 착각해 왔다고 신랄하게 비판한다. 소크라테스는 근대 계몽주의의 이성을 말하지 않았다. 너 자신을 알라고 말할 때 앎은 과학의 앎이 아니라 자기 자신에 대한 앎 즉 지혜에 대한 사랑으로서의 앎이다.

가장 중히 여겨야 할 것은 사는 것to zēn이 아니라 훌륭하게 (잘) 사는 것to eu zēn이라고 함이 우리에게 있어서 여전히 타당한지 아니면 그렇지 못한지 다시 생각해 보게나.[49]

훌륭하게 사는 것은 자신의 삶에 대해 캐묻는 즉 심문하는 삶이고, 이러한 삶이 자신에 대해서 아는 삶이다. 과학에서 앎은 세계를

---

48 플라톤 지음, 박종현 옮김, 『플라톤의 네 대화편』「소크라테스의 변론」(파주: 서광사, 2003) 29e-30a, p. 148.

49 『플라톤 네 대화편』「크리톤」, pp. 224-225.

유용성으로 파악한다. 그래서 자기와 세계를 분리한다. 그러나 소크라테스에게 자기와 세계는 일치한다. 계몽주의 과학 이성에 반기를 들면서 등장한 것이 쇼펜하우어의 의지이다. 계몽주의 이성이 신의 자리를 대신하고 자아와 세계를 날카롭게 구분한다. 그래서 쇼펜하우어는 피히테, 셸링, 헤겔로 이어지는 독일 관념론을 신랄하게 비판한다. 주체(자아)는 세계(자연)를 대상으로 규정하고 복속하려는 것에서 신의 목적론과 하등 다를 바가 없기 때문이다. 의지는 계몽주의처럼 세계와 자아를 구분하지 않는다. 의지는 세계와 자아를 일체화한다.

데카르트는 "나는 생각한다. 고로 존재한다."고 했는데, 이 말은 나(자아)와 세계를 이분한다. 존재하는 것은 생각하는 나이며 바로 과학적 이성이다. 이때 세계와 나는 일체가 아니다. 과학적 이성이 원인이고 세계는 이 원인의 지배를 받아 여기서 벗어날 수 없다. 이것은 기계론, 인과론, 결정론, 운명론이며 필연이 지배한다. 스피노자는 데카르트의 생각에 동의하지 않는다. 인간과 자연은 모두 힘(의지)이라고 본다. 인간과 자연을 이분하는 척도가 과학적 이성을 소유한 나이다. 이런 나에게 부여된 특권을 말소하려면 나와 자연에 대한 무차별의 척도가 필요하다. 이것이 바로 힘(의지)이다. 스피노자는 이를 역능이라고 한다. 자연은 연장이 아니라 힘이며, 생산능력을 보유하고 있다. 또한 인간이 마음대로 조작할 수 있는 수동적인 대상이 아니라 스스로 능동적인 활력을 가지고 있다. 스피노자에게 이 능동적인 활력이 곧 이성이다.

이 점에서 스피노자는 소크라테스와 공명한다. 힘과 활력은 자기 자신을 아는 것과 다르지 않기 때문이다. 자기 자신을 아는 것은 나와 세계의 일체화이고 힘과 활력 또한 나와 세계를 구분하지 않기 때문이다. 소크라테스의 앎은 자기 자신 즉 나와 세계의 일체이다. 이러한 자기와 타자를 구별하지 않는 사상은 중세에 들어와서 깨진다. 소크라테스에게는 인과론이 없다. 원인이 되는 실체가 지배하지 않는다. 플라톤은 형상이란 실체를 원인으로 삼는다.

실존주의가 사상사의 측면에서 계몽주의에 반대하는 입장이라면 예술에서는 낭만주의가 계몽주의와 대립한다. 낭만주의는 과학 이성의 지배에서 벗어나려는 예술 경향을 말한다. 합리주의적인 과학주의 이성 대신 감정이나 의지, 욕망을 예술로 표현하려는 것이다. 그래서 『일리아스』와 『오뒷세이아』의 고전 시대의 영웅들과 『니벨룽겐의 노래』의 민족 영웅들을 갈망하고 예술로 표현하려고 한다. 따라서 낭만주의는 이성보다 감성, 사고보다 의지, 과학보다 신화나 예술, 차가운 도덕보다 뜨거운 열정, 무한한 시간과 공간속에서 법칙에 따라 작동하는 기계론적 세계보다 수많은 신들과 요정들이 함께 살고 있어 그것들을 변화하고 움직이게 하는 유기체의 세계가 더 진실되고 가치 있다고 생각했다.

낭만주의는 이상주의 경향을 띠며 꿈과 동경과 신비적인 환상 세계를 지향한다고 할 수 있다. 슐레겔은 이를 '낭만적 아이러니'라고 한다. 헤겔은 구체적인 현실을 회피하고 이상향을 동경하는 낭만주의를 병적인 아름다운 영혼이라고 규정했다. 그런데 아름다운 영혼이란 말은 야코비가 『볼데마르』에서 처음 사용했다.

이러한 마법적, 최면적, 악마적인 것, 유령 같은 투시력, 몽유병과 같은 비현실적인 환상을 아름다운 영혼이라고 하는 데 대해 헤겔은 이를 병적인 아름다운 영혼이라 규정한다. 반대로 아름다운 참다운 영혼이란 행동하면서 현실적이어야 한다. 헤겔은 낭만주의의 동경(憧憬)을 "공허함에서 벗어나 자신을 본질적인 내용으로 채울 만한 힘도 없는 텅 비고 공허한 주체가 지닌 무가치한 감정일 뿐"[50]이라고 비판했다. 따라서 헤겔은 통일된 견고하고 건전한 성격을 병적인 아름다운 영혼으로 바꾸는 낭만주의는 불행을 자초할 뿐이라고 단언한다.

낭만이란 말은 원래 프랑스어 '로망roman'이라는 명사에서 유래했다. 프랑스어 방언인 로만어로 쓰인 문학작품이 라틴어로 쓰인 고전문학과 달리 '기이하고 공상적인 이야기'를 담았던 데서 알 수 있듯이 낭만주의는 전통문학의 형식과 법칙을 파괴하고 개성 존중, 개인의 우월한 감정과 기분, 작가의 자의성을 허용한다. 그래서 이야기 진행 중에 갑자기 저자가 작품에 끼어들어 작품을 망치거나 진지한 묘사 장면에 익살을 끼어 넣어 아이러니를 유발한다.

이처럼 낭만주의는 계몽주의의 자유와 평등을 누리는 '추상적 개인Man'보다 욕망과 쾌락에 몰두하는 '구체적 인간man'을 중시한다. 그래서 낭만주의는 그리스·로마의 추상적이고 보편적인 고전보다는 자신의 삶과 직결되어 있는 구체적인 민족 설화를 중시하게 된다. 이처럼 낭만주의는 현실을 경시한 자아를 무제한 정당화하면서 자기

50 『헤겔의 미학강의 1』, p. 144.

실현이라는 개인주의 가치를 중시한다. 바로 이 낭만주의가 20세기 전반을 휩쓸었던 실존주의라는 후계자를 낳은 것이다. 낭만주의와 실존주의 모두, 진리도 신도 없는 공허한 세계에서 절망하여 '자기 자신으로서 존재하려는 용기'를 표출한다. 진정한 자기 자신을 발견하고 그것을 실현해가는 것이 독일 낭만주의자들이 추구했던 이상적인 인간에 이르는 길이자 구원으로 향하는 길이었다.

나는 내면에서 들려오는 목소리에 귀를 기울였다. 나는 선택을 해야 했다. 선택에는 언제나 아쉬움이 남는다. 그렇다면 아쉬움이 덜한 선택은 무엇인가를 고민해야 한다. 나는 아내와 어머니에게 내 생각의 일단을 비쳤다. 나는 회사를 그만두겠다고 했다. 그리고 은퇴하면 가서 살기로 한 시골로 내려가겠다고 했다. 어머니는 당신의 남편과 자식을 보내고도 쓰러지지 않으셨다. 그러나 겉으로는 강해 보였지만 내면에 슬픔을 담아두고 있는 것을 그 누구보다 나는 잘 알고 있었다. 그런 나는 어머니의 마음을 헤아리지 못했다. 아니 우선 내가 살기 위해 회피했다고 하는 편이 맞는 말이다.

> 진실로 자연의 법이라는 것이 세상에 있다면, 다시 말해 짐승이나 우리나 보편적이며 항구적으로 나타나는 본능이 있다면(이것이 모순이지만), 내 생각에는 모든 동물들의 자기 생명보존 본능과 자기에게 해로운 것을 피하는 본능 ….[51]

나는 세상으로부터 도피하기 위해 축사로 들어갔다. 그만큼 나는 실존이 우선이었지 타자를 배려할 마음의 여유가 전혀 없었다. 이런 결정을 아내는 존중해 주었다. 아내는 내가 붙여준 '선똑'이란 별명처럼 세상에서 제일 똑똑하고 현명한 여자다. 아내를 생각하면 안쓰럽고 가슴이 먹먹해진다. 아내에게 평생 갚아도 모자랄 빚을 지고 산다. 회사를 그만 두고 시골로 혼자 내려가겠다는 나의 결정을 아내가 흔쾌하게 받아들인 것은 아내가 가장의 짐을 대신 진다는 뜻이었다. 나는 혼자 살겠다고 아내를 가장으로 내몬 비겁하고 무능한 남편이었다. 이런 나를 껴안고 위로해준 아내에게 항상 감사한다.

---

51 『수상록』, p. 407.

거친 파도에 시달리며 거기서 빠져나갈 엄두를 내지 못하고
자네를 내가 끌어올릴 수 있다면, 부디 철학을 가슴속 깊이 내려놓고
자네의 수양을 시험해보게. 발이나 기술(記述)상에서만이 아니라,
영혼이 강화되었는지, 욕망은 줄어들었는지, 말을 행동으로 증명해보게.
(…)
철학이 가르치는 것은 행위이지 말이 아니며, 추구하는 것은
각자 자신의 법칙에 입각하여 사는 것, 언동에도 어긋나지 않고
자기모순도 없는 삶을 사는 것, 모든 행동에 일관된 양식이 있는 것이네.
지혜가 해야 하는 가장 큰 의무, 지혜를 보여주는 가장 큰 증거는 무엇일까?
그것은 말 행위의 협조, 어떠한 경우에도 자기 자신과 조금도 다르지 않고
변함없는 것이네.

–『세네카 인생론』, pp. 412–413.

제2장
철학, 그것은 삶의 활력

철학과의 만남

내 운명은 그리스 3대 비극 시인 중 한 명인 소포클레스Sophocles가 기원전 5세기 중엽에 쓴 『오이디푸스 왕Oidipous Tyrannos』에 나오는 오이디푸스의 비극적 운명과 닮았다. 아폴론의 사제들로부터 테베의 왕 라이오스는 태어날 아들이 자신을 죽이고 왕좌와 왕비를 차지할 것이라는 신탁을 듣는다. 그래서 아이가 태어나자마자 그의 발목을 뚫어 가죽끈으로 묶은 다음 양치는 목자에게 내다버리도록 한다. 라이오스의 명령을 받은 목자는 키타이론 지역에서 양들을 치면서 알게 된 이웃 나라 코린토스의 목자에게 아이를 넘겨주고, 그는 이 아이를 후사가 없던 왕에게 바침으로써 오이디푸스는 코린토스 왕 폴리보스의 왕자가 된다.

오이디푸스도 친부 라이오스처럼 델포이에서 아폴론 신탁을 듣는다. 그런데 신탁 내용은 전에 라이오스가 받았던 아버지를 죽이고 어머니를 차지하는 것과 같았다. 그러자 오이디푸스는 자기를 키워 준 코린토스 왕과 왕비에게 해를 끼치지 않기 위해 코린토스를 떠나 방랑생활을 한다. 오이디푸스는 방랑하던 중에 라이오스 및 그 시종 일행들과 시비가 붙어 자신도 모르게 친아버지를 죽이고, 테베로 가서 스핑크스의 수수께끼를 풀어 사람들을 구하고 영웅이 되어 비어 있는 왕좌에 오른다. 그리고 오이디푸스 자신은 전혀 상상도 못한 채 선왕의 왕비 이오카스테와 결혼해 근친상간 관계를 맺게 된다. 이처럼 오이디푸스는 아버지인 라이오스를 죽이고 어머니인 이오카스테와 근친상간 관계를 맺는 비극적 운명을 타고난다. 모든 사실을 알고 비탄에 빠진 오이디푸스는 자신의 비극적 운명을 저주하며 진실을 보지 못한 것을 한탄하면서 스스로 눈을 찔러 장님이 되어 황야를 방황한다. 나는 내게 닥친 불운을 오이디푸스의 비극적인 운명과 동일시했었다.

나는 소는 없고 덩그렇게 축사만 남은 시골로 내려갔다. 그리고 축사에서 가족과 떨어져 생활했다. 아버지와 동생의 죽음에 대한 부채의식을 이렇게라도 떨쳐버려야 했다. 이것만이 나의 살길이며, 하데스가 지배하는 지하 미궁속의 삶에서 나를 구하는 길이라고 생각했다.

물에 빠진 사람이 지푸라기라도 잡으려고 발버둥 치듯이 나에게 그것은 바로 인문학이었다. 나는 죽음의 그림자로부터 벗어나 나 살자고 비겁하게 인문학에 매달렸다. 이런 면에서 나는 철저한 공리주의[52]자(功利主義者)이다. 어떻게 하면 아버지와 동생이 죽었다는 고통스런 기억에서 벗어날 수 있을까 고민하던 끝에 가장 유용한 수단으로 인문학을 택했기 때문이다.

> 모든 일에서 자신을 무장할 줄 안다면, 그것만이 확실하고 강력한 것인데, 사람들은 자신의 일을 아끼려고 남의 힘에 의지하며 몸을 던진다. 아무도 자기에게 도달하지 못했기 때문에 각자는 다른 곳으로, 그리고 미래를 향해 달려간다. 그래서 마침내 이 난리가 유익하다는 결론을 얻었다.[53]

아버지와 동생에 대한 그리움이 사무치게 밀려올수록 인문학에 대한 집착이 더 강해졌다. 인문학은 나에게 플라시보(위약) 효과로 작용했다. 테세우스를 아리아드네의 실패[54]가 구했듯이 운명의 미궁 속에서 헤매던 나에게 길잡이인 실패 역할을 한 것은 인문학이었다. 내 삶의 전부는 인문학에 걸려 있었다.

---

52 공리주의는 목적을 실현하기 위해 어떤 수단을 사용하든 문제가 되지 않는다. 이를테면 공리주의가 '최대 다수의 최대 행복' 논리에 설 때 노예제의 부당성을 옹호할 수 없다. 노예제 같은 수단도 정당화할 수밖에 없기 때문이다.

53 『수상록』 나는 무엇을 아는가 판, p. 1202.

54 제우스와 에우로페 사이에서 태어난 아들 미노스는 크레타의 전설적 왕이다. 그의 딸 아리아드네는, 아테나이의 왕자 테세우스가 우두인신(牛頭人身)의 괴물 미노타우로스에게 바치기 위해 아테나이의 소년 소녀 7명씩을 데리고 크레타로 건너왔을 때 첫눈에 반해 미노타우로스를 죽이고 미궁에서 빠져나오도록 테세우스에게 실패를 준다. 결국 테세우스는 미노타우로스를 죽이고 약속대로 아리아드네를 데리고 아테나이로 도망치지만, 낙소스Naxos 섬에서 잠든 그녀를 버리고 가자 디오뉘소스가 나타나 그녀를 아내로 삼는다. 『신들의 계보』, p. 89 주석 163.

진리의 언어는 그 자체로 아무것도 설명해주지 않지만, 생각하는 삶을 살게 해준다. 진리의 언어는 지금 우리의 삶을 설명해주지 않지만, 오늘도 우리가 진실한 삶을 살 수 있게 해준다. 형이상학은 우리를 '알게' 해주는 게 아니라, 우리를 '살게' 해주는 것이다(얼마나 많은 사람들이 이 점을 간과했던가!)[55]

니체의 '운명애'와의 운명적 만남

채플린의 영화《서커스》에서 소매치기로 오해받아 경찰에 쫓기던 떠돌이가 서커스와 우연히 접속하면서 서커스단원이라는 새로운 삶의 지평이 열리듯이 니체의 '운명애'와의 만남은 암흑에 빠져 살던 나에게 한 줄기 빛과 같은 희망적인 삶의 열림이었다.

청춘의 시기에 만나서 나의 인문 본능에 각인된 니체, 즉『차라투스트라는 이렇게 말했다』의 '운명애'와 다시 운명적으로 만나지 못했다면 내 삶은 잃어버린 열쇠를 찾기 위해 엉뚱한 곳에서 시간을 헛되이 낭비했을 것이다.

---

55 김용운 지음,『철학정원』(서울: 한겨레출판, 2007), pp. 193-194.

바로 그때 놀랍기도 하고 길기도 했던 그날 일어난 일 가운데서 가장 놀라운 일이 벌어졌다. 더없이 추악한 자가 다시 한 번, 그리고 마지막으로 목을 고롱고롱 울리고 숨을 가쁘게 몰아쉬기 시작한 것이다. 보라, 그러던 그가 말문을 열자 그의 입에서 질문이, 듣고 있던 사람들의 마음을 감동시킨 훌륭하고 심오하면서도 명쾌한 질문이 단호하고 거침없이 튀어나오는 것이 아닌가. "벗들이여, 어떻게 생각하고 있는가?" 더없이 추악한 자가 말했다. "이 하루로 인하여 나는 난생 처음으로 내가 살아온 전 생애에 만족하게 되었다. 그러나 이 정도의 증언으로는 족하지가 않다. 이 지상에서의 삶, 그것은 보람 있는 일이다. 이 하루, 차라투스트라와 함께 벌인 이 축제가 나를 깨우쳐 이 세계를 사랑하도록 만들었으니. '그것이 바로 삶이었던가?' 나는 죽음을 향해 말하련다. '좋다! 그렇다면 한 번 더Noch Ein Mal!' 벗들이여, 어떻게 생각하고 있는가? 그대들 또한 나처럼 죽음을 향해 말하지 않으려는가. '그것이 바로 삶이었던가? 차라투스트라를 위해서라면, 좋다! 한 번 더라고"[56]

니체는 운명을 긍정하고 고양된 삶을 살라고 주문한다. 니체의 '한 번 더!'를 호메로스는 『오뒷세이아』에서 이렇게 반복한다.

---

56 니체, 『차라투스트라는 이렇게 말했다』에서.

어떤 분이 또다시 포도줏빛 바다 위에서 나를 난파시키더라도
나는 가슴속에 고통을 참는 마음을 갖고 있기에 참을 것이오.
나는 이미 너울과 전쟁터에서 많은 것을 겪었고 많은 고생을 했소.
그러니 이들 고난들에 이번 고난이 추가될 테면 되라지요.[57]

10년 동안의 트로이 전쟁과 10년 동안의 귀향으로 20년 만에 고향 이타케로 귀향하는 오뒷세우스가 온갖 역경에 굴하지 않은 것처럼 니체 또한 운명의 쓰라린 고난에 '한 번 더!'라고 당당히 맞서 고난을 긍정하는 삶을 살라고 주문한다는 점에서 동일하다.

보통의 평온한 시대에는 사람들은 대단치 않는 사고에 대비한다. 그러나 벌써 40년 이래로 우리가 처하여 있는 이 혼란 상태에서는 프랑스 사람은 누구나 다 개인적으로나 일반적으로나 시시각각으로 자기 운명이 완전히 둘러엎어지는 찰나에 있음을 본다. 그런 만큼 우리는 더 강력하고 힘찬 준비가 필요하다. 이렇게 무르지도 느긋하지도 한가롭지도 않은 세기에 살게 된 일을 운명에게 감사하자.[58]

57 『오뒷세이아』, p. 126.

58 『수상록』 나는 무엇을 아는가 판, p. 1203.

자기 돌봄에 철저했던 니체의 삶에서 받은 위안

나는 죽음의 문제로 방황하면서 마음과 몸이 모두 병들었다. 나는 자연의 위엄이 인간에게 미치고 있기 때문에 삶과 죽음은 자연에게 전혀 영향을 주지 않으므로 죽음에 대해 상심할 필요는 없다고 말한, 죽음이 자연의 일부라는 쇼펜하우어의 생사관으로부터 위로를 받지 못했다. 또한 삶과 죽음은 모두 생존에 속하기 때문에 삶과 죽음은 서로 의지하여 하나가 상대의 조건이 되어 인생의 모든 현상에 양 극단을 이룬다는 쇼펜하우어의 죽음에 대한 견해도 내겐 어떤 위안이 되지 못했다. '나는 왜 이렇게 살고 있는 것일까?', '나는 정말 내가 원하는 것을 하는 것일까?', '도대체 나는 누구인가?'라는 질문들이 끈질기게 나를 따라다녔고 괴롭혔다.

> 아, 미련한 나뭇잎이여! 너는 어디로 가느냐? 그리고 다른 잎사귀들은 어디서 오는가? 네가 두려워하는 허무의 심연은 어디 있는가? 너는 차라리 자신이 나무속에 숨어 끊임없이 작용하고 활동하는 힘 속에 깃들어 있다는 것을 인식하고, 이 힘은 나뭇잎이 계절에 따라 순환하듯 생사에 구애받지 않음을 깨달아야 할 것이다. 인간의 세대에 대해서도 똑같은 말을 할 수 있지 않을까?[59]

쇼펜하우어도 죽음이란 문제에 대해 답을 찾지 못해 괴로워하고 있었다. 그래서 그는 죽음에 달관해 해답을 찾은 듯 단언하다가 인간의 세대에도 똑같은 말을 할 수 있지 않을까 하고 체념하듯 말을 끝맺는다. 쇼펜하우어도 나처럼 죽음의 문제로부터 자유롭지 못하다는 것을 아는 순간 갑자기 나는 마음이 평온해져 왔다. 나는 위로를 받았다.

나와의 불화, 상실의 병은 퇴락의 길로 내몰았다. 나는 치료가 필요했다. 자기 치료 또한 항상 나의 의지가 관건이다. 몸이 건강해야 좋은 생각이 싹트는 것처럼, 우리가 살아가는 대지, 기후 그리고 풍토는 삶과 사유의 조화를 키워내는 거대한 몸이라는 자각이 생겼다. 몸으로 걷고, 생각하고, 살아가면서 몸의 중요성을 깨달았다.

나는 니체로부터 몸 관리에 대해 위안을 얻었다. 니체는 선천적으로 약골이었다. 평생 동안 극심한 몸의 고통에 시달렸다. 스무 살 무렵 이미 견디기 힘든 두통과 구토, 현기증을 수반하는 발작이 자주 일어났으며 시력은 실명할 정도로 나빠졌다. 생의 마지막 10년은 '정신병 환자'로서 유폐된 채 보내야 했다. 니체는 양생(養生)을 위해 혼신의 노력을 기울였다.

니체는 여행으로 몸을 치유하려고 했다. 아름다운 호수 도시 스위스 루체른에서 시작해 차라투스트라의 영감을 얻은 고산 지대 질스마리아를 여행했다. 생각은 몸으로 한다고 느꼈기 때문이다. 이탈리아 바닷가 소렌토와 아말피 해안으로의 여행은 그의 영혼을 맑게

---

59 쇼펜하우어 지음, 권기철 옮김, 『세상을 보는 방법』 「인생을 생각한다」(서울: 동서문화사, 2005), p. 175.

했다. 니체가 두통과 구토 그리고 발작으로 하루 종일 시달리면서도 아주 짧은 순간 자신의 사상에 언어의 옷을 입혔던 제노바, 밀라노, 오르타와 토리노 여행으로 니체는 자연에 풍토가 있는 것처럼 영혼에도 기후가 있음을 깨달았다.

'나의 병으로 인해 비로소 나는 몸의 이성을 생각하게 되었다'라고 말하는 니체의 삶은 한마디로 자기와의 싸움이었다. 니체는 새벽 두 시에 잠자리에 들어 여섯 시면 다시 일어나는 엄격한 생활을 했다.

니체는 몸의 고통으로 인해 언제나 죽음이 자기를 엄습해 올 수 있다고 생각했다. 그래서 니체는 자신과 거리를 두고, 자신을 관찰하고, 자신의 그림을 그리고자 했다. 아버지처럼 급사할지 모른다는 불안이 어린 니체의 마음과 신체에 새겨졌다.

이를 반영하듯 니체는 열다섯 살 때 다락방에서 『나의 삶으로부터Aus meinem Leben』라는 자서전을 쓴다. 처음으로 쓴 글이 자서전이라는 점에서 니체가 얼마나 몸의 고통을 죽음과 동일시했는지 알 수 있다. 열다섯 살에 벌써 자기 삶을 정리했던 것이다. 따라서 어렸을 적부터 니체를 괴롭힌 문제는 바로 자신이었다.

여기서 에드문트 후설의 "의식의 지향성"을 떠올리게 된다. 니체가 관심을 갖는 문제는 삶의 문제였다. 아버지와 남동생의 죽음은 니체에게 트라우마가 되었다. 그래서 어린 니체는 자신이 몸이 건강하지 못하다는 생각에 몸과 마음이 짓눌렸다. 건강을 회복하는데 온통 신경이 집중되었다. 이것은 평생 동안 니체를 따라다녔다. 정신병 발병의 원인도 이와 무관하지 않아 보인다.

따라서 니체는 평생 양생술(養生術)과 섭생(攝生)을 실천했다. 조국 독일을 떠나 기후가 온화하고 풍토가 몸에 맞는 스위스와 이탈리아에서 10년 넘게 한 군데에 머물지 않고 여러 곳을 이동하며 살았다. 니체의 대표작들은 스위스와 이탈리아에서 탄생했다.

니체에게 본능이란 마음이 원하는 대로 해도 정도에서 벗어나지 않는 것이었다. 과욕과 과식은 몸에 탈을 불러온다. 그런데 마음은 늘 격정에 휩싸인다. 참으로 신비한 마음은 그것이 원하는 것이 무엇인지 알기 참 어렵다. 자신이 원하는 것이 무엇인지 안다면 몸을 치유하는데 큰 도움이 될 텐데 그렇지 못하다.

따라서 몸의 고통은 죽음을 생각하게 되고 죽음의 문제는 바로 자기 자신의 문제이다. 자기 자신과 씨름하던 니체에게 쇼펜하우어는 그야말로 그를 해방시킨 사람이었다. 나 자신을 돌아본다. 이제까지 나는 정말 내가 원하는 것을 해왔는가? 내가 어떤 존재로 살아가기를 원하는지 진지하게 고민한 적이 있는가? 의지만으로 살기엔 상황의 압박이 너무 크다고 말하면서 이런 질문을 피하진 않았는가? '너는 어떤 사람이 되기를 원하는가?' 니체가 1889년 정신적으로 사망하기 직전까지 놓지 않았던 질문이다. 그의 자서전 격인 『이 사람을 보라』의 부제가 바로 "어떻게 사람은 존재하는 바의 자기가 되는가?"이다. 이 말은 자신을 찾아 헤매는 모든 이들을 괴롭힌다.

평생 동안 극심한 몸의 고통에 시달렸던 니체에게는 자신을 아는 문제만큼 더 중요한 것은 없었다. 몸의 고통은 이성으로 해결되지 않는다. 세계의 가장 깊은 내면에는 이성보다 어두운 충동과 욕망, 의지가 자리하고 있다. 몸의 고통은 이성의 차원이 아니라 어두운 충동과 욕망, 의지의 문제였던 것이다.

이를 통해 우리는 니체의 생사관이 스스로 자신의 삶을 창조하는 것임을 알 수 있다. 누구도 알 수 없는 자기 몸의 고통은 니체를 죽음의 불안으로 내몰았고, 그 극복은 누구의 도움을 받아도 불가능하고 오로지 자신의 삶을 창조하는 것에 달려 있다. 이는 곧 존재하는 모든 것에 대한 긍정을 뜻한다. **따라서 니체 사상의 핵심인 영원회귀는 몸의 고통이 영원히 반복되어도 힘의 의지로서 고통에 맞서 삶을 긍정하며 살겠다는 것이다.**

몸의 고통은 니체로 하여금 삶이란 위험 속에 존재한다는 기본 인식으로 이어졌고 이러한 인식은 니체의 삶과 사상을 관류한다. 몸의 고통은 자신만이 체험하는 것이며 따라서 자신이 누구인지를 알려면 고독해지고, 진리에 절망하고, 자신의 한계를 깨달아야 한다. 이성으로 제어할 수 없는 몸의 고통은 진리에 절망하고 한계를 깨닫게 했다.

니체는 인간의 의지로 해결할 수 없는 문제가 있다는 것을 몸의 고통을 통해 알았다. 몸의 고통은 의지로는 극복할 수 없었다. 그래서 의지의 부정을 통해 삶을 초월할 수 있다는 쇼펜하우어의 말은 니체의 심금을 울렸다. 그래서 니체는 끝까지 쇼펜하우어의 제자였다. 니체는 이러한 어찌해 볼 수 없는 한계를 운명으로 긍정하라는 의미에서 운명을 사랑하라고 했다. 따라서 운명애는 삶을 부정하지 않고 긍정하는 것이다. 니체는 몸의 고통을 통해 양생하는 법을 스스로 깨우쳤던 것이다. 그래서 '한 번 더'를 외치며 삶을 긍정하라는 니체의 말은 큰 울림으로 나에게 다가온다. 쇼펜하우어가 니체의 멘토이듯 니체는 나의 멘토이다.

> 필연의 방패! 존재의 절정! 어떠한 소원으로도 도달하지 못하고 어떠한 부정no으로도 "더럽혀 지지 않는. 존재의 영원한 긍정yes. 내 그대, 영원을 사랑하기에 나는 그대를 영원히 긍정한다."[60]

니체는 운명을 우리가 발 딛는 이 세상의 의지에 저항하는 저 다른 세계라고 말한다. 따라서 운명이란 모든 것이 안정되고 결정된 세계의 존재방식이다. 어제도 오늘도 그리고 내일도 같은 시간에 같은 지하철을 타고 출근한다. 같은 일을 반복하는 것이 나의 운명으로 정해진 일이다. 이러한 지루하고 고통스럽고 영원히 회귀하는 시간에 맞춰 살아야 하는 것이 내 운명이므로 체념하며 살아야 한다. 이것은 삶의 긍정이 아니라 부정이다. 이런 삶에서 우리는 자유 공간을 확보하기 위해 몸부림쳐야 한다. 그것은 지루한 반복의 시간이라고 스스로 체념하는 것이 아니라 나의 실존적 결단이란 자유의지로 선택한 것이다. 이런 싸움을 통해 비로소 우리는 자유 의지를 확보할 수 있다.

> 지상에서 죽기 전에 존재한 모든 것들의 진정한 재생 — 단순한

---

60 허버트 마르쿠제 지음, 김인환 옮김, 『에로스와 문명』(파주: 나남출판, 2004), pp. 149-150.

반복이 아니라 의지와 소원이 깃들인 재창조를 수반할 때에만 정복된다. 영원회귀는 고통의 회귀를 포함한다. 그러나 그 고통은 더 많은 만족, 더 큰 기쁨의 수단이다. 고통에 대한 공포는 연약한 성질을 지닌 본능에서 고통이 압도하며 종국적이 되고 치명적인 된다는 사실로부터 유래한다. 만일 고통을 긍정의 한 자극, 기쁨이란 사슬의 한 고리로 삼을 만큼 인간의 '힘이 충분히 강하다면' 고통은 긍정될 수 있다. 영원회귀의 신조는 기쁨이 영원 — 기쁨 자체와 모든 것들의 영속을 원한다는 중심명제로부터 의미를 획득한다.[61]

고통은 창조한다. 정신적 고통은 몸을 황폐하게 하지만, 육체적 고통으로 인해 때로는 우리의 정신은 맑아진다. 어느 정도 참을 수 있느냐가 문제이다. 인간은 자신의 육체적 고통을 통해 정신적으로 성숙할 수 있는 유일한 존재이다. 그래서 몸의 고통으로 정신을 단련하는 것을 수신(修身)이라고 한다. 니체에게 몸의 고통이 문제였다면, 그는 자기 자신을 자유의지로 시험하는 수밖에 없었을 것이다. 그는 자유의지로 자기를 닦고, 자기를 통해 세상을 보고, 자기를 만들어간다. 그리고 그 중심에 몸이 있다.

니체의 몸은 실존 즉 자유의지로 극복하면서 자기 자신을 시험하는 고통이 된다. 니체에게 자유의지는 "운명의 최고 잠재력"이다. 따

---

61 『에로스와 문명』, p. 150.

라서 운명은 자유의지를 갖는 사람에게는 긍정의 힘이 되지만, 그렇지 못한 사람에게는 자기 부정의 구실이 된다. 아모르파티! 운명을 사랑하라! 삶의 의미는 긍정에서 생겨난다. 이것은 있는 그대로의 상태를 받아들이라는 말이 아니다. 자신의 변화에 대한 가능성과 잠재력을 긍정하라는 말이다.

그런데 현대 사회에서 자기 돌봄은 니체가 생각한 몸의 활력을 회복하기와 반대로 간다. 스스로 경멸한다는 것은 타인의 시선을 좇아 사는 자기를 경멸하는 것이다. 자본주의에서 몸은 노동력을 제공하는 생산하는 몸이다. 그렇다면 몸은 관리되어야 한다. 그런데 왕이 몸종을 직접 관리해서는 필요한 노동력을 제때에 공급하지 못한다. 그래서 가족에게 노동력을 공급할 수 있는 몸을 생산하도록 위탁된다. 따라서 그동안 관리의 대상이 아니었던 성(性)은 가족 안에 은밀하게 갇히게 된다. 그동안 관심 밖이었던 아이의 몸은 노동력의 공급원으로 관리된다.

> 벌써 여러 해 전부터 내 사색의 목표는 나 자신밖에 없었고, 나는 나 자신만을 살펴보고 연구해 본다. 그리고 내가 다른 일을 연구한다면, 그것은 바로 자신에 적용해 보기, 또는 적절히 말하자면, 내 자신 속에 적응하기 위해서 하는 일이다. 그리고 이와는 비교할 수 없이 쓸모가 많지 않은 다른 학문에서와 같이, 내가 내 배움의 깊이에 만족하는 것은 아니지만, 여기서 배운 바를 남에게 전해 준다고 해도, 그것이 실수하는 일이라고는 보지 않는다. 자기 자신에 대한 묘사만큼 어려운 묘사도 없으며, 그만

큼 유용한 일도 없다. 이것을 밖에 내놓으려면, 그만큼 더 맵시 있게 잘 그려서 더 질서 있게 정리해야만 한다. 나는 계속 내 자신을 장식하고 있다. 왜냐하면 나는 끊임없이 나를 묘사하고 있기 때문이다.[62]

니체는 "타인으로의 시선"에 매몰되어 외양 가꾸기가 곧 자기관리가 된 오늘날의 세태를 비판한다.

내가 아무리 저항해도 이 정열은 성장해 가는 것을 느낀다. 그리고 마지막에는 살아서 눈을 뜨고 있는데 이 정열이 나를 점거하고 있으니, 나는 마치 술에 취한 것처럼 사물들의 모습이 여느 때와는 다르게 보이기 시작하였다. 내가 욕심내는 상대편의 세력이 내 상상력의 바람에 불려서 점점 더 커지고 부풀어 오르며, 내가 기도하는 바의 어려운 점이 더 평탄해지고, 내 사고력과 양심은 뒤로 물러나는 것을 똑똑히 보았다.[63]

니체의 관심은 자신의 삶을 스스로 세울 수 있는 힘과 능력에 집중되었다. 니체는 그런 인물의 전형으로 바이런을 드는데, 사람들이 그에 관해 하나의 이야기를 만들어낼 정도로 바이런은 '자신의 삶'

---

62 『수상록』, pp. 399-400.

63 『수상록』 나는 무엇을 아는가 판, p. 662.

을 살았기 때문이다. 자신의 삶을 연출하고 그것을 하나의 예술 작품으로 변화시킬 수 있는 바이런의 삶에서 니체는 영혼을 지배하는 초인을 보았던 것이다.

1879년 봄 니체는 바젤 대학 교수직을 포기했다. 몸의 고통이 이미 한계에 도달했기 때문이다. 몸의 고통은 두통과 구토 그리고 현기증을 수반하는 발작 증세가 합쳐져 가중되었다. 눈이 점점 더 아파서 고통이 심해 글을 쓸 수 없을 지경에 이르렀고, 실명할 정도로 악화되었다. 니체 자신에게도 뇌질환으로 죽음을 맞은 아버지와 똑같은 운명이 닥칠 수 있다는 두려움이 엄습한다. 그러나 니체는 몸의 고통이 심해질수록 자신의 몸에 균형을 잡아줄 수 있는 정신적 힘을 강구한다. 정신이 더 깊고, 더 무겁고, 더 강해져야 하는 것이다. 니체는 몸의 고통을 자기 돌봄의 철저함으로 승화시켰다.

> 이 건강은 병에 아주 가깝게, 아주 일정하게 찾아오는 까닭에, 마치 둘이 서로 머리를 맞대어 대항하고 있는 모습으로 양편의 가장 두드러진 특징을 앞에 놓고 비교해서 알아볼 수 있을 때에, 병을 치르고 난 뒤의 건강은 얼마나 더 아름답게 보이는가! 스토아학파가 악덕이 도덕을 거들어 그 가치를 올려 주기 위해서 세상에 들여온 유용한 것이라고 말하듯, 우리는 그만큼 더 지당한 이치로, 자연은 쾌락과 평안과 건강에 봉사하여 영광을 주기 위해서 우리에게 고통을 빌려 준 것이라고 말할 수 있다.[64]

순간적 쾌락과 유행과 여론을 쫓아다니는 현대인들을 증오했던 니체에게 몸의 고통을 승화해서 정신적 힘을 강구하려는 자기 돌봄의 철저함은 고통을 회피하고 쾌락을 추구하거나 고통에서조차 쾌락을 추구하는 현대인들에게 삶의 자극제가 되기에 충분하다고 할 수 있다.

내가 몸과 정신의 고통으로 힘들던 시절 니체는 내 상처를 보듬고 위로해 주었다. 니체가 없었더라면 내 삶은 황폐해졌을 것이다. 니체는 죽음의 문제란 깊은 물에 빠져 허우적댔을 때 나를 건져 올려 구해주었으며, 이를 넘어 내가 앎의 문제로 공부의 깊이와 폭을 넓힐 수 있도록 이끌어주었고, 진정한 자기 돌봄의 의미가 무엇인지를 깨닫게 했다.

> 나는 주로 내 생각을 표현한다. 그것은 형체가 없어 행위로는 표명될 수 없는 재료이다. 갖은 애를 써 가며 나는 공기같이 요동하는 말소리 형태로 그것을 내놓는다. 가장 현명하고 경건한 사람들은 모든 드러나는 행위를 피해 살았다. 내 행위들은 나 자신보다 내 운을 더 잘 말해 줄 것이다. 행위가 그들의 역할을 말한다 하더라도 그것은 추측으로 불확실하게 하는 일이다. 그들은 세부만을 보여 주는 표본이다. 나는 나 자신 전체를 맡겨 놓는다. 그것은 해부용 시체이다. 여기 한눈에 혈관·근육·심줄들이 각기 제자리에 나타난다. 기침이 나는 것은 내 일부를 드러낸

64 『수상록』 나는 무엇을 아는가 판, p. 1260.

다. 얼굴이 파래지는 것, 가슴이 두근거리는 것은 다른 부분을 나타낸다. 어떻든 믿음직하지 못한 표현이다.

내가 글 쓰는 것은 내 몸짓이 아니다. 그것은 나다. 내 본질이다. 나는 자기를 평가함에는 신중해야 하며, 천하게 보여 주건 고상하게 보여 주건 자기를 보여 줌에는 양심적이라야 한다고 생각한다.

만일 내게 좋거나 현명하거나 또는 그런 것에 가깝게 보인다면, 나는 힘껏 소리 높여서 내 말을 하겠다. 실제 있는 것보다 더 못하게 말하는 것은 어리석음이지, 겸손이 아니다.[65]

니체는 한편으로 나를 채찍질 했고 다른 한편으로는 나를 위로해 주었다. 나는 니체로부터 삶의 위안을 받았다. 니체는 내 삶과 끝까지 함께 할 것이다.

철학은 삶의 피로에 지친 내 마음과 몸을 추슬러 활력을 찾을 수 있게 해준 훌륭한 멘토였다. 내가 운명이란 최대의 삶의 중량에 짓눌려 있을 때 니체의 치열한 삶의 에피소드로 나는 마음을 다잡을 수 있었다. 나는 철학에서 삶의 위안을 얻었다. 나는 철학 때문에 다시 태어났다. 그리고 새로운 삶을 살고 있다.

---

65 『수상록』, p. 401.

매 순간 긍정하라는 영원회귀를 가르친 철학자 니체

> 아, 신이여! 나의 사랑하는 아버지 루트비히가 죽었습니다. 비록 내가 아직 어리고 경험이 없지만, 나는 죽음이 어떤 것인지 알고 있습니다. 사랑하는 아버지와 영원히 헤어져야 한다는 생각이 나를 엄습하여, 나는 슬프게 울었습니다.[66]

니체가 다섯 살이던 1849년 7월 27일, 니체의 아버지 카를 루트비히 니체가 갑자기 세상을 떠난다. 1980년 1월 9일에는 아버지가 무덤에서 걸어 나와 남동생을 데리고 가는 꿈을 꾼 날 남동생이 죽는다.

그리고 출생지인 뢰켄을 여섯 살 때 떠나 나움부르크로 간다. 니체는 여섯 살에 '꼬마 목사'라는 별명을 얻을 정도로 이미 진지한 어른이었다. 니체는 진지함을 운명으로 받아들인다.

니체는 열다섯 살이던 1858년, 엘리트 학교 슐포르타에 입학할 때까지 나움부르크에서 초등학교와 김나지움에 다닌다. 이때부터 니체를 평생 괴롭힌 두통이 시작된다. 이때부터 그는 온몸과 마음으로 자신의 운명과 싸움을 벌인다. 죽음의 불안이 그를 늘 엄습한다. 신체에 각인된 몸의 고통은 니체에게 주홍글씨처럼 작용한다.

---

66 이진우 지음, 『니체의 차라투스트라를 찾아서』(서울: 책세상, 2010), p. 78.

도취의 주신(酒神) 디오니소스를 경배한 것은 이런 몸의 고통과 무관치 않아 보인다. 어린 나이에 경험한 아버지와 남동생의 죽음은 니체에게 트라우마의 기억으로 새겨진다. 정신적 외상은 니체의 몸의 고통을 증가시켜 신체에 이중으로 새겨진다. 따라서 니체는 어린 나이에 정신과 몸이 영어(囹圄) 상태에 놓인다.

니체의 연보를 간략하게 요약하면 다음과 같다.

니체는 25세인 1869년에 박사 학위도 없이 바젤 대학의 고전어·고전문학 원외 교수가 된다. 그러나 1873년부터 구토를 동반한 편두통이 심해지고 눈이 극도로 나빠진다. 이후 건강은 호전되지 않는다. 1875년 10월 초에 1년간의 휴가를 얻어 이탈리아로 요양을 떠난다. 그리고 눈이 두통을 비롯한 모든 고통의 원인일 것이라는 의사의 진단을 받는다. 1879년에는 건강이 더욱 악화되어 강의를 중단하고 제네바로 휴양을 떠난다. 그해 5월 바젤 대학에 퇴직 의사를 밝힌다. 118회에 걸친 심한 발작이 일어났고 확실한 거처 없이 방랑자 생활을 시작한다. 이때부터 몸의 고통을 치료하기 위해 여행을 다닌다. 그러나 시력은 더욱 악화된다.

1882년에는 로마에서 루 살로메를 소개받는다. 살로메와 매우 깊이 있는 대화를 나누지만, 살로메와 사이가 좋지 않은 여동생 엘리자베트의 이간질로 둘의 관계는 소원해진다. 1887년에 루 살로메가 안드레아스와 결혼한다는 소식을 접하고 우울증에 빠진다.

1889년 1월 3일, 토리노에 있는 카를로 알베르토 광장에서 마부에게 채찍질 당하는 말을 끌어안고 울다가 졸도하면서 심각한 정신착란 증세를 보인다. 1월 17일에 어머니가 니체를 예나 정신 병원으로 옮긴다. 1897년 4월 20일, 어머니가 71세에 사망하고, 여동생이 니체를 바이마르로 옮긴다. 1900년 8월 25일 니체는 정오경에 사망한다.

니체의 삶에서 아버지와 남동생의 죽음과 몸의 고통은 결정적으로 중요하다. 이것은 니체의 사상에 지대하게 영향을 준다. 니체가 스승으로 삼는 쇼펜하우어의 사상에 경도되는 이유도 바로 여기에 있다. 쇼펜하우어는 세계의 본질은 결코 이성적이지 않으며 어두운 힘, 생명력 있는 충동이라고 말한다. 삶의 의지는 그 무엇으로도 충족될 수 없기에 삶의 충동에 의해 지배받는 이 세상은 고통 이외의 아무것도 아니다. 이러한 고통으로부터 벗어날 수 있는 길은 의지의 부정뿐이다. 우리는 오직 예술과 금욕을 통해서만 의지의 부정에 이를 수 있다.

니체는 쇼펜하우어의 삶을 부정하는 의지를 삶을 고양시키는 힘으로 바꿔놓는다. 이것이 쇼펜하우어와 니체의 차이점이다. 니체는 죽음의 경험과 몸의 고통 때문에 삶을 부정하는 것이 아니라 도리어 삶이 이렇다면 그 운명을 당당히 받아들여야 한다고 본다. 자기와 세계 전체를 긍정하라는 운명에 대한 사랑인 운명애(아모르파티, amor fati)는 우리가 할 수 있는 가장 위대한 일이라고 니체는 말한다. 그리고 '한 번 더!'라고 외치며 이런 자신의 운명을 긍정할 것을 주문한다.

대부분 우리는 매순간 스스로를 속박하면서 관리되는 시간에 맞춰 살아간다. 목표를 정해 놓고 달성하기 위해 살아간다. 삶은 목표라는 한정된 시간에 맞춰진다. 그래서 시간에 쫓겨 늘 바쁘고 안달하며 산다. 이것은 '아니오'라고 삶을 부정하는 것이다. 이런 삶의 시간에서 자기는 존재하지 않는다. 타인의 시선의 시간에서는 자기 시간이 죽어 있다. 자기 시간은 죽어 있으므로 자기는 활력을 잃는다. 이러한 시간에서 삶은 인간존재가 인간의 능력과 욕망의 자유로운 놀이를 허용하지 않는, 그 자신의 것이 아닌 대상과 기능에 의해서 결정된다.

> 그러나 영원한 만족에 대한 치명적인 적(敵)은 시간 — 내적인 유한성과 모든 조건의 순시성(瞬時性)이다. 그러므로 완전한 인간 해방이란 생각은 필연적으로 시간과의 투쟁에 대한 통찰력을 포함한다.[67]

목표 달성을 위해 아주 짧은 매순간(순시)의 시간은 관리되고 통제된다. 이 시간이 바로 순시성이다. 이런 순시성에서 삶은 규율 권력이 만들어 놓은 획일적인 시간표에 따라야 한다. 그래서 신체와 정신 곧 삶 전체는 규율 권력이 통제를 위해 만들어 놓은 시간인 순시성의 시간으로 마름질된다. 이제 삶은 규율 권력이 통제하는 타율적인 순시성의 시간을 넘어 자발적으로 순시성에 예종(隸從)하면서 자신을 규율하는 자기 예속화의 단계에까지 이르렀다. 이러한 순시성의 시간과 싸워서 이길 때 완전한 인간 해방이 가능하다.

---

67 『에로스와 문명』, p. 227.

니체는 삶의 매순간을 신성하게 만드는 '영원회귀'를 가르친다. 니체는 만 년의 세월의 무게가 새겨진 웅장한 바위에서 영원회귀를 일순간 깨달았다. 자연물의 삶에도 무한한 생의 약동의 시간이 쟁여져 있는데 하물며 인간의 삶은 어떻겠는가? 매 순간 삶이 새롭게 창조되는 것을 망각하고 살아 왔다고 니체는 통찰한다.

> 모든 것은 가고, 모든 것은 되돌아온다. 존재의 수레바퀴는 영원히 회전한다. 모든 것은 이울고 모든 것은 다시 꽃핀다. 존재의 역년(歷年)은 영원하다. 모든 것은 흩어지고, 모든 것은 새로 모인다. 존재는 영원히 동일한 집을 짓는다. 모든 것은 헤어지고, 모든 것은 다시 만나 인사를 나눈다. 존재의 원환은 영원히 자신에게 충실하다. 매순간 존재는 시작된다. 이곳을 중심으로 저곳의 공이 회전한다. 중심은 어디에나 있다. 영원의 길은 굽어 있다.[68]

니체는 질스마리아의 질바플라나 호숫가에서 피라미드 모습으로 솟아오른 주를레이 바위를 보는 순간 영원회귀를 떠올렸다고 한다. 여기서 바위를 보는 순간이란 시간에 주목하자. 이 순간의 찰나에서 니체는 영원회귀를 깨달았다. 이것은 무엇을 뜻하는가? 선승들이 졸음에 겨워 고개를 푹 수그리고 있는 제자의 등을 죽도로 순식간에

68 니체 지음, 정동호 옮김, 『차라투스트라는 이렇게 말했다』 「제3부 회복기의 환자들」(파주: 책세상, 2002), pp. 329-330.

내리친다. 이것을 방이라고 하는데, 이 내리치는 찰나의 시간이 니체가 질스마리아의 질바플라나 호숫가에서 피라미드 모습으로 솟아오른 주를레이 바위를 보는 순간의 찰나와 같은 시간이지 않은가?

졸고 있는 이 시간이 깨달음의 찰나의 순간일 수 있다. 삶에서 결정적인 깨달음의 순간은 찰나의 시간이다. 찰나의 시간은 먼 미래 시간이 아니라 지금의 찰나의 순간이다. 그래서 매 순간 삶에 최선을 다해야 한다. 그리고 이 순간의 고통스런 삶을 다시 살아야 한다면 기꺼이 '다시 한번 더' 온 힘의 의지로서 극복하며 살아야 한다.

외부의 한정된 목표에 의해 관리되는 시간은 직선적이다. 이렇게 시간이 단 하나의 정해진 목표(중심, 기원)에 맞춰지면 삶이 피곤해지고 매순간은 지루한 반복의 시간이 된다. 그렇다면 매순간이 기쁨이고 향유인 시간은 없을까? 니체는 이러한 시간을 영원회귀의 시간이라고 말한다. 영원회귀의 시간이란 매순간 정해진 목표에 의해 부과된 작업을 지루하게 반복하는 시간이 아니다. 영원회귀의 시간은 나와 타자가 함께 어울리며 놀이하는 시간처럼 끝없이(영원) 반복되어도(회귀) 짧은 매순간 기쁨을 향유하는 즐거운 시간을 일컫는다. 따라서 영원회귀의 시간은 짧은 매순간이 끝없는 새로움의 창조이고 늘(영원히) 즐거움이 샘솟는(회귀하는) 시간이라고 할 수 있다.

단 하나의 목표(중심, 기원)를 향해 쭉 뻗은 일직선의 시간이 작업의 피곤한 반복의 시간이라면 놀이의 반복은 오솔길처럼 굽어 있는 시간이다. 피곤한 반복은 그것이 다시는 반복되지 않기를 바란다는 점에서 쭉 뻗은 도로와 같은 직선의 시간이고, 놀이의 반복은 늘 반복되기를 열망한다는 점에서 나와 타자가 함께 손잡고 즐겁게 걷을 수 있는 오솔

길처럼 굽어 있는 시간이다. 이런 시간으로 살기 위해서는 피곤을 강요하는 시간과의 투쟁에서 이겨야 한다. 그런데 오늘날 이런 투쟁은 거의 불가능해 보인다. "투쟁? 필요한 건 알지. 그러나 그건 나와 상관없는 일인 걸"이라는 냉소가 판치는 한에서 말이다.

우리는 여기서 짧은 매순간이라는 시간에 주목할 필요가 있다. 요점은 시간의 순시성에서 말하는 짧은 매순간이 중심(기원)으로 편향된 삶을 강요하는 정교한 통제에 의해 작동하는 부정의 시간인 반면 놀이를 반복하는 시간에서 짧은 매순간은 삶을 고양시키는 긍정의 시간이라는 점이다. 이처럼 짧은 매순간 피곤하고 지루한 시간의 순시성은 놀이를 반복하면서 짧은 매순간 기쁨을 향유하는 즐거운 시간에 의해 전복된다. 이 시간 가는 줄 모르고 반복되는 놀이의 시간이 바로 자기 예속화의 시간 곧 자신이 스스로 자신을 속박하여 피곤에 가두는 삶을 전복하여 본래의 자기 삶을 가능하게 해주는 시간이다. 루소는 이렇게 말한다.

> 그러한 상황 속에서 사람들은 무엇을 즐길까? 자기 밖의 것은 결코 아니다. 오로지 자기 자신과 자신의 존재만을 즐긴다. 그 상태가 지속되는 한 사람들은 신처럼 홀로 충분한 존재다. 어떤 애착도 없이 그러한 존재의 상태는 이 세상에서 끊임없이 우리의 평온함을 방해하러 오는 온갖 관능적인 인상을 떨쳐내 버릴 줄 아는 사람만이 도달할 수 있는 평안하고 만족스러우며 고귀한 상태일 것이다.
>
> 끊임없는 열정으로 흥분에 빠지는 대부분의 사람들은 그 상태

를 경험하지 못하며, 혹 경험한다 할지라도 아주 짧은 순간 불완전하게 맛볼 뿐이기에 그 상태에 대한 매력을 알지 못한다. 그 달콤한 도취를 갈망하는 사람이 끊임없이 솟구치는 욕망에 의해 의무처럼 지워지는 적극적인 삶에 지긋지긋해하는 것은 현실의 삶을 살아나가는 데에도 좋지 않을 것이다.[69]

따라서 피곤에 가두는 삶을 전복해 본래의 자기 삶을 찾는 것이 곧 힘의 의지이다. 또한 자기를 스스로 속박해 피곤에 가두는 것이 반응적 힘이라면 본래의 자기를 회복하는 것은 능동적 힘이라고 할 수 있다. 이를 스피노자 식으로 말하면 반응적 힘은 소산적(所産的) 자연에 능동적 힘은 능산적(能産的) 자연에 대응한다고 할 수 있다.

스피노자는 행복은 곧 자유라고 말한다. 그리고 우리가 자신의 가장 깊은 본성에 따라서 행위 할 때, 말하자면 우리가 "우리 자신을 실현할" 때, 그런 결과가 뒤따른다. 불행하게도 우리 인간은 우리의 가장 깊은 본성에 따라서 행위 하는 특권을 거의 누리지 못한다. 왜냐하면 자기 자신과 세계에 대한 무지로 인해 통제할 수 없는 외부의 힘이 끌고 가는 대로 스스로를 방치해버리기 때문이다. 인류는 감정의 바다 위를 떠다니며 난타당하는 존재라고 그 철학자는 일갈한다. 우리는 희망과 공포, 기쁨과 절

---

69 장 자크 루소 지음, 김중현 옮김, 『고독한 산책자의 몽상』「다섯 번째 산책」(파주: 한길사, 2000), p. 118.

망, 사랑과 증오가 뒤범벅된 혼돈 속으로 내던져진 채, 닥치는 대로 아무 경로나 밟아 나가도록 강요받는다. 그리고 그 끝에 도달하게 될 단 하나의 확실한 종착지는 바로 궁극적인 불행이다. 대부분의 사람들은 대부분의 시간 동안 수동적으로 살 뿐이라고 스피노자는 결론 내린다. 그러나 삶의 참된 의의는 능동적인 삶을 사는 데 있다.[70]

루소는 이렇게 말한다.

나는 인간의 자유가 원하는 것을 하는 데 있는 것이 아니라, 원하지 않는 것을 하지 않는 데 있다고 생각한다. 바로 그것이 내가 늘 요구하고 자주 소유했던 자유다.[71]

자기 예속화의 시간에 맞춰 사는 것이 자유가 아니라 내 의지에 반하는 일은 무슨 일이 있어도 결코 하지 않는 것이 자유라는 것이다. 하이데거가 말하는 현존재(現存在, Dasein)에서 현Da이 '거기'인 것은 바로 자기 예속화와 자기 회복의 사이인 거기Da가 실존을 결단하는 자리라는 점에서 그렇다. 헤겔은 실존의 결단에 대해 이렇게 말한다.

---

70 매튜 스튜어트 지음, 석기용 옮김, 『스피노자는 왜 라이프니츠를 몰래 만났나』(서울: 교양인, 2011), p. 321.

71 『고독한 산책자의 몽상』「여섯 번째 산책」, p. 138.

특히 고대 그리스의 예술작품을 보면 쾌활하면서도 고요함을 띤 형상들에서 그와 같은 개성적인 힘과 자기 속에 집중된 구체적인 자유가 승리에 찬 모습으로 드러나 있음을 인식할 수 있다. 이처럼 승리에 찬 모습은 신들의 투쟁 없는 지복한 만족의 상태에서뿐만 아니라, 깊은 갈등과 분규로 주체의 존재가 갈기갈기 찢어질 것 같은 순간에도 느낄 수 있다. 예를 들어 비극의 주인공들은 운명에 굴복하도록 묘사될 때에도, 주인공은 "아아 그렇다!Es ist so"라고 심정을 토로하면서 자기 자신으로 돌아가 비극 속에서도 여전히 자신에게 충실히 머문다. 주체는 자기에게서 빼앗긴 것을 곧 포기한다. 그러나 그는 자기가 추구한 목적을 빼앗기고 이를 포기하면서도 자신을 상실하지는 않는다. 즉 인간은 운명에 예속되고 생명을 잃더라도 자유를 잃지는 않는 것이다. 이처럼 자아에 안거(安居, dies Beruhen auf sich)함으로써 고통 속에서도 고요한 쾌활성을 보존하고 드러낼 수 있다.[72]

마르크스는 『독일 이데올로기』에서 피곤한 삶의 질곡에서 벗어나 자기 자신을 위해 시간을 선용하는 삶에 대해 이렇게 말한다.

사냥꾼, 어부, 양치기, 혹은 비판가가 되지 않고서도 내가 마음

72 『헤겔의 미학강의 1』, p. 277.

먹은 대로 오늘은 이것을, 내일은 저것을, 곧 아침에는 사냥을, 오후에는 낚시를, 저녁에는 목축을, 밤에는 비판을 할 수 있게 된다.[73]

그렇다면 오늘날엔 자기 자신을 도야하며 시간을 선용(善用)하는 삶은 단지 꿈에 불과할 뿐인가? 이러한 삶이 가능하려면 사회적 분노가 필요할 때 단호하게 행동으로 표출해야 한다. 그러나 우리 사회는 사회적 분노에는 무관심하고 사적(私的) 분노를 치유하려는 힐링에만 몰두하고 있다. 우리 사회는 신자유주의의 과도한 경쟁에서 오는 지친 마음을 치유하기 위해 힐링 열풍에 휩싸여 있다. 과도한 경쟁을 하는 데도 성과는 늘 불만족스럽게 나타나고 이러한 미흡한 결과에 분노한다.

오늘날의 경쟁은 타인과의 경쟁을 넘어 자기 자신과의 경쟁으로 내면화되었다. 이것은 경쟁이 마치 없듯이 존재하게 되었음을 뜻한다. 시간은 타인과 경쟁하기 위해 소비하는 단계를 넘어서 자기 자신의 성과 달성이란 단 하나의 목적을 위해 소비된다. 이제 시간은 자기와의 경쟁에서 이기기 위해 자기를 싸움의 대상으로 삼으면서 소비된다. 자기가 스스로에게 얽매이면서 평생의 시간을 자기 계발이란 명목에 저당 잡혀 소비하며 사는 것이 바로 자기 예속화의 시간이다. 마르쿠제의 말을 들어보자.

---

73 손철성 지음, 『독일 이데올로기 연구』(서울: 도서출판 영한, 2007), p. 287.

> 전 시간(全時間) 노동이 초래하는 타락을 슬퍼하거나 이 세계와 이후의 세계의 훌륭하고 아름다운 것들을 감상하도록 권유하는 것은 그것이 인간을 미해결로 손대지 않은 채 있는 노동의 세계와 화해시키는 한 그 자체가 억압적이다. 그것은 억압이 뿌리박고 영구화되는 바로 그 영역으로부터 노력을 전환시킴으로써 억압을 지지한다.[74]

삶의 전 시간(全時間)이 자기 계발이란 미명하에 집어넣어지고 삼켜진다. 이러한 시간을 크로노스의 시간이라고 한다. 크로노스는 아버지인 우라노스의 남근을 잘라 죽였는데 자신도 아들에게 살해당할까봐 두려워서 자식을 낳는 족족 머릿속에 집어넣었다. 신자유주의에서 경쟁의 삶 또한 크로노스가 머릿속에 자식들을 집어 삼켜 넣었듯이 자기 자신에 대한 착취를 심화시키고 결국 자신을 죽음으로 집어 삼켜 넣는다. 성과에 집착하는 자기 계발이란 달리 말해 자신을 고양시키기보다는 자신이 스스로 자신에게 폭력을 가해 자신을 죽음으로 집어 삼켜 넣는 결과를 초래하기 때문이다. 이것은 시인 황동규가 묘사한, 사마귀가 성교 도중에 잡아먹히면서 느끼는 '죽음'으로 수렴되는 쾌감, "머리가 세상에서 사라지는 이 쾌감"(「풍장」, 30)이지 않은가! 이렇게 자신을 죽음으로 밀어 넣고 닦달하면서

---

74 『에로스와 문명』, pp. 186-187.

쾌감을 느끼는 과잉 쾌락의 시간 활용에서 삶은 왜소화되고 비루하게 된다.

사적 분노는 치열한 사회에서 경쟁에서 뒤쳐졌다는 생각이 들 때, 다른 사람들은 행복하게 사는데 자기의 삶만 재미가 없다고 느껴질 때, 스트레스를 견디지 못해서 짜증이 날 때, 나보다 실력이 한참 딸리는 동료가 대박을 터뜨렸다고 기세 등등 할 때, 다른 사람들이 나를 깎아 내린다고 느낄 때 생긴다. 다른 사람들은 일이 잘 풀리는데 나만 안 풀린다고 생각하는 것도 사적 분노의 원인이다. 다른 사람들은 같은 행동을 해도 귀여움을 받는데 똑같은 행동을 해도 자신의 행동은 괴팍한 성격으로 매도당할 때 여론에 대한 두려움을 갖는데 이 또한 사적 분노의 원인이 된다.

사적 분노의 훌륭한 사례로 페르시아 건국의 시조 키루스 황제를 들 수 있다. 바빌론을 공격하려면 긴데스 강을 건너야 하는데 강폭이 넓게 흐르고 있어 얕은 쪽 여울을 지나 건너려고 시도하였다. 그때 키루스 황제의 전차를 끄는 백마 한 마리가 강물에 떠내려가 버렸다. 황제는 격분하여 왕의 길동무를 앗아간 그 강을 여자라도 쉽게 걸어서 건너갈 수 있도록 하겠다고 맹세했다. 그래서 180개의 수로로 갈라진 강을 360개의 작은 강으로 배분하여 강물을 사방으로 흘러가도록 함으로써 강이 바싹 말라붙어 실제로 수심이 여자 무릎 높이가 되었다. 무익한 노동으로 병사들은 탈진하여 사기는 땅에 떨어졌다. 이렇게 적에게 포고한 전쟁을 강을 상대로 벌이고 있는 동안 경계하지 않은 상대를 공격할 좋은 기회도 놓쳐 버리고 마침내 회군하기에 이르렀다고 한다. 또한 몽테뉴의 『수상록』에 보면 부인의 질투에 머리가 돌아버린 사내의 이야기가 나온다. 일터에서 돌아온 사내에게 부인은 언제나처럼 고함을 치는데 사내는 격분하여 손에 들고 있던 낫으로 부인이 그렇게 열에 들떠 야단치는 물건을 싹둑 잘라서 부인의 콧대에 휙 던져 버렸다고 한다.

자기를 생성하려면 자기 시간성으로 살아야 한다. 이 자기 시간성이 영원회귀의 시간이다. 타인의 시선에 맞춰진 삶에서 시간은 매순간 지루한 반복의 시간이지만 자기 시간의 삶에서는 매순간이 기쁨이고 향유이다. 그래서 매순간은 긍정이다. 니체는 타인의 시선에 맞춰진 시간에 사는 인간 유형을 말인(末人)이라고 한다. 니체는 차라투스트라의 경멸을 사는 "우리는 행복을 만들어냈다!"고 자위하고 현실에 안주하는 말인의 삶을 극복할 것을 주문한다. 차라투스트라가 지향으로 삼는 것이 '초인'이다. 초인은 영원회귀를 실천하며 매순간 긍정하는 삶을 사는 인간이라고 할 수 있다.

따라서 니체가 말하는 자기 돌봄은 이익추구와는 관련이 없다. 자기와 타자를 구분하고 타자를 자기에 복속시키려는 것이 아니다. 영원회귀에서 영원이란 나와 타자가 함께 어울리는 자족의 차원을 겨냥하는 시간이다. 나와 타자의 구별이 없다. 타자의 시선에 맞춰진 시간은 기원이 지배하는 시간이다. 기원의 지배는 자기 내부로 향하는 시간이다. 기원의 지배를 위해 모든 것이 자기로 수렴된다. 말인은 이런 시간에 스스로 자신을 예속시켜 사는 유형의 인간이다. 이런 인간은 이성이 유일한 원칙이라고 믿고 산다.

니체는 이성의 지배원칙에 거리를 두고 다양한 관점에서 의지를 고양하는 삶인 "거리에의 파토스"로 살 것을 주문한다. 이것이 니체가 말하는 관점주의이다. 단 하나의 이성의 지배원칙을 실체로 작동시키는 세계에서는 감성과 충동이 배제된다. 니체는 이성, 감성, 충동이 서로 어우러지는 구별 없음을 겨냥한다. 이때 신(중심, 기원)과 아이는 같이 어울려 놀면서 동시에 주사위를 하늘 높이 던진다. 반복되는 놀이의 시간은 매순간 지루함이라고는 찾아볼 수 없는 새로움의 연속이다. 놀이는 끝없이 반복되어도 피곤하거나 지루하지 않다. 이것이 바로 외부 목표라는 단 하나의 중심(기원)에 맞춰진 지루하고 피곤한 순간순간의 삶이 아니라 짧은 매순간 자기를 새로움으로 고양(高揚)하는 자존(自存)의 삶인 것이다.

니체는 죽음과 몸의 고통으로부터 삶을 부정하지 않았다. 니체의 허무는 유한한 생을 부정하는 것이 아니라 허무하고 고통스러운 삶이 나의 운명이라면 그것을 피하기보다는 당당히 받아들이는 것이다. 그것은 현재 찰나의 순간을 긍정하는 것이다.

> 우리가 어떤 한 순간에 대해 '예'라고 말한다면, 그것으로써 우리 자신뿐만 아니라 모든 실존에 대해 '예'라고 긍정한 것이다.[75]

이 순간순간의 삶이 결정적인 나의 삶이라면 이 순간을 긍정해야 한다. 이것이야말로 자기 돌봄의 철저함이 아니고 무엇이겠는가?

니체가 신은 죽었다고 선언한 배경에는 이런 깨달음이 있다. 종교

---

75 니체 지음, 이진우 옮김, 『니체전집 19: 유고(1885년 가을~1887년 가을)』(서울: 책세상, 2000), p. 374.

는 현실을 고통의 시간으로 본다. 그리고 저 세상의 미래에 유토피아가 있다고 가르친다. 신이 이 세계를 창조할 때는 신의 의지대로 창조했을 것이고 신의 청사진 설계도가 있을 것이다. 그래서 신학에서는 신의 디자인대로 모든 것이 운동하고 기원(起源)의 신이 설계한 목적으로 간다고 생각한다. 이것이 플라톤-기독교적 존재론에서 말하는 직선의 시간으로, 기원(基源) 즉 일자로부터의 창조이다. 화이트헤드는 이렇게 말한다.

> 신이 이 세계를 창조했다면 무에서 유를 창조한 것이고 신이 이 세계를 창조하기 이전에는 '일자(一者, oneness)'만 존재한다. 일자인 신이 세계를 창조하면서 '다자(多者)'가 형성된다.

직선의 시간은 시간의 기원인 신이 창조한 세계를 말한다. 이것이 전통적인 플라톤-기독교의 시간이다. 신이 미리 세계를 설계design했다는 디자인 설이 대표적인 직선적 시간관이다. 목적론적 신 존재 증명은 사물의 설계자를 상정하고 그 사물의 완성을 끝end이라고 하는 전형적인 직선적 시간관이다. 따라서 직선적 시간에서 시간의 완성은 끝이고 바로 신의 목적을 실현한다고 할 수 있다. 따라서 직선적 시간에서 말하는 끝이란 신의 목적에 도달했다는 뜻이다. 그래서 아우구스티누스Augustinus는 『고백록』에서 "신이 세계를 창조한 이전의 시간에 대해서는 묻지 말라"고 한다.

니체는 현재의 먼지 같은 이 찰나의 시간에 우주의 시간이 쟁여져 있음을 깨달았다. 니체는 삶의 의미와 세계의 목표가 미래에 있다고 생각하지 않는다. 미래에 현재의 삶의 목적이 있다면 현재 내가 발 딛고 숨 쉬고 사는 이 매순간의 삶은 무엇인가? 그래서 시간은 플라톤과 기독교처럼 목표를 향하는 직선이 아니며, 영원의 길은 굽어 있다. 직선으로 한없이 내닫지 않고 곡선으로 굽어져 돌아온다.

직선의 시간은 타자(신)의 시선의 시간 즉 외재적인 목적의 시간이고 영원회귀의 시간은 자기로 돌아온 시간 즉 자기 목적 내재적인 시간이다. 플라톤의 존재는 목적 외재적인 기원의 시간이다. 플라톤은 존재의 5가지 속성으로 '불변', '유일', '독립', '절대', '무모순'을 들었다. 5가지 속성은 기원(基源)의 일자로서의 존재인 신을 말한다. 이러한 플라톤의 기원의 일자 존재론은 진리를 담고 있는 존재와 그 존재의 그림자로서의 현상계라는 이분법적 사고에 기초한다. 존재는 형이상학적인 기원의 존재로서 숭앙되고 감각적인 것들은 티끌보다 천한 것이 된다. 니체는 기원으로서의 불변과 무모순 대신에 변화와 생성과 창조를, 기원으로서의 유일과 절대와 독립 대신에 상대를 대체해야 하는 새로운 시간 개념으로 제시한다.

그것이 바로 영원회귀와 힘의 의지이다. 기원이란 중심이 직선의 시간이라면 영원회귀의 시간에는 기원과 중심이 없다. 영원회귀인 생성만 있을 뿐이다. 시간은 존재를 생성하고 창조한다. 기원의 지배 같은 것은 애초에 없다. 만일 있다면 존재의 영원한 생성의 시간이다. "존재의 원환은 영원히 자신에게 충실하다. 매순간 존재는 시작된다. 이곳을 중심으로 저곳의 공이 회전한다. 중심은 어디에나 있다. 영원의 길은 굽어 있다." 기원인 신과 꼴찌인 아이가 같이 주사위를 던지는 것이다. 이처럼 서양 사상을 지배했던 기원의 일자 존재론과 대결해 그것을 전복하고 해체하는 것이 니체 평생의 화두였고 숙원이었다.

니체가 영원회귀를 깨닫기 전까지 호수를 산책한 목적은 현재보다 더 나은 미래의 몸과 마음의 건강이었을 것이다. 따라서 현재의 몸과 매순간의 마음 상태를 긍정하기보다 부정했을 것이다. 왜냐하면 관심은 온통 지금 이 순간보다 더 나아진 미래 시간에 맞춰졌기 때문이다. 그런데 만 년의 시간을 머금은 주를레이 바위를 보는 순간 깨달았다. 바로 지금의 매순간, 내가 지금 영원회귀를 깨달은 이 순간이 내 삶의 전부라고. 건강을 약속하는 미래의 시간은 없다. 지금 매 순간이 내 몸이 최상인 상태다. 그래서 지금 이 순간 잘 살기 위해서 자기 돌봄에 철저해야 한다. 따라서 이 반복되는 매순간, 찰나의 시간에 최선을 다해 살아야 한다는 것이다. 더 좋은 삶이라는 목적으로 나를 맞아주겠다고 약속하는 미래의 시간은 없다. 매순간 삶에 최선을 다하는 것이 목적이다. 이보다 더한 자기 긍정이 있겠는가? 따라서 영원회귀는 반복되는 지루한 삶에 매순간 힘에 의지해 끊임없이 새로움이 반복되어 솟아오르는 것이다. 어린아이가 시간가는 줄 모르고 놀듯이 삶은 매순간 오금이 저려올 정도로 깨가 쏟아지게 흥겹다. 지루할 틈 없이 매순간 흥이 샘솟는다.

이러한 영원회귀의 깨달음을 통해 철학의 역할이 무엇인지 분명하게 알 수 있다. 철학의 역할이란 삶의 피로를 회복하는 치료자이다. 매순간 삶의 긍정보다 더한 치료제는 없다. 그래서 니체는 한 곳에 머물러 미래를 목적으로 사는 정주민이 아니라 매순간 끊임없이 이동하는 유목민(노마드)이다. 『차라투스트라는 이렇게 말했다』에서 차라투스트라는 끊임없이 이동한다. 삶의 매순간은 신성하다. 차라투스트라는 바로 니체 자신인 것이다.

> 용감성은 도덕의 제1급으로 간주되며, 그 이름이 가리키는 바와 같이 그 의미도 가치라는 글자에서 나온 것이다. 그리고 습관으로 우리가 대단히 가치 있는 사람이라거나, 괜찮은 인물을 말할 때에, 우리 궁전에서나 귀족 사회에서는 로마에서 하던 식으로 용감한 사람을 말하는 것이다. 왜냐하면 도덕의 일반적 호칭은 그들에게서는 그 어원을 '힘'(라틴어로 Vires로 되었음)에서 받고 있기 때문이다. 프랑스에서 귀족 고유의, 그리고 본질적인 형태는 군인의 직분이다.[76]

> 사람들 사이에 나타나서 어떤 자들이 다른 자들보다 더 유리한 처지에 서게 한 제1차적인 덕성은, 그것으로 더 강하고 용감한 자들이 더 약한 자들의 지배자가 되고, 특수한 지위와 명성을 얻어, 그것으로 귀족이라는 명예와 품위가 그들에게 돌아가게 된 것이라고 볼 수 있다. 또는 이 나라들이 대단히 호전적이었던 까닭에 도덕 중에도 이런 국민들에게 가장 익숙하고 가장 훌륭한 자격이던 덕성의 호칭에 가치를 주었던 것 같다.[77]

---

76 『수상록』, p. 405.

77 『수상록』, p. 406.

이것이 우리가 스스로를 창조하는 데 자신의 온 힘을 쏟아 부은 생성의 철학자라고 니체를 부르는 이유이다. 타인으로의 시선이 아니라 자기 돌봄에 철저했던 매순간을 불꽃처럼 결정적인 순간으로 살다간 영원한 이방인이 바로 니체인 것이다.

'나'란 화두는 내가 죽을 때까지 놓지 않고 끈질기게 물어야 할 근원적 물음이다

죽음이란 결핍이 있음으로 삶이 더 소중하듯이 시련이란 결핍이 있기에 그것을 극복한 후 더 감동적인 생명의 약동을 경험한다.

> 어떻든 대자연은 우리에게 강제한다. 이 세상에 들어온 것처럼 여기서 나가라고 말한다. 죽음에서 생명으로 들어올 때에 거쳐 온 길을 무슨 심정이건, 공포심도 가질 것 없이 생명에서 죽음에로 다시 거쳐 가거라. 그대의 죽음은 우주 질서의 한 부분이다. 그것은 세상 생명의 일부이다.[78]

삶 속으로 추위가 온다는 것은 시련인데, 시련이란 삶이 얼마나 소

78 『수상록』, p. 102.

중한 것인지를 알게 해 준다. 날씨가 추워졌을 때 삶의 가치가 비로소 드러난다. 삶은 세상의 풍파를 이기고 난 이후에 더 약동적이다.

> 탁자 위에 던지는 주사위는 왕공들의 집이나 주막집에서밖에 쓰지 못한다. 데모크리토스는 신들과 짐승들은 중급에 있는 인간들보다 더 예민한 감성을 가졌다고 하였다. 로마인들은 초상과 명절에 같은 옷을 입었다. 극도의 공포와 극도로 열이 오른 용기에는 똑같이 배에 자극이 가서 뒤가 마렵게 되는 점이 있다. 나바르의 왕 상쇼 12세가 받은 '떨보'라는 별명은 용기가 공포와 마찬가지로 우리의 사지를 떨게 하는 것임을 알려 준다. 자기를 무장시켜 주던 부하가 상관의 피부가 떨리는 것을 보고 곧 닥쳐올 위험이 대단한 것이 아니라고 안심시키려고 하자, "너희들은 나를 잘 알지 못한다. 내 근육은 내 용기가 방금 그를 어디로 데려가는가를 알게 되면 금세 진정될 것이다."라고 말했다.
> 비너스가 하는 장난의 냉담과 혐오에서 오는 음경 발기 불능은 맹렬한 욕정과 너무 심한 열에서도 온다. 극도로 찬 것과 극도로 뜨거운 것은 똑같이 지지며 굽는다. 아리스토텔레스는 순수한 납덩이는 극도로 뜨거울 때와 같이 겨울의 혹심한 추위에도 녹는다고 한다. 정욕과 포만은 탐락의 위와 아래 단계를 고통으로 채운다.[79]

가혹한 운명이 내 앞에 펼쳐지더라도 그 운명을 긍정하고 더 감사하게 여기며 살아가겠다.

앞을 바라보니 흰 깃발이 있다. 그런데 갑자기 깃발이 흔들리기 시작한다. 방금 전까지 미동도 않던 깃발이 왜 흔들릴까? 내 마음이 흔들리기 때문에 깃발이 흔들릴까? 아니면 갑자기 바람이 불어 흔들릴까? 내 마음이 흔들리든 바람 때문에 흔들리든 모두 '나'란 문제가 걸려 있다. 그렇다면 도대체 '나'란 무엇인가?

자아(自我)라고 할 때 자(自)는 '스스로'를 뜻한다. 아(我)는 '나'를 말한다. 그렇다면 자아는 '스스로 있는 나'를 말한다. '스스로 있는 나'는 독립적인 개체로서 인격을 갖추고 스스로 자기 삶을 개척하는 자유를 가진 나를 말한다. 인도의 우파니샤드 철학에서는 자아를 아트만이라고 한다.

그런데 자아는 생각하는 나를 뜻한다. 내가 나란 존재를 생각하는 것을 자기의식이라고 한다. 내가 나임을 안다는 것은 이미 나와 타아에 대한 구별을 내포한다. 내가 남과 다르다는 것은 내 것을 소유함을 말한다. 달리 말해 이는 나만 소유하지 않고 상대도 나처럼 소유하고 있음을 뜻한다.

여기에서 불교의 무아(無我) 사상이 태동한다. 내가 번민하고 고민하는 것은 내가 생각하는 존재이며, 그 생각의 발아는 나를 남과 비교하면서 싹트기 때문이다. 생사의 번뇌에서 오는 괴로움과 집착하는 마음에서 오는 미혹(迷惑)을 끊어내고 도(道)에 도달하는 수행의 도정(道程)을 불가에서는 고집멸도(苦集滅道)라고 한다. 고집(苦集)은

---

79 『수상록』, p. 333.

미혹의 결과와 원인이며, 멸도(滅道)는 깨달음의 결과와 원인이다.

나를 없애는 무아는 삶이 제행무상(諸行無常)임을 깨닫고 모든 구별의 세계로부터 나를 단절하는 제법무아(諸法無我)를 터득할 때 가능하다. 이것은 범인(凡人)의 세계가 아니라 득도한 선승(禪僧)의 세계이다. 이것을 쇼펜하우어는 『의지와 표상으로서의 세계』 마지막 단락에서 다음과 같이 말하고 있다.

> 인도인들처럼 신화나 '브라흐마'에 흡수되거나 불교도의 '열반'과 같은 언어를 사용함으로써 무를 회피하지 말아야 한다. 오히려 우리는 의지를 완전히 폐기한 후에 남는 것은 아직 의지를 충분하게 갖고 있는 사람들에게는 무에 지나지 않는다고 거리낌 없이 고백한다. 그러나 반대로 의지가 스스로를 바꾸고, 스스로를 부정하여 버린 사람들에게도, 우리에게 그렇게도 사실적으로 보이는 이 세계가 모든 태양과 은하수와 더불어 무(이것이 바로 불교도의 '반야바라밀'이며, '모든 인식의 피안', 즉 이미 주관과 객관이 없는 경지인 것이다. G. A. 슈미트, 『대승과 반야바라밀』 참조.) 인 것이다.[80]

서양에서 '나'에 대한 탐구는 호메로스의 『오뒷세이아』부터 시작된다. 트로이 전쟁에서 승리한 후 오뒷세우스는 고향인 이타케로 돌아가기 위해 항해에 오른다. 이 여정에서 온갖 난관에 부딪친다. 목

---

80 쇼펜하우어 지음, 권기철 옮김, 『세상을 보는 방법』「의지와 표상으로서의 세계」(서울: 동서문화사, 2005), p. 1006.

숨을 건 사투에서 오뒷세우스는 자신에게 근원적인 물음을 던진다.

> 들려주소서. 무사 여신이여! 트로이아의 신성한 도시를 파괴한 뒤 많이도 떠돌아다녔던 임기응변에 능한 그 사람 이야기를. 그는 수많은 사람들의 도시들을 보았고 그들의 마음을 알았으며 바다에서는 자신의 목숨을 구하고 전우들을 귀향시키려다 마음속으로 많은 고통을 당했습니다. 그토록 애썼건만 그는 전우들을 구하지 못했으니,[81]

이런 호메로스의 '나' 곧 인간에 대한 성찰의 맹아는 소크라테스에게서 만개한다. 소크라테스부터 인간, 인문이 탄생하기 때문이다. 소크라테스는 '사람들'(안트로포이, anthropoi)을 이렇게 규정한다.

> '안트로포스anthropos'라는 이 이름은, 다른 짐승들은 모두 보는 것들에 대해서 전혀 살피지도 않고 헤아리지도 않고 자세히 관찰하지도 않지만 사람은 보자마자, 즉, '오포페opōpe'와 동시에, 본 것opōpen을 자세히 관찰하기도anathrei 헤아리기도 한다는 뜻을 가지고 있네. 이런 까닭에 짐승들 중에서 사람만이 '안트로포스'라 불리는 것은 옳은 일이지. 사람만이 본 것을 자세히 관찰하니까anathrōn ha opōte.[82]

81 『오뒷세이아』, p. 23.

또한 소크라테스는 현대 실존주의에서 말하는 실존 곧 '참된 나'에 대한 문제로 학문의 방향을 돌린 선구자이다.

> 저 자신을 이기는 것이 모든 이김(승리) 중에서도 으뜸가는 것이며 최선의 것이지만, 저 자신에게 지는 것은 모든 것 중에서도 가장 부끄러운 것인 동시에 최악의 것입니다. 이것들이 실은 우리 각자 안에 우리 자신을 상대로 하는 전쟁이 있음을 보여 주고 있습니다.[83]

소크라테스 이전의 자연철학자들은 '나'의 존재에 대한 탐구가 아니라 세상의 근원적 존재를 탐구했다. 우주 만물에서 변하지 않는 원인은 무엇인가에 관심을 기울였다. 소크라테스는 천체들이나 구름을 비롯한 대기 현상에 대한 관심에서 자아(영혼)에 대한 탐구로 학문의 근본 토대를 바꾸었다. 소크라테스는 자기 자신을 돌보는 것을 영혼으로 규정했다. 진정한 앎이란 영혼(나)을 탐구하는 것이다.

> 아테네인 여러분! 제가 이 이름(명성)을 얻게 된 것은 실은 그 어떤 이유도 아니고 다만 어떤 지혜sophia 때문입니다. 그러면 이건 어떤 지혜이겠습니까? 이것이야말로 아마도 인간적인 지혜일 것

---

82 플라톤 지음, 김인곤·이기백 옮김, 『크라틸로스』(서울: 이제이북스, 2007), p. 74.

83 『법률』, p. 67.

입니다.[84]

소크라테스가 살던 도시국가 아테네에서 개인들은 결속의식으로 강하게 맺어진 운명공동체에 속한 존재였다.

> 사실, 지금까지 드러난 바와 같은 상태에 놓여 있으면서 우리가 무슨 대단한 자들이라도 되는 양 호기를 부리는 것은 부끄러운 일이네. 우리는 같은 문제에 대해서, 그것도 가장 큰 문제에 대해서 생각이 전혀 일치하지 않으니까. 우리는 그만큼 교육이 부족한 상태에 있네. 그러므로 지금 우리에게 드러난 이 주장을 인도자로 이용하세. 살아서나 죽어서나 정의는 물론이고 다른 덕을 모두 단련하는 것, 이것이 가장 좋은 삶의 방식임을 우리에게 지시해 주는 주장을 말이네. 그리하여 이 주장을 따르세. 그리고 다른 사람들에게도 권하세.[85]

그런데 운명공동체로서의 도시국가는 알렉산드로스 대왕의 제국시대에 쇠퇴하였고 따라서 사회 공동체 의식이 개인의 삶에 결정적으로 작용하지 못했다. 이러한 패러다임의 변화는 개인의 행복을 사회 공동체에서 찾으려 했던 삶이 불가능해졌음을 의미한다. 도시국

84 『플라톤의 네 대화편』「소크라테스의 변론」, p. 113.

85 플라톤 지음, 김인곤 옮김, 『고르기아스』(서울: 이제이북스, 2011), p. 215.

가에서는 개별적 정체성이 도시국가와의 일체화로 인해 유지되었는데 이러한 삶이 붕괴되었다는 것이다. 따라서 마케도니아 제국에서의 삶은 개인들을 느슨하게 만들었다. 이제 일체화되었을 때 맛보았던 행복은 불가능하게 되었다. 그런데 에리히 프롬은 이와 상반된 입장을 피력한다.

> 집단은 점차 '도시국가polis'의 시민, 큰 나라의 시민, 교회의 구성원으로 이루어지게 되었으며, 가난한 로마인조차도 '나는 로마인'이라고 말할 수 있었기 때문에 긍지를 느꼈다.
> 로마와 그 제국은 한 인간의 가족이자 가정이자 세계였다. 또한 현대 서양 사회에서도 집단과의 합일은 분리 상태를 극복하는 일반적인 방법이다. 이것은 개인의 자아 대부분이 사라지고 그 목적이 군중에 소속되어 있는 합일이다.[86]

헬레니즘 시대에는 개별적인 내면에서 행복을 찾아야 한다. 국가와 운명공동체가 되면서 행복을 찾을 수 없었다. 일체감을 상실하고 난 후에 개인은 스스로 행복을 추구하고 개인적 관심사에서 행복을 찾게 된 것이다. 제국의 삶에서 국가와 개인 사이에 일체감이 사라진 것이다. 따라서 국가는 나의 삶과 무관하기 때문에 이제 개인은 외부 세계의 변화에 관심이 없다. 세상은 나와 하등 관계가 없는 것

---

86 『사랑의 기술』, p. 29.

이다. 그래서 외부에 대해서 체념하고 내면의 안정을 추구하게 된다. 체념은 마음을 평정하게 유지하는 것이다. 그래서 수면(水面)처럼 평평하게 흐르는 내면이 무엇보다도 강조된다.

몽테뉴는 자신의 초상화를 주조시켜 Que sais-je?(끄세주, 나는 무엇을 아는가?)[87]를 새겨 넣고 뒷면에는 평형을 이룬 천칭을 그린 다음 그 주위에 '나는 판단을 배제한다.'는 글귀를 새겨 넣었다. 자신이 아는 것을 회의하라는 고대 회의주의자들의 주장을 회의하고 판단을 보류해야 한다는 것이다.

> 이 생각은 "나는 무엇을 아는가?"(몽테뉴의 중심 사상으로, 그는 이 말을 1576년에 한 메달에 접시저울과 함께 새겨 놓게 하였다.)라는 질문 형식으로 더 확실하게 파악된다. 그래서 나는 이 말을 저울대에 표어로 새겨 놓았다.[88]

왜 판단 보류가 중요한지 예를 들겠다. 판단 보류는 특히 살인죄를 심리하는 법관에게 요구된다. 아내를 살해한 뒤 강에 유기한 피의자가 자신이 죽이지 않았다는 알리바이인 31분의 시간을 판사가 받아들여 무죄를 선고했다면 판사는 판단 보류를 하지 않은 것이

---

87 몽테뉴는 1576년 43세 때 자신의 초상화를 주조시켜 Que sais-je?(나는 무엇을 아는가?)를 새겨 넣고 뒷면에는 평형을 이룬 천칭을 그린 다음 그 주위에 '나는 판단을 배제한다.'는 글귀를 새겨 넣었다. 이는 고대 회의주의자들의 주장도 판단 보류를 하려는 것이었다.

88 『수상록』 나는 무엇을 아는가 판, p. 610.

다. 피의자가 범인이라면 사체 유기 장소에서 멀리 떨어진 장소에서 휴대전화 통화는 불가능하다. 통화 장소가 31분 내에 갈 수 있는 거리가 아니기 때문에 피의자는 범인이 아니라는 주장이다. 그런데 통화 장소가 31분의 시간 안에 갈 수 없다는 알리바이가 성립한 것은 휴대전화 기지국이 있는 그 자리를 기준으로 삼았기 때문에 가능하다. 한적한 시골에서 기지국의 통화가능 범위는 반경 10km라고 한다. 그런데 사체 유기 장소와 통화 장소 사이에는 기지국 두 개가 있었다. 그렇다면 31분의 시간은 피의자가 사체를 유기하고 통화 장소까지 차로 이동해 통화가 가능한 충분한 시간이다. 판사가 판단 보류를 했다면 이 점을 밝혀냈을 것이다.

데카르트가 '나는 생각한다, 고로 나는 존재한다.'에서 말하는 '나' 또한 근원적 존재에 대한 탐구의 연장이었다. 그것은 실존하는 나와는 하등 상관없는 '생각하는 사물res cogitans'로서의 나이기 때문이다. '레스res'란 사물을 뜻하는 것이며 따라서 데카르트의 '나'는 서양의 존재론에서 탐구하는 영원한 본질에 대한 탐구의 연장선에 있었다고 할 수 있다.

칸트는 데카르트가 '나는 생각한다, 고로 존재한다.'라고 한 순간 이미 곤경에 처했음을 직감했다. 왜냐하면 데카르트는 세계와 나를 날카롭게 이분(二分)하고 세계를 망각하고 나만 가치 있는 존재로 상정하기 때문이다. 나 자신만 존재한다면 그것은 내가 무엇인지 조차도 알 수 없게 된다. 어두운 데서는 누런 소든 검은 소든 모두 검어서 그것이 소인지 조차 알 수 없듯이 말이다. 그래서 칸트는 자신이 데카르트처럼 감각적 세계와 관념적인 나를 구분하고 감각적 세계가 완전히 나에게 포섭되는 순간 나 자체 곧 물자체를 알 수 없다고 고백했던 것이다. 감각적 세계가 망각되고 통각적인 나 자체만 존재하는 순간에 나 자체 곧 물자체 또한 알 수 없다는 아포리아에 빠진다는 것이다.

'나'에 대한 본격적인 탐구가 시작된 것은 칸트를 시작으로 피히테와 셸링 그리고 헤겔로 이어지는 독일 관념철학부터였다고 할 수 있다. 칸트는 인식을 통일하는 근거를 초월론적 통각이라고 했는데, 이 초월론적 통각이 바로 나(자아)이다. 그런데 칸트는 나(자아)를 인식의 근거로 제시하면서 알 수 없다고 했다. 그래서 알 수 없다는 의미에서 초월론적 통각=X(나 자체는 알 수 없다)라고 한다. 칸트는 나(자아)를 『순수이성비판』이란 학문의 영역에서 배제하고 윤리학인 『실천이성비판』에서 다룬다. 나(자아)는 인간이 삶을 살아가는 데 직결되는 윤리적인 실천 문제와 맞닿아 있기 때문이다.

그래서 칸트는 "네 의지의 격률이 언제나 동시에 보편적 입법의 원리가 될 수 있도록 행동하라."는 유명한 도덕법칙으로서의 정언명령을 자아가 반드시 지켜야할 의무로 부과한다. 칸트는 자아가 이러한 윤리적 의무를 부여받으며 살아야 할 근거를 자유에서 찾는다. 인간은 목적으로 대우받는 존재다. 목적을 추구하는 인간은 수단으로 전락하지 않는데 왜냐하면 인간은 자신이 자유로운 목적적 존재라고 자각하기 때문이다. 인간은 윤리적 공동체를 유지하기 위해서 법의 명령에 무조건 따라야 한다. 칸트의 자유는 스스로 자유롭게 법을 만들고 자신들이 만든 법을 스스로 준수하는 자율적인 존재라기보다는 법의 명령에 복종하는 한에서의 자유를 말한다.

헤겔은 나 자체 곧 물자체를 알 수 없다는 칸트의 생각을 받아들일 수 없었다. 나 자체 곧 물자체를 알 수 없다는 것은 수천 년 지속되었던 서구 사상 전체의 종말을 고하기 때문이다. 헤겔은 세계가 나의 정신이라는 '세계정신'으로 이러한 곤경에서 벗어나려고 했다. 그래서 헤겔은 나 자체인 세계정신을 나 자체 곧 물자체로 규정하고 물자체는 추상적인 관념이 아니라 구체적 보편성이라고 단언했다. 그러나 이 같은 헤겔의 나 자체 곧 물자체를 알 수 있다는 기획 하에 야심차게 시도된 기나긴 사상 여정은 궁극적으로 나 자체를 알 수 없다는 절대적 부정성을 확인하면서 끝난다. 헤겔이 지독한 히스테리 환자였음은 이와 무관치 않다. 왜냐하면 헤겔에게 히스테리는 애초에 찾을 수 없는 것을 발버둥 치면서 찾으려고 평생을 고민했으나 찾지 못해서 생긴 심신 이상 증세였기 때문이다.

또한 헤겔은 칸트의 정언명령의 도덕법칙을 비판한다. 왜냐하면 칸트가 인간의 자율성을 타율로 제한했기 때문이다. 헤겔의 인륜성은 인간들이 자신들이 만든 법을 스스로 준수하는 자율에 의해 유지되는 사회를 말한다. 달리 말해 인륜(법)과 인간의 관계가 일체화된 사회라고 할 수 있다. 이를 좀 어렵게 표현한 것이 헤겔의 '구체적 보편성'이라는 개념이다. 여기서 '보편성'이란 인륜을 말하고 '구체적' 이란 구체적인 단계를 거쳐 인륜에 도달함을 말한다.

생텍쥐페리의 『어린 왕자』에 나오는 어린 왕자와 여우의 관계에서 헤겔의 인륜성이 잘 나타난다. 지구에 도착한 어린 왕자는 여우를 만난다. 여우는 어린왕자에게 자신을 제발 길들여달라고 요구한다. '길들인다'는 것이 무슨 뜻인지 묻는 어린왕자에게 "그건 '관계를 만들어간다'는 뜻이야."라고 여우는 말한다. "참을성이 있어야 해. …… 처음에는 내게서 좀 떨어져 이렇게 풀밭에 앉아 있어. 난 너를 흘끔 흘끔 곁눈질해 볼 거야. …… 날마다 넌 조금씩 더 가까이 다가앉을 수 있게 될 거야." 이 단계에서는 아직 헤겔의 인륜성의 관계가 아니다. 구체적인 관계가 진행되는 단계다.

그렇다면 헤겔에게 인륜성의 관계는 무엇인가? 아무 간격 없이 붙어 앉아 길들이기가 완성된 관계다. 이 완성된 관계 즉 인륜성의 관계는 서로 소통하려는 두 존재 사이에 어떤 매개media도 끼어들지 않고 매개하지mediate 않는 즉각적이고 비매개적인im-mediate 관계이다. 이 관계는 말이 필요 없는 차원이다. "아무 말도 하지 마! 말은 오해의 근원이야."라고 여우는 말조차 거부한다.

헤겔의 인륜성이란 바로 사람과 사람 사이에 일체의 미디어를 거부하는 일체화된 관계를 말한다. 헤겔의 인륜성에서는 "그렇게 해서 어린 왕자는 여우를 길들였다."라는 것이 무의미해진다. 그래서 정말로 누가 누구를 길들였는지 알 수 없게 된다. 이는 곧 왕자에게 길들여달라고 간청했던 여우보다 먼저 왕자가 길들여졌다는 점이다. 이렇게 길들여지고 길들이는 주객(主客)사이에 전도(顚倒)가 발생하여 누가 주(主)이고 누가 객(客)인지 구별할 수 없게 된 관계가 바로 헤겔의 인륜성 사회이며, 바로 '구체적인 보편성'이다.

여우가 길들이기를 완성하는 순간 그와 왕자 사이에 아무것도 끼어들지 않기 때문에 둘이 즉각적으로im-mediately 합일을 이룰 수 있었다. 그러므로 여우와 왕자는 서로 길들고 길들이는 관계가 된다. 생텍쥐페리가 말하려 했던 길들이는 자가 곧 길들여지는 완벽한 접촉의 관계는 헤겔의 인륜성의 사회에 다름 아니다. 이것이 바로 헤겔이 말하는 '구체적인 보편성'이다.

그런데 헤겔과 생텍쥐페리가 간절히 원한 완전히 일체화된 조화로운 인간관계가 가능한가? 왕자라는 지배체제와 여우라는 자아 사이에는 이미 균열이 존재하지 않을까? 왕자라는 지배 체제에 의해 여우는 길들여지는 수동적 자아가 아닐까?

여기서 알 수 있듯이 독일 관념론에서 보는 나(자아)는 지배 체제에 길들여진 수동적인 자아라는 점이다. 그렇다면 '나'는 타율에 의해 조종당하는 셈이어서 나의 실존은 근본적으로 외부의 힘에 의해 흔들리는 불안한 존재라고 할 수 있다.

이처럼 나 자체를 추상적 개인으로 규정하고 나 자체를 저 먼 곳에서 찾는 형이상학적인 추구의 역사가 서양 사상의 전체 여정이라 해도 과언이 아니다. 그러나 이와는 달리 나 자체를 구체적 인간으로 규정하고 이곳에서 나 자체를 찾으려는 시도도 있었다. 낭만주의가 바로 그렇다. 낭만주의는 저 먼 곳인 머릿속에다 초월적이고 관념적인 훌륭함(아레테)이나 최고선이란 가치를 설정하고 그것을 관조하며 좇는 형이상학적인 추상적 개인 대신 구체적인 인간에서 나 자체를 발견하려고 했다. 그래서 지성(누스)을 추구하는 관념적이고 초월적인 추상적인 개인이 규정하는 계몽이성의 삶에서 벗어나 환상을 동경하거나 신비를 체험하면서 구체적인 인간으로서의 나 자체를 찾으려고 했던 것이다.

피히테는 나 자체를 저 멀리 있는 초월적이고 추상적인 개인을 관조하는 대신 구체적으로 사행(事行)하는 인간에서 찾으려고 했다.

피히테는 "우리는 머리로 알기 때문에 행동하는 것이 아니라 행동의 요청이 있기에 아는 것이다."라고 말한다. 나 자신이 밟고 서 있는 바로 이 땅 위에서 구체적으로 일을 행하면서 사는 내가 바로 나 자체라는 것이다. 인간의 삶은 관조적인 지식에 좌우되지 않는다. 삶은 자연이나 자연의 대상에 대한 무관심한 관조에서 시작되지 않는다. 삶은 행동에서 출발한다. 이것은 피히테가 행위자를 넘어 끊임없는 행동 그 자체를 나 자체 곧 물자체로 규정했음을 뜻한다.

이러한 사행하는 인간에게서 나 자체를 발견하겠다는 피히테의 생각은 "나는 목적에 의해 결정되지 않으며, 내가 목적을 결정한다."든가 "세계는 인간의 내면의 삶이 꿈꾸는 시(詩)이다." 같이 그가 한 말에서 분명하게 표출된다. 이 말들은 관념적인 이념을 좇는 추상적 개인이 아니라 스스로 행동하며 결정하면서 삶을 영위하는 구체적 인간에게서 나 자체 곧 물자체를 찾고자 함을 표현했다. 칸트가 나 자체 곧 물자체를 알 수 없다고 한 자기 고백에 대해 피히테는 행동 그 자체가 물자체라고 응답한 셈이다. 이 같은 피히테의 생각은 낭만주의의 단초가 되었다.

셸링은 내가 서 있는 땅인 자연자체에서 나 자체를 찾았다. 구체적인 나를 발견하기 위해서 나 자체를 극단으로 밀고 나간다. 이에 대해 헤겔은 나 자체를 찾겠다는 것이 도리어 나를 망각했다고 비판했다. 어두운 곳에서는 누런 소든 검은 소든 모두 검게 보이듯이 자연자체는 어두워서 아무 것도 찾을 수 없다. 쇼펜하우어는 더 나아가 의지가 물자체 곧 나 자체라고 단언했다. 이것은 나 자체 곧 물자체를 알 수 없다는 칸트의 자기 고백에 대해 물자체가 세계정신이라고 응답한 헤겔과는 분명히 다른 목소리로 물자체는 세계정신이 아니라 의지라고 앙칼지게 외쳤던 것이다. 여기서 헤겔과 앙숙관계에 있던 쇼펜하우어가 헤겔과 첨예하게 대립했음을 알 수 있다.

이상의 논의에서 칸트의 물자체 곧 나 자체를 알 수 없다는 자기 고백에 대해 피히테는 행동자체로, 셸링은 자연자체로, 헤겔은 세계정신으로, 쇼펜하우어는 의지로 응답했음을 알 수 있다. 이처럼 그들은 나 자체의 알 수 없음 곧 애초에 텅 빈 나 자체의 구멍을 자신들이 창안한 추상적인 개념으로 메울 수 있다는 믿음에서 평생을 나 자체 탐구를 위해 매진했다. 그렇다면 나 자체를 알 수 있다고 야심차게 기획되었던 이러한 응답에 의해 그들은 나 자체 곧 물자체는 알 수 없다는 근본적인 곤경에서 벗어나 나 자체가 무엇인지 깨닫는 해탈의 경지에 도달하여 완전한 자유를 얻었을까?

참된 내가 무엇인가를 본격적으로 묻고 찾은 것은 실존주의부터이다. 쇼펜하우어는 이렇게 말한다.

> 우리가 세계와 하나이므로 측량할 수 없는 세계의 크기에 기죽을 게 아니라 고양된다는, 단지 하나의 느껴진 의식으로서 드러난다. 이것이, 베다의 우파니샤드가 다양한 표현법으로, 특히 이미 앞에서 제시한 문구로 거듭 발언하는 것에 대해 느껴진 의식이다. "이 모든 피조물은 다 나이며, 나 이외에는 다른 존재가 없다."[89] 이것이 자신의 개체를 넘어서는 것이며, 숭고감인 것이다.[90]

키르케고르는 자아를 심미적·이성적·실존적 단계로 보았다. 니체는 자아를 낙타와 사자 그리고 어린아이의 단계로 보았다. 하이데거는 자아를 현존재로, 사르트르는 실존은 본질에 앞선다고 보았다.

프로이트부터 시작된 정신분석학은 '나'를 근원적 결핍의 존재로 본다. 외부 작용을 받아 내가 존재한다면 나는 결핍된 존재가 된다. 프로이트는 인간을 무의식의 '나'와 의식의 '나'로 나눈다. 무의식의 '나'는 성 충동의 동물과 같은 본능의 '나'인데, 사회 활동에 부적합하므로 법 제도와 가족 교육을 통해 억압된다.

> 정열 때문에 우리 이성이 뒤엎어지면 우리는 도덕적이 된다. 광분이 죽음의 심상 때문에 우리의 이성을 뿌리 뽑으면, 우리는 예언자와 점쟁이가 된다. 이보다 더 내가 철학을 믿게 할 일은 없다. 거룩한 진리가 철학 정신에 부어 넣은 저 순결한 열성이 철학에게 그 제언과는 반대로, 우리 심령의 평온 상태, 안정 상태, 철학이 심령에게 줄 수 있는 가장 건전한 상태가 심령의 최선의 상태가 아님을 고백시키는 것이다. 우리는 잠에서 깨어 있는 때 잠든 때보다 더 잠들어 있다. 우리의 예지는 광증보다 더 예지답지 못하다. 우리의 꿈은 사색보다 더 가치가 있다. 우리가 잡을 수 있는 가장 나쁜 자리는 우리들 속에 있다.[91]

---

89 『Oupnek'hat』 제1권, p. 122.

90 『의지와 표상으로서의 세계』, pp. 347-348.

91 『수상록』 나는 무엇을 아는가 판 , p. 661.

오이디푸스 콤플렉스라는 엄마와 성교를 하려는 성충동이 아버지로 인해 금지되고 그럼으로써 욕망은 결핍된다. 그래서 결핍된 욕망을 메우려고 새로운 대상을 찾아 나선다. 이것은 무의식의 '나' 차원에서 벌어지는 것이므로 제어할 수 없다. 그래서 억압된 무의식은 사라지지 않고 회귀한다는 것이다. 프로이트는 전쟁과 같은 살육의 원인이 무의식적 공격충동이 억제되다가 의식의 차원으로 회귀하기 때문이라고 설명한다. 프로이트는 불쾌를 반복하는 반복강박도 바로 이러한 충동이 사라지지 않고 회귀하기 때문이라고 본다. 따라서 정신분석학에서는 이러한 충동의 '나'가 의식의 '나'보다 더한 나라고 보고 이 충동의 '나'를 근원적 나라고 보는 것이다. 의식의 '나'는 '영희'나 '철수'처럼 자기동일성을 갖는다. 나에게 붙여준 이름은 죽을 때까지 나를 따라다닌다. 어렸을 때의 나와 전혀 다른 외모로 성장한 나는 '영희'이고 '철수' 그대로다. 예를 들어 배가 있다고 하자. 그 배는 오래 되어서 엔진을 비롯해서 외양을 전부 다 교체했는데도 배의 이름은 여전히 '태양호'인 점에서 자기 동일성을 유지한다고 할 수 있다.

그런데 자기 동일성의 나와 다른 무의식적 충동의 나는 변하는 외모와 다르게 변하지 않는다. 왜냐하면 무의식적 충동의 '나'는 내가 기억하지 못하는 유아기 때에 억압된 것이므로 나이가 들어 변하는 외모와 다르게 변하지 않고 나의 심층에서 언제나 같은 모습으로 존재한다. 그것은 자라지도 죽지도 않는다. 따라서 그것을 산죽음 Un-Dead이라고 한다.

죽은 것도 산 것도 아닌 이 산죽음이 무엇인지는 『드라큘라』에 잘 나타난다. 명문가에 시집갈 루시는 드라큘라 백작에게 피를 빨리고 치료를 맡은 에이브러햄 반 헬싱 박사의 수혈로 생명을 연장해 나간다. 그런데 루시는 흡혈귀가 된다. 반 헬싱은 루시를 제거하려 한다. "목을 자르고 입 안에 마늘을 집어넣고, 몸통에다 말뚝을 박을 생각이라네." 반 헬싱은 루시를 죽이는 데 동의를 구하려고 루시의 약혼자인 아서 홈우드를 설득한다. "루시 양은 죽었네. 그렇지 않나? 그래, 죽었어. 그렇다면 그녀에게 나쁜 짓을 한다는 게 말이 안 되지? 그런데 말이야, 만일 그녀가 죽지 않았다면 …… ." "맙소사! 도대체 무슨 말씀입니까? 무슨 실수가 있었다는 겁니까? 그녀를 산 채로 묻었단 말입니까?" "그녀는 '살아 있다alive'는 얘기가 아닐세. 그런 생각을 왜 하겠나? 그녀가 '죽지 않았다Un-Dead'는 얘기를 하려는 걸세." "죽지 않았다고요! 살아 있지 않다면서!Un-Dead! Not alive 도대체 무슨 말을 하시는 겁니까? 지금 무슨 악몽을 꾸는 건 아닌가요? 아니라면 어떻게 이런 일이 있을 수 있습니까?" "세상에는 불가사의한 일들이 많다네. …… 루시 양의 머리를 잘라도 되겠나?"

살아 있는alive 것과 죽은dead 것은 서로 반대이다. 그런데 산죽음Un-Dead은 살아 있지도 죽지도 않은 제3의 존재다. 『드라큘라』의 작가인 브램 스토커는 정신분석에서 말하는 무의식의 충동의 나보다 더한 나인 '산죽음'이 무엇인지 정확히 묘사하고 있다.

'말할 수 없는 것에 대해서는 침묵해야 한다.'고 비트겐슈타인은 일갈했다. 애초에 찾을 수 없고 말할 수 없는 나 자체 곧 물자체에 대해서는 침묵해야 한다는 것이다. 또한 키르케고르는 "오늘날의 세계는 병들어 있다. 만일 내가 의사라면, 그리고 누군가 나에게 충고를 부탁한다면 나는 말할 것이다. '침묵을 창조하라' 그리하여 사람들이 침묵할 수 있도록."해야 한다고 말한다. 이것이 색즉시공(色卽是空)과 제법무아(諸法無我)가 말하고자 한 것이다. 왜냐하면 색즉시공은 언어의 세계(色)는 나 자체를 알 수 없기(空) 때문에 나 자체에 대해 침묵할 것을, 제법무아(諸法無我)는 범속의 세계(法)는 나 자체를 알 수 없기(無我) 때문에 나 자체에 대해 침묵할 것을 의미하기 때문이다. 그래서 제행무상(諸行無常)인 것이다. 나 자체를 알려는 것은 알 수 없는 것을 알려고 하기에 부질없는 짓이라는 말이다. 그래서 침묵해야 할 때는 침묵해야 한다. 괴테는 침묵에 대해 이렇게 말한다.

> 그러나 그 모든 것의 결말이 어떠하리라는 것을, 겸허하게 깨닫는 사람은 유복한 시민이라면 누구나 자기 정원을 예쁘게 장식할 줄 알며, 불행한 사람도 역시 불행한 대로 짐을 진 채 허덕이며 끈기 있게 자신의 길을 계속 가는 것을 보는 사람은, 그리고 그런 사람들 모두가 이 태양빛을 한순간이라도 더 오래 보는 데는 똑같이 관심을 갖고 있다는 것을 겸허하게 깨닫는 사람은 차라리 침묵을 지킨다. 그리고 그 역시 자신으로부터 하나의 세계를 만들어 내고는 행복해 한다. 그도 인간이기 때문이다. 그리고 그는 비록 제약을 받고 있어도 가슴속에는 언제나 자유라는 달콤한 깨달음을 간직하고 있다. 그리고 원하면 언제든지 감옥 같은 이 세상을 버리고 떠날 수 있다는 깨달음도 말이다.[92]

이것이 인간의 숙명이다. 모든 화근은 바로 숙명을 거슬러 자신이 모든 것을 안다는 독선의 미망에 사로잡힐 때 생긴다. 오늘날 인간은 자신의 분수를 망각한 채 살아간다. 자기 망각이라는 월권, 이 겸손을 망각한 오만의 과잉이 바로 오늘날 인류 스스로 고통의 삶을 자초한 단초이다.

나 자체를 알려고 하면 할수록 알 수 없는 이 가련한 인간의 숙명 앞에 절망에 빠지는 것을 키르케고르는 죽음에 이르는 병이라고 했다. 키르케고르는 이러한 절망 앞에서 실존 곧 참된 나를 찾기 위해서는 단독자로서 신과 마주하라고 주문했다. 또한 망각된 세계는 피히테에 의해 비아(非我)로, 셸링에 의해 자연자체로, 헤겔에 의해 세계정신으로, 후설에 의해 생활세계로 그리고 하이데거에 의해 세계-내-존재로 상기된다. 그러나 이미 때는 늦었다. 인간의 오만과 과잉의 월권이 제어할 수 없는 상태에 이르렀기 때문이다.

이러한 월권의 원인이 어디에 있는지 탐구한 것이 바로 구조주의다. 인간을 정초하는 무엇인가가 있다면 인간의 월권의 원인을 찾아 해결의 실마리를 찾을 수 있다는 생각에서였다.

노자는 '도가도 비상도(道可道 非常道) 명가명 비상명(名可名 非常名) 무명천지지묘 유명만물지모(無名天地之始 有名萬物之母) …… 현지우현(玄之又玄)'(도를 도라고 말하면 항상 그러한 도가 아니다. 이름을 이름이라 하면 항상 그러한 이름이 아니다. 분명히 존재하지만 무어라

---

92 요한 볼프강 폰 괴테 지음, 두행숙 옮김, 『젊은 베르테르의 슬픔』(서울: 부북스, 2010), p. 24. 강조는 인용자.

고 이름붙일 수 없는 어떤 것 곧 도는 하늘과 땅의 기원이요, 이름을 붙일 수 있는 사물 곧 현상은 만물을 기르는 단순한 양육자일 뿐이다. …… 도는 그윽하고 그윽하도다.) 라고 했다. 이 말은 나 자체라는 도를 알기 위해서 나 자체를 끊임없이 알려고 추구했지만 그러한 나 자체에 대한 도는 발견할 수 없었다는 것이다. 그래서 깨닫기를, 나 자체라는 도를 언어로 말해서는 나 자체라는 도를 알 수 없다는 것이다. 이것은 나 자체라는 도가 알 수 없는 그윽한 것이므로 말할 수 없는 나 자체라는 도에 대해서는 침묵해야 한다는 노자 자신의 깨달음을 에둘러 표현한 것이다. 이러한 노자의 생각은 고대인도의 아리아인이 우주의 기원에 대해 『리그베다』에서 밝힌 "태초에 무(無, 비존재)도 없었고, 유(有, 존재)도 없었다."와 매우 유사하다. 또한 우파니샤드 철학에서 자아(아트만)에 대해 '이것도 아니고 저것도 아니다.'라고 한 부정의 진술과도 공명한다. 나 자체라는 도를 이해하는 것은 언어도단이라는 말이다. 그야말로 아무도 그 오묘함을 알 수 없다는 의미에서 '막명기묘'(莫名其妙)이다.

공자가 '오십오 유이지호학, 삽십이립, 사십이불혹, 오십이지천명, 육십이이순, 칠십이종이소욕, 불유구吳十伍 有而志呼學, 三十而立, 四十而不惑, 伍十而知天命, 六十而耳順, 七十而從而所欲, 不踰矩'(나는 15세 때 학문에 뜻을 두었고, 30세 때 독립을 했고, 40세 때 갈팡질팡하는 마음이 없어졌고, 50세 때 하늘로부터 받은 사명을 깨달았고, 60세 때 남의 말을 순순히 듣게 되었고, 70세 때 자기 뜻대로 행동해도 지나침이 없게 되었다.)고 나 자체에 대한 도를 언어로 규정하여 나 자체를 안다는 것은 기실 나 자체를 아는 것이 아니라고 노자는 단언하는 것이다. 나 자체의 도를 안다고 언어로 규정하는 것은 인간의 오만이라는 것이다. 그래서 노자는 나 자체는 알 수 없으므로 말할 수 없는 것에 대해서는 침묵해야 함을 나 자체는 현(玄)하다 곧 '그윽하다'라고 표현했던 것이다. 노자의 '도가도 비상도, 명가명 비상명 …… 현지우현'이란 말은 노자 자신이 나 자체라는 도를 알려고 평생을 추구했지만 그것을 알지 못했다는 자기 고백인 셈이다.

노자는 무위자연(無爲自然)이라고 했다. 공자처럼 나 자체의 도를 규정하고 나를 실현하는 것은 나의 가치를 타인에게 강요하는 것이다. 그런데 이것은 나 자체를 알 수 없으면서 나의 가치를 남에게 강제하는 것이므로 월권이다. 그래서 노자 자신이 살아보니 자신의 가치를 타인에게 강요하여 자신을 스스로 높이는 것보다는 자신을 낮춰 타인을 높이는 것이 결국에는 자연스럽게 타인이 스스로 자신을 높이는 길임을 알게 되었다는 것이다.

이처럼 무위자연은 자기를 스스로 높이지 않고 겸손하게 낮추는 것이 오히려 상대방이 스스로 자신을 알아서 높인다는 의미이다. 나 자체를 알 수 없는데 나를 높여서 가치를 강요하는 것은 월권이고 기망이라는 것이다. 나를 전면에 내세우는 것 자체가 언어도단이다. 나 자체를 알 수 없는데 알 수 있다고 하는 점에서 말이다. 그래서 노자는 반자(反者), 도지동(道之動)이라고 했다. 자신을 스스로 높이는 것과는 반대의 길에 도가 있다는 말이다. 겸손하게 자신을 낮추는 것이 도를 추구하는 삶이라는 의미이다.

이렇게 자신을 낮춰서 스스로 자신을 높인다는 노자의 사상을 몸소 실천한 이가 바로 보들레르이다. 보들레르의 산문 시집 『파리의 우울』[93]에 보면 보들레르가 구걸하는 거지를 두들겨 패는 이야기가 나온다. 이 이야기를 나 자체를 알 수 있다는 오만함에 대한 경고의 의미로 새길 때 비로소 보들레르의 이 황당한 행동을 납득할 수 있으며 이해된다. 보들레르는 자기가 거지에게 적선을 하는 것은 자기가 거지를 깔보는 오만한 태도라고 본 것이다.

이러한 태도는 거지를 보들레르 자신보다 소유한 것이 작아서 훨씬 상품가치가 덜하기 때문에 자기 마음대로 해도 되는 소유의 대상으로 본다는 것을 의미한다. 이는 보들레르 자신 또한 거지에게 소유의 대상으로 평가되는 것을 뜻한다. 그래서 고귀한 품성을 지닌 시인 보들레르는 거지에게 돈 몇 푼을 주는 일이 그를 소유의 대상으로 삼고 그로 인해 보들레르 자신도 거지에게 소유의 대상으로 추락한다는 것을 간파하고, 거지와 자신을 인격적 존재로 격상시키기 위해서 세인들로부터 시인이 폭력을 쓴다고 손가락질을 받을 수 있는데도 불구하고 자신을 스스로 낮춰서 서로를 인격적 존재로 동등하게 대우하는 방법은 거지에게 폭력이란 저급한 수단을 사용하는 것이라는 생각에 이르렀던 것이다. 거지 또한 보들레르를 후려 갈겨 이를 네 개나 부러뜨렸다. 이처럼 보들레르는 스스로 자기를 낮춤으로써 거지로 하여금 자발적으로 자신을 돈 푼깨나 있는 부르주아가 아니라 고귀한 품성을 갖춘 인격적 존재로 높이 평가하게끔 했던 것이다. 거지 또한 자신을 낮춰 보들레르로 하여금 자신을 인격적 존재

93 샤를 피에르 보들레르 지음, 박철화 옮김, 『악의 꽃/파리의 우울』「49 가난뱅이들을 때려죽이자!」(서울: 동서문화사, 2013).

로서 높이 보게 했던 것이다.

자기가 주도적으로 무엇을 도모하는 것은 자신의 가치를 남에게 강요하는 것이다. 이것은 나 자체를 알 수 없는 인간이 오인해서 나 자체를 알 수 있다는 믿음에서 나온 오만이고 월권이다. 보들레르는 거지에게 몇 푼의 돈을 줘서 자신을 높이는 행동이 스스로 거지를 소유의 대상으로 삼고자 하는 자신의 오만에서 나온 것임을 깨달았던 것이다. 그래서 보들레르는 돈 대신 자신의 인격을 스스로 격하시킬 수 있는 주먹을 날려 거지에게 보들레르 자신의 가치를 높게 평가하도록 했던 것이다. 거지 또한 보들레르에게 한방 먹여 보들레르로 하여금 자신의 가치를 인정하도록 했던 것이다.

> "당신은 나와 동등하오! 부디 내 지갑을 당신과 나누는 영광을 허락해주시오. 그리고 당신이 진정한 박애주의자라면, 당신 동료가 당신에게 구걸할 때, 내가 지금 당신 등에 시도했던 학설을 그들에게 적용해야 함을 꼭 기억해두시오."[94]

보들레르가 구걸하는 거지에게 날린 주먹은 오만이 아니라 스스로 자신을 낮춤으로써 거지를 소유의 대상이 아니라 자신과 동등한 인격적 존재로 인정하는 겸손이었으며, 이로 인해 거지로부터 더없는 인격적 존재로 인정받았던 것이다. 이러한 보들레르의 행동으로

---

94 『악의 꽃 / 파리의 우울』「49 가난뱅이들을 때려죽이자!」, pp. 409-410.

거지는 자기 스스로 자신이 인격적 존재임을 깨달았다. 이처럼 보들레르는 자신을 낮춰 걸인을 구걸하는 소유의 대상 곧 비참하게 격하된 존재에서 자신을 스스로 존엄의 존재로 자각하는 인격적 존재로 고양시켰던 것이다. 자존감을 회복한 걸인의 눈에 비친 보들레르의 모습은 그야말로 존경의 대상 자체였을 것이다. 이렇게 자존감을 회복한 걸인에게 보들레르는 자기의 돈을 받아줄 것을 간청하는 입장에 놓이고 말았다. 자존감을 회복한 걸인은 보들레르와 인격적으로 동등한 사람이니 돈을 주는 것도 걸인의 승낙을 받아야 했기 때문이다. 이처럼 보들레르는 자신을 낮추는 것이 자신을 높이는 길이라는 노자의 가르침을 실천했다고 할 수 있다.

나는 아버지와 동생의 죽음으로부터 고통을 겪으면서 '나'와 '죽음'의 문제에 관심을 갖고 관련된 책을 많이 읽었다. 주로 독일 관념론과 실존철학 그리고 정신분석학과 종교 관련 저술들이었다. '나'를 찾는 것의 완결은 내 생각에서 일어나는 모든 집착을 끊어내는 무아(無我)의 경지일 것이다. 그런데 범속한 내가 이 경지에 도달하기는 불가능하다. 그래서 '나'란 화두는 내가 죽을 때까지 놓지 않고 끈질기게 물고 늘어져야 할 근원적 물음이다. 나는 지금 이 순간에도 '나'를 찾고 있다.

불은 모든 시대의 인간, 모든 도시의 인간, 남자나 여자나 다 태웁니다. 검은 어떤 몸이라도 베어 가르는 힘을 발휘합니다. 어째서 그럴까요. 자연에 의해서 그 힘을 받았기 때문이고, 자연이 준 그 힘은 사람이 다르면 효력도 다르도록 되어있지 않기 때문입니다.

(…)

자연의 것은 시간이 경과해도 줄어드는 일은 없다는 것이 사실입니다. 그런데 슬픈 생각은 오랜 시일 동안에 그 힘을 잃어갑니다. 설사 매우 완고하고 날로 세를 얻어 대항책도 문제가 되지 않고 미쳐 날뛰는 것이라도 흉포함을 누그러뜨리는 데 가장 강력한 효과를 발휘하는 예의 '시간'이 그 힘을 빼버리는 것입니다.

-세네카, 「마르키아에게 보내는 위로의 편지」

제3장
죽음은 나와 별개의 문제인가?

죽음의 공포

하이데거는 『존재와 시간』에서 인간은 죽음을 선구(先驅)하는 존재라고 규정한다. 절친한 이의 죽음은 자신의 삶을 돌아보는 계기가 된다. 이를 통해 자신의 삶을 반성함으로써 삶의 깊이와 폭을 심화시키는 계기로 삼는다. 이것은 인간이 자신의 존재에 물음을 던진다는 의미와 상통하는데 이는 곧 하이데거의 인간 이해에 대한 통찰인 현존재Dasein와 맞닿아 있다. 자기 자신의 존재 자체에 대해 물음을 제기하는 인간은 자신이 세계-내-존재임을 자각한다.

현존재로서 인간에게 현Da 곧 거기라는 자리는 모든 것이 오직 자기의 선택과 결단에 맡겨져 있는 자리이다. 따라서 현존재로서의 인간은 자신이 이 선택과 결단에 의한 존재임을 자각하고 자기 자신에 대해 물음을 제기하는 자라고 하이데거는 말한다. 달리 말해 선택의 기로에 처한 삶에서 자기의 삶을 결단하고 선택하는 거기 그 자리에서 자신의 삶에 대해 근원적 물음을 던지는 존재가 바로 현존재 곧 인간이라는 것이다. 죽음이야말로 인간 존재에 근원적인 물음을 던지며 실존적 결단을 함으로써 자기와 대면하는 순간인 것이다. 가슴을 쏴하게 스쳐가는 그 스산함에 진한 고독과 허무감이 배어 든다.

쇼펜하우어는 죽음이 인간을 형이상학적 존재로 만든다고 단언했다. 죽음과 대면하는 장소는 자신이 실존적 결단을 하는 바로 그 곳이다. 이것이 현이 '거기에'인 의미이다. 나처럼 다른 사람들도 죽음에 대해 고민한다. 죽음은 모든 인간에게 걸린 문제이기 때문이다. 몽테뉴는 『수상록』에서 이렇게 썼다.

> 여자들 속에서나 잡스런 놀이를 하는 자리에서, 내가 무슨 질투심이나 불확실한 실망으로 혼자 골몰하고 있다고 생각하고 있을 때에, 나는 어느 누군가 그 전날 이런 환락에서 나와 같이 한가롭게 지내며, 사람과 행운으로 머릿속이 가득 차서 나가던 길로 열병에 걸려 생애를 마친 자의 일을 생각해보며, 그 일로 내 귀에는 이 말귀가 울리는 것이었다.
> 금세 현재는 사라지고, 다시는 돌아올 수 없으리라. -루크레티우스
>
> 나는 이런 생각 때문에 상을 찌푸리는 일은 없었다. 우리는 처음부터 이런 상념을 가슴 아프게 느끼지 않을 수 없다. 그러나

이것을 오랫동안 뒤적이며 되새겨 나가면, 사람들은 그것에 길들어 버린다. 그렇지 않으면 나로서는 끊임없는 공포와 미친 듯이 열중해 들떠 있을 것이다.[95]

몽테뉴는 삶의 무상함을 성찰하지 않고 살면 자기를 잊고 세인의 삶에 열중할 뿐임을 경고하고 있다. 나에게 있어서 죽음의 문제는 나의 삶과 직접적으로 결부된 가장 중차대한 문제란 점에서 각별하다. 아버지와 동생의 죽음은 나를 우울증에 걸리게 했다. 우울증은 타자에 대한 기억이 사라지지 않기 때문에 걸린다. 애도 작업은 평생에 걸친다. 아버지와 동생의 장례식에서 상주의 역할로 끝나지 않는다. 장례식이 끝나도 아버지와 동생에 대한 기억은 사라지지 않는다. 이처럼 애도 작업은 평생에 걸쳐 진행된다. 프로이트는 장례식 애도 기간이 끝나면서 애도의 기억도 사라진다고 본다. 이런 면에서 프로이트는 세네카와 닮았다.

우리의 조상이 남편의 죽음을 한탄하는 아내들에게 10개월의 애도기간을 허락하여, 공적인 제도를 마련함으로써 여성의 집요한 비탄과 타협을 한 것도 이 때문입니다. 비탄을 금한 것이 아니라 비탄에 한도를 정한 것입니다. 실제로 사랑하는 누군가를 잃었을 때, 끝없는 비탄에 몸을 맡기는 것도 일시적인 감정에 대

---

95 『수상록』, p. 96.

한 어리석은 탐닉이고, 전혀 비탄하지 않는 것도 비인간적인 냉혹함입니다. 가장 좋은 것은 애정과 이성 사이에서 균형을 유지하는 것, 그리움의 정을 느끼면서 그것을 억제하는 것입니다.[96]

스토아학파의 일원으로서 세네카가 죽음을 긍정하는 것은 당연했다. 그에게 죽음은 모든 고뇌와 고통으로부터의 해방이기 때문이다. 따라서 스토아학파의 죽음에 대한 태도를 공유했던 세네카에게 애도기간 동안에만 비탄의 마음을 갖고 기간이 지나면 비탄을 억제하는 것은 어찌 보면 죽음에 대한 당연한 태도라고 하겠다. 프로이트의 애도에 대한 견해와 달리 데리다는 애도작업이 지속되기 때문에 우울증에 걸린다고 본다.

나는 군대에서 처음 죽음의 공포를 경험했다. 광주 기갑학교에서 훈련받으면서 기갑학교 동기들과 나는 잔혹한 구타에 시달렸다. 《어 퓨 굿맨》이란 영화에서 자행되는 '코드 레드'를 나는 기갑학교에서 경험했다. '코드 레드'란 은밀하게 자행되는 폭력을 말한다. 《어 퓨 굿맨》[97]에서 톰 크루즈는 변호사로 등장한다. 해병대에서 발생한 살인 사건의 담당 변호사인 톰은 이 사건 배후에 해병 장군인 잭 니콜슨이 있다는 점을 밝힌다. 병사는 이른바 '코드 레드'에 의해 살해당

96 『세네카 인생론』「헬비아에게 보내는 위로의 편지」, p. 330.

97 《어 퓨 굿맨》 감독/로브 라이너Rob Reiner, 출연/톰 크루즈, 잭 니콜슨, 데미 무어, 케빈 베이컨/1992년/미국. 잭 니콜슨은 코드 레드의 외설적 폭력이 탄로 나자 총으로 자살한다. 코드 레드code red가 드러나면서 피할 수 없는 선택을 한 셈이다.

했다는 점이 요점인데 '코드 레드'란 군대 내부에 존재하는 불문율로서 상징적으로 작동하는 법보다도 더욱 구성원들을 옥죄는 외설적인 충동 차원의 폭력이다. 그래서 '코드 레드'는 당하는 구성원에게 집요하게 가해진다.

기갑학교 생활은 낮에는 그야말로 천국이다. 온갖 첨단 장비들을 배우기 때문이다. 그러나 밤은 낮과는 전혀 다른 지옥이다. 그중에서 점호시간은 '코드 레드'의 외설적 폭력이 자행되는 공포의 시간이다. 한 여름의 슬레이트 막사의 끈적끈적한 열기 속에서 자행되던 구타에 의해 터져 나오는 비명 소리가 지금도 생생하게 들린다. 30년 전에 나는 '코드 레드'로 죽음의 공포를 체험했다.

두 번째 죽음에 대한 공포는 축사 생활을 할 때였다. 억수같이 쏟아지는 비에도 아랑곳 않고 나는 책을 읽다 잠이 들었었다. 그런데 멀리서 사람들의 목소리가 들렸다. "거기 안에 누구 없어요?" 나는 눈을 떴다. 그런데 거센 물살이 방안까지 들이찰 기세였다. 나는 방안에서 가장 높은 쌀더미로 올라갔다. 물은 순식간에 불어서 턱 밑까지 차올랐다. 나는 '이제 죽었구나.'하고 모든 것을 체념했다.

> 운명이여, 나를 속이지는 않는다. 너무 안심하고 준비하지 않은 나를 덮칠 수 있다고 생각하는 것은 잘못이다. 당신은 무엇을 꾀하였는가, 나는 알고 있다. 과연 당신은 딴 인간에게 일격을 가하였지만 노린 것은 이 나인 것이다.[98]

체념하는 순간 불안하던 마음이 오히려 편해졌다. 나는 눈을 감았다. 그런데 그 순간 더 이상 물이 차오르지 않았다. 턱밑까지가 임계점이었던 모양이다. 나는 물에 잠기지 않고 용케 죽음을 면할 수 있었다. 그리스 시대에는 운명을 모이라moira라고 했다. 모이라는 원래 부분이나 분배받은 땅의 몫이라는 의미였다. 이로부터 각자에게 할당된 '인생의 몫', 즉 운명이란 의미가 파생되었다. 대문자로 시작하는 모이라Moira는 운명의 여신을 가리킨다. 운명의 여신은 나에게 아버지와 동생을 앗아가는 불운만을 주지 않았다. 행운도 주었다. 운은 우연인 것이다. 그래서 그리스어로 운을 tykhē라고 하는데 그 뜻이 우연인 것은 우연이 아닌 것 같다.

> 23 죽음에 대해서 아는 사람은 별로 없다. 보통의 경우, 죽음을 맞이할 준비가 된 채로 그것을 기다리는 것은 아니다. 대부분의 사람들처럼 우연히 죽음을 맞이한다. 사람들은 그저 어떻게 막아낼 도리 없이 그저 죽음을 맞이하게 된다.[99]

세상으로부터 가해지는 절망에 빠진 나를 구하기 위해 찾아간 축사에서 나는 도리어 죽을 운명에 처했었다. 그때 내가 읽고 있던 책이 키르케고르의 『죽음에 이르는 병』이었다. 체념하지 말고 의지를 다해 나를 회복하여 살라는 것이 키르케고르의 가르침이다. 수마(水

---

98 『세네카 인생론』「마르키아에게 보내는 위로의 편지」, p. 162.

99 라 로슈푸코 지음, 정병희 옮김, 『바보예찬 · 잠언과 성찰 · 인간성격론』「잠언과 성찰」(서울: 동서문화사, 2008), p. 190.

魔)와 생사를 건 싸움에서 내가 죽지 않은 운명을 타고난 것은 운명을 부정하며 체념하는 숙명론에 빠져서 살지 말고 오히려 자기의 몫을 긍정적으로 받아들여 삶의 의지를 고양하라는 의미로 다가왔다. 나는 오랫동안 멍하니 가늘게 뿌리는 비를 맞으며 하늘을 바라보고 서 있었다. 이렇게 나는 실존적 결단의 순간과 마주서게 되었다.

자기를 회복할 것을 주문한 키르케고르

거리에서 환하게 웃는 사람들의 표정을 보면 전혀 걱정이 없어 보인다. 이렇게 현대인들은 익명으로 살아간다. 사랑하는 연인 사이가 아니라면 거리에서 부딪치는 남자와 여자들은 무성(無性)으로 나에게 다가온다. 그들은 나와 아무런 관계가 없기에 그들을 남자나 여자로 구분한다는 것 자체가 무의미하다. 그들은 말 그대로 그들인 점에서 무성(無性)이다. 그런데 아무 문제없어 보이는 겉모습과는 달리 속을 들여다보면 문제 하나 정도는 모두 갖고 있다. 이런저런 삶의 문제들이 행복한 표정 뒤에 있음을 보게 된다. 그런 점에서 인간이면 누구나 죽음에 이르는 병 즉 절망 하나쯤은 짊어지고 살아간다고 할 수 있다.

어린 아이는 거울을 보고 거울 속의 이미지를 자기로 안다. 이때 아기는 자기를 알지 못한다. 자기가 나로 통일되어 있는 것은 엄마가 '아기야'라고 부를 때 희미하게 알게 된다. 그리고 이런 호칭이 반복되면서 '아 내가 아기구나'라고 자기를 인식하게 된다.

거울에 비친 이미지를 자기라고 오인하는 아이는 자기 신체에 대한 관념이 없다. 이때 아기의 신체는 통일된 하나의 몸이 아니라 갈기갈기 찢겨져 있다. 아기는 자기의 몸이 자기 것인지 알지 못한다. 돌잔치 때 돌잡이를 하는 것은 아이에게 소유의 관념을 가르치기 위해서이다. 아기는 소유 관념이 없어서 들고 있는 물건을 가지라고 내준다. 이런 아이에게 내 것이란 무엇인지 한 해를 살았으니 알아야 하지 않겠느냐는 따끔한 어른들의 충고가 돌잡이인 것이다. 이로써 아이는 소유의 세계 즉 타인으로의 시선에서 자유롭지 못한 분별의 세계로 진입하는 것이다.

키르케고르는 이렇게 타인의 시선의 지배에 놓이는 인간은 필연적으로 스스로 구속되어 자기를 잃고 살 수밖에 없어서 절망에 빠진다고 한다. 죽음에 이르는 병이란 운명적으로 자기를 상실하고 타인으로의 시선에 묶여 살 수밖에 없는 인간의 절망적 삶을 말한다.

> 그들은 만일 키르케가 오뒷세우스에게 두 가지 약을 내어 주는데, 하나는 미치광이를 현명한 자로 만드는 것이고 하나는 현명한 자를 미치광이로 만드는 것이었다면, 또 키르케가 인간의 얼굴을 짐승의 얼굴로 고치게 하는 것보다는 차라리 미치광이가 되는 약을 받았어야만 했다고 하면, 그의 예지 자체가 그에게 '나를 내버려 두라. 나를 당나귀 얼굴과 몸속에 넣어 주기보다는 차라리 그대로 두라'는 식으로 말했으리라고 말한다.
>
> 뭐라고? 이 위대하고 거룩한 예지를 철학자들은 이 땅 위의 육

체라는 껍데기 때문에 저버린단 말인가? 그러면 우리는 이성과 사고력과 영혼에 의해서 짐승들보다 우월한 것이 아니라 우리의 미, 고운 안색, 우리의 사지가 잘 생긴 것 등으로 우월하다는 것이며, 그런 것 때문에 우리는 지성과 예지와 다른 것들을 포기해야 한다는 말이다.[100]

그렇다면 이러한 절망 즉 죽음에 이르는 병으로부터 어떻게 삶을 회복할 수 있는가? 키르케고르는 타인의 시선으로부터 제약된 삶을 필연성이라고 부른다.

우리는 자신의 이름을 여러 사람의 입에 올리게 하는 것을 명성을 키우는 일이라고 생각한다. 우리는 그들이 자기 이름을 좋게 받아 주어서, 이 명성이 커짐으로써 자기에게 이익이 오기를 바란다. 이런 욕망은 그래도 변명될 점이 있다. 그러나 이 병폐가 과하면 자기 말을 무슨 방식으로건 말해 주기를 찾는 자들이 많이 생길 정도에까지 이른다.

(…)

우리는 사람들이 우리 일을 어떻게 말해 주는가보다 우리말을 해 주는 것에 관심이 가며, 우리 이름이 어떻게 돌건 사람의 입에 오르내리기만 하면 된다. 이름이 알려진다는 것은 자기의 생

100 『수상록』, p. 559.

명과 존속이 남의 손에 보존된다는 것을 의미하는 것과 같다.[101]

그리고 이러한 필연성으로부터 벗어난 자유로운 삶을 가능성이라고 한다. 그렇다면 필연성의 절망적 삶 즉 죽음에 이르는 병에서 벗어나는 가능성의 자유로운 삶은 어떻게 가능할까? 키르케고르는 이것을 실존적 결단이라고 부른다. 필연성으로부터 벗어나려는 결단이 필요하다. 이러한 결단이 있어야만 자유가 가능하다는 것이다. 키르케고르는 결단을 하지 못한 삶의 방식과 결단을 한 삶의 방식을 구분한다.

결단의 유무에 따라서 실존은 심미적 실존과 윤리적 실존으로 구분되며, 결단의 강약에 따라서 윤리적 실존과 종교적 실존으로 구분된다. 키르케고르에 따르면 종교적 실존을 제외한 모든 실존은 절망에 지배되고 있다. 이런 까닭에 절망을 삶의 형태를 통해서 구체적으로 이해하기 위해서는 다양한 실존의 양상을 고찰할 필요가 있다. 심미적 실존은 직접적 심미주의와 반성적 심미주의의 두 가지 형태로 구분되는데, 직접적 심미주의를 대표하는 인물은 돈 후안이며, 반성적 심미주의를 대표하는 인물은 유혹자 요하네스이다. 윤리적 실존을 대표하는 인물은 빌헬름 판사이며, 종교적 실존을 대표하는 인물은 아브라함이다.[102]

---

101 『수상록』 나는 무엇을 아는가 판, p. 730.

직접적 심미주의자인 돈 후안은 욕망, 즉 생리적 필연성의 지배를 받는다. 여기서 직접적이란 반성과 결단에 의해 매개되지 않고 직접성에 의해 지배받는 삶을 말한다. 반성적 심미주의자인 요하네스는 반성에 의해 매개되었다는 의미에서 직접적 심미주의자인 돈 후안과 구별된다. 돈 후안은 어린 아이처럼 자기 뜻이 관철되지 않으면 떼를 쓴다. 뭐든지 자기 뜻대로 해야 한다. 그러나 반성적 심미주의자인 요하네스는 철이 들어서 자기 뜻대로 안 되는 것이 있다는 것을 안다. 뭐든지 갖고 싶다고 가질 수는 없다는 반성 즉 자기의 한계를 안다. 그런데 욕망은 포기되지 않고 상상 속에서 만족을 꿈꾼다는 점에서 심미주의자의 범주에 머문다. 그에게는 결단이란 고차원의 정신력이 결여되어 있다.

윤리적 실존주의자인 빌헬름판사에 와서야 윤리적 결단이 가능해진다. 윤리적 단계에서 결단은 자기 선택을 포함한다. 타인으로의 시선이란 외부 환경과 더불어 자신이 존재한다는 것을 알게 된다. 그런데 외부 환경을 거부하는 것이 아니라 그 외부환경을 자신의 선택으로 받아들인다. 자신의 한계를 깨닫고 자신이 그러한 한계를 선택했다는 자각이 일어난다. 자신이 선택한 한계이므로 그 한계를 뛰어넘으려고 결단한다.

윤리적 실존에서 자기는 이런 부분이 자신의 의지와 상관없다

---

102 쇠렌 키르케고르 지음, 임규정 옮김, 『죽음에 이르는 병』(파주: 한길사, 2007), 역자 임규정 서문 「실존과 절망에 관하여」 중에서.

는 것을 알지만, 그렇다고 현재의 자기를 거부하지 않는다. 이것이 "선택되는 것은 현존하고, 그렇지 않다면 선택이란 있을 수가 없을 것이다."라는 말이 의미하는 것이다.[103]

종교적 실존주의자인 아브라함은 빌헬름 판사와 같은 윤리주의자가 보편적인 말을 할 수 있는 존재에 머무르는 데 반해 절대적 타자를 아는 존재이다.

절대적 타자를 안다는 것은 보편적인 말로는 설명할 수 없는 역설을 말한다. 성서 「창세기」에는 아브라함이 외아들 이삭을 번제로 바치라는 신의 명령을 그대로 따른다는 이야기가 있다. 이것은 보편적 말을 할 수 있는 윤리적 의무 즉 아버지는 윤리적으로 자신보다 아들을 더 사랑해야 한다는 의무에 반하는 것이다. 그래서 이삭을 모리아 산으로 끌고 가서 번제로 바치려고 한다.

아브라함의 행동은 윤리주의자인 빌헬름 판사의 입장에서는 도저히 이해할 수 없는 것이다. 보편적인 말을 할 수 있는 존재인 윤리주의자인 빌헬름 판사의 시각에서 보면 아브라함은 살인미수자일 뿐이다. 그것도 자신의 외아들을 죽이려고 한 흉악범일 뿐이다. 이런 흉악한 범죄자가 그리스도교계에서 신앙의 기사로, 신앙의 영웅으로 칭송받아 온 데 대해 키르케고르는 아브라함이 살인미수죄를 모면할 수 있는 길이 있다면, 윤리적 의무를 무한히 체념하고 하느님과

103 『죽음에 이르는 병』, 역자 임규정 서문 「실존과 절망에 관하여」 중에서.

의 절대적 관계 속으로 들어가야 가능하다고 주장한다.

아브라함 같은 이러한 종교적 실존주의자를 보편적 단독자라고 한다. 보편적 말을 할 수 있는 존재의 세계를 넘어서 하느님 앞에 홀로 섰다는 의미에서 보편적 단독자인 것이다.

> 키르케고르에 따르면 아브라함의 이러한 영웅적인 비약은 너무나 드높은 경지여서 이 기막힌 비약 앞에서 뭇사람들은 한없는 두려움으로 전율한다는 것이다. 그런데 여기에서 의사소통과 관련하여 의미심장한 것은 아브라함의 비약이 언어로 이해될 수 없는 역설이라는 것이다. 왜 아브라함의 비약은 언어로 이해될 수 없는가? 언어는 보편적 세계를 뛰어넘는 개별자의 비약을 표현할 수 없기 때문이며, 그래서 아브라함의 비약은 보편적 세계에 대해 영원히 역설로 남을 수밖에 없기 때문이다. 아브라함의 종교적 실존에서 아브라함의 발목을 잡는 현실성은 다름 아닌 윤리적인 것이다. 윤리적인 것은 뭇사람에게는 높은 이상으로 다가오지만, 아브라함의 경우에는 발목을 잡아당기는 달콤한 유혹일 뿐이다. 아브라함은 이 달콤하기 그지없는 유혹을 단호하게 뿌리쳤기 때문에 보편적 세계를 벗어난 외톨이가 되었으며, 비약의 순간에 신과 아브라함 사이에 오고 갔을 언어는 영원히 이해될 수 없는 언어로, 즉 역설로 남는다.[104]

---

104 『죽음에 이르는 병』, 역자 임규정 서문 「실존과 절망에 관하여」 중에서.

이러한 심미적 단계와 윤리적 단계 그리고 실존적 단계를 키르케고르의 삼단계라고 부른다. 타인으로의 시선에 묶여서 자기성을 상실한 절망적 존재로서 인간은 심미적 단계에서 자신의 욕망을 무한하게 추구하면서 살아간다. 그러나 인간은 이러한 욕망에 빠져 자기를 잃은 것에 절망하여 욕망으로부터 자유로운 존재가 되는데, 이것이 윤리적 단계이다. 그러나 이러한 단계에서 인간은 절망으로부터 완전히 해방되진 않는다. 죽음에 이르는 병인 절망으로부터 진정으로 해방되려면 '신과 마주하는 단독자den Enkelte'가 되어야 한다. '신과 마주하는 단독자'는 하느님 앞에 홀로 서는 자이다. 이러한 실존적 결단이야말로 죽음에 이르는 병인 절망으로부터 자기를 해방시킨다. 범인(凡人)들은 결코 범접하지 못하는 실존적 결단의 '신과 마주하는 단독자'를 키르케고르는 유한한 인간이 도달하지 못하기 때문에 더욱 추구해야 해야 한다고 본다.

> 나는 자신에게 네가 어떻게 보이는가를 심려하듯 남이 나를 어떻게 보는 가를 걱정하지 않는다. 나는 남의 것을 빌려옴이 아니고, 자신의 것으로 충족되기를 원한다. 다른 사람들은 외부의 사건들과 겉모습밖에 보지 않는다. 사람은 각자 속으로는 열병과 공포심으로 가득하면서, 밖으로는 태평한 모습을 보여 줄 수 있다. 그들은 내 마음을 보지 않는다. 그들은 내 외모밖에 보지 않는다.[105]

> 나는 나 자신으로만 존재한다고 생각한다. 그리고 내 친지들의

인식 속에 깃드는 이 다른 내 생명에 관해서는 그것을 적나라하게, 단지 그 자체로써 생각하던 나는 허황된 생각의 허영에서밖에는 그 성과도 향락도 느끼지 않는 것임을 잘 안다. 그리고 내가 죽은 다음에는, 나는 더욱이 그것을 덜 느낄 것이다. 그뿐더러 때로는 어쩌다가 우연히 죽음의 뒤에 따라오는 이 명성의 효용을 사용해 볼 가치마저 깨끗이 없어질 것이다. 나는 어디로 이 명성을 잡아 볼 건더기도 없을 것이고, 이 명성이 어느 구멍으로 내게 접촉하거나 도달할 것도 없을 것이다.[106]

이러한 삼단계 즉 심미적·윤리적·실존적 단계를 통해서 키르케고르는 세속적 인간이 아무리 죽음에 이르는 병에서 빠져 나오려고 해도 빠져 나올 수 없음을 말하려고 했던 것이 아니었을까? 겉으로는 절망으로부터 빠져나올 수 있다고 말하면서도 속으로는 결코 빠져 나올 수 없다고 말하려 했다고 할 수 있다.

플라톤이 안방에서는 이데아를 말하면서 사랑방에서는 시뮬라크르[107]를 말했듯이 말이다. 칸트가 겉으로는 선을 말하면서 속으로는

---

105 『수상록』 나는 무엇을 아는가 판, p. 729.

106 『수상록』 나는 무엇을 아는가 판, pp. 730-731.

107 시뮬라크르simulacre: 이데아를 한 극점이라고 할 때, 그 반대편에 있는 극점. 따라서 시뮬라크르로 가까이 가면 갈수록 존재는 점점 더 적어지며 그에 따라 가치 또한 점점 더 적어지게 된다. 극단적으로 말해서 시뮬라크르는 그 어떤 형상, 존재, 가치도 없으며, 더 나아가 형상이나 모델을 따른 (진정한 의미의) 모방마저도 없다. 우리말로는 환영(幻影)에 가까운 개념이다.

악마적 악을 말했듯이 말이다. 키르케고르도 플라톤이나 칸트와 똑같이 말했던 것은 아닐까?

죽음의 문제와 대면한 철학자들로부터 받은 위안

나에게 아버지의 죽음과 동생의 자살은 예고 없이 급작스럽게 들이닥쳤다. 나는 방황했다. 정신이 나갔었다. 주위에서는 폐인이 되었다고 수군거렸다. 내게는 그 누구보다 멘토가 절실했다. 삶의 문제는 누구도 해결해주지 못한다. 오직 자신만이 해결할 수 있다. 살겠다는 의지가 없는데 주위의 위로는 공염불일 뿐이다. 문제는 자기에게 있다. 자기의 존재의 근거를 묻는 존재가 인간이다. 그러나 머리는 이성적으로 자신의 존재 근거를 물어서 나를 객관화하려고 했지만 주관적인 허망함·죄책감·아련함·회한·슬픔이란 감정에 휩싸일 때면 속절없이 무너졌다. 나에게는 마음의 상처를 위로해줄 멘토가 절실하게 필요했다. 종교에도 귀의하려고 했지만 마음의 위안을 찾을 수 없었다.

죽음의 문제와 대면했던 플라톤과 스피노자 그리고 니체와 프로이트와 레비나스는 나의 멘토였다. 플라톤은 스승 소크라테스의 죽음과 대면해서 스승의 죽음을 헛되지 않게 하려고 했다. 스피노자는 정치적 동지인 비트 형제의 참혹한 죽음을 정치학 연구로 승화시켰다. 니체는 5살 때 아버지를 잃고 이듬해엔 동생이 죽었다. 어린 나이에 죽음에 대면한 니체에게 죽음은 트라우마로 평생을 따라다녔다. 니체는 죽음과 몸의 고통으로 만신창이가 된 자신을 영원회귀 사상으로 승화시켰다. 고통스런 삶을 긍정하라는 그의 운명애 사상은 아버지와 동생을 불의의 사고로 잃고 방황하는 나에게 한 줄기 빛이었다. 프로이트는 사랑하는 외손녀와 친척들이 아우슈비츠의 가스실에서 죽어갔다. 프로이트도 턱에 암이 생겨 말도 하지 못하는 고통을 당했다. 프로이트는 죽을 때까지 연구를 멈추지 않았다. 레비나스는 자신이 아우슈비츠 수용소에 갇혔다. 그리고 가족 대부분이 독가스실에서 처참하게 죽어갔다. 이런 비극적인 개인사를 레비나스는 타자 윤리학으로 승화시켰다.

들뢰즈는 아파트에서 투신자살했다. 그의 철학만큼 죽음도 닮아 있다. 들뢰즈는 스토아학파의 철학자들을 좋아했다. 스토아학파는 금욕주의로 알려져 있는데 그들은 통념과는 달리 현실주의자들이었다.

그들은 현실의 삶을 누구보다도 긍정했다. 그래서 현실의 삶을 회피하지 않고 당당히 맞서서 긍정했다. 스토아학파는 현실을 부정하고 속세를 떠나 금욕생활로 일관한 학파로 이해된다. 그래서 아파테이아[108]라는 정신적 평안이 강조된다. 그러나 그들은 누구보다도 현

---

108 스토아학파와 아파테이아 ; 스토아stoa란 원래 전방을 기둥으로, 후방을 벽으로 둘러싼 고대 그리스 여러 도시에 있는 일종의 공공건축(公共建築)을 의미한다. 이 학파의 창시자 제논이 아테네의 한 '주랑(柱廊)'(스토아)에서 강의를 한 데서 연유하여 이 말이 학파 전체를 나타내는 명칭으로 쓰이게 되었다. 스토아학파가 추구한 행복은 충동과 감정의 조절 및 통제이며 이는 곧 '감정의 완전한 부재'인

실을 긍정한 의지의 소유자들이었다. **스토아학파의 운명**(헤르마르메네, Heimarmene)**은 운명이 결정되었으니 체념해서 살라는 것이 아니다. 열심히 사는 것도 운명에 포함되어 있으니 최선을 다해서 살아야 한다는 적극적인 삶의 자세다.** 크뤼시포스의 다음과 같은 말은 이를 잘 나타낸다.

> 만일 누군가가 격투사 헤게스르코스Hegesarchos는 패배할 것이라는 사실이 이미 운명에 의해 결정되었기 때문에, 그 투기(投企) 경기에서 완전히 참패할 것이라고 말한다면, 그가 다시금 싸워 승리할 것이라는 기대를 아예 하지 않을 것이요, 혹시 비록 그런 말을 했던 사람이 그 격투사가 싸움에서 남다른 노력함을 보이기 때문에 그가 기진맥진한 상태에서조차 다시 싸울 것이라고 장담하더라도 더 이상 기대하지 않을 것이다. 이는 또한 그와 동일한 방식으로 다르게도 말할 수 있다. 모든 일들이 우리 또한 그것을 원하고 아주 대단한 기대와 긴장 속에 수고를 다하는 태도가 전제되지 않는다면, 실제로 이루어질 수 없다는 논리 말이다. 왜냐하면 모든 것들이 그러한 수고와 결합하여 함

무감정(아파테이아)이다. 따라서 진정한 행복을 낳는 가치 있는 미덕이란 부유함, 명성, 학연 등과 같은 외적인 것도 아니며, 생명, 건강, 힘 등과 같은 신체적인 것도 아니다. 진정 높은 가치의 미덕은 오로지 영혼 안에서 발견되는데, 곧 '지혜'를 따라 혹은 실제적인 가치관 자체에 관한 통찰을 따라 이루어진다. 에피쿠로스학파의 쾌락을 추구하거나 비의지적인 가치설정에 대한 생각을 거부하기 위해서 충동적인 행위가 무엇을 지향하고 있는지를 해명하는 데 주력했다.

께 벌어진다는 것 역시 운명으로 결정된다고 보기 때문이다.[109]

그래서 그들은 불을 숭배했다. 활활 타오르는 불의 특성은 스토아학파의 사람들의 성향과 닮았기 때문이었다. 그들은 불에 뛰어들어 생을 마감하는 것을 최고의 미덕으로 알았다고 한다. 그렇다고 스토아 철학자들이 죽음에 집착한 것으로 알아서는 곤란하다. 가치 있는 삶을 위해 최선을 다해 살았으니 죽음 앞에 당당할 수 있었다. 그래서 죽음을 두려워하지 않을 수 있었던 것이다. 그래서 불꽃같이 장렬하게 산화하는 죽음이야말로 그들의 사상과 딱 맞아 떨어지는 것이라고 할 수 있다.

농락을 당하는 것은 인간뿐만이 아니다 — 인간이란 우연한 운의 권력을 앞세우면 어떻게 하는 것일까 —, 토지고 지방이고, 아니 세계의 모든 영역이 조롱을 받는 것이다. 그것은 어떤 곳에서는 산줄기를 완전히 평지로 만들어버리고, 또 어떤 곳은 새로운 암괴를 높이 융기시킨다. 바다를 마르게 하고, 강의 흐름을 바꾸며, 여러 민족의 교역을 단절하고, 인류의 연대와 화합을 해체한다. 또 어떤 곳에서는 거대한 대지의 갈라진 금에 있는 도시를 메워, 격렬히 뒤흔들어 붕괴시킨다. 또 어떤 곳에서는 땅 밑 깊은 데에서 장기(瘴氣)를 보내어, 대개의 사람들이 사는 모

109 『헬레니즘 철학사』, p. 209.

든 토지를 홍수로 뒤덮고, 지구를 물에 잠기게 하여 모든 생물을 섬멸하고, 죽어야 되는 것을 남김없이 큰불로 태워버리는 것이다. 그리고 우주가 새로운 운행을 다시 시작하기 위해 스스로 파괴하여 와해할 때가 오면 그런 것은 모두, 자체의 힘으로 괴멸하는 한편, 별은 별과 충돌하여 실재하던 모든 것들이 작열함으로써 이제는 질서정연하게 빛을 내는 모든 것이 아니라 대연소에 의해 불타오르게 되는 것이다. 맑고 조촐한 행복으로 영원한 것을 분배받은 우리의 영혼도 신이 그런 삼라만상을 다시 창조한 것에 힘입어, 만물이 와해될 적에 바로 그 거대한 파괴의 미세한 부가물이 되어 시초에 시작한 원소로 회귀하는 것이다.[110]

다시 말해 죽음도 탄생과 마찬가지로 당연한 것으로 받아들이라고 권하는 것이다. 스토아 철학자 줄리어스 카누스의 죽음이 그랬다. 칼리굴라 황제가 카누스에게 사형을 명했을 때 "위대한 왕이시여, 왕께 감사드립니다."라고 말했다고 한다. 사형을 집행하러 백부장이 왔을 때 그는 태연하게 체스를 두고 있었다. 그는 자신의 운명을 탓하지 않았다. 사형장으로 끌려가면서도 체스 게임 상대자에게 평상시처럼 끝내지 못한 체스 게임에서 자신이 이기고 있었으니 상대에게 이겼다고 우겨서는 안 된다고 말했다고 한다. 사형장으로 끌려가는 도중에 기분이 어떠냐는 물음에 대해 죽는 순간 영혼이 몸을 떠나는지 관찰하려고 한다고 무심하게 대답했다고 한다. 세네카는 이러한 카누스의 죽음을 두려워하지 않는 태도에 대해 "이것이 바로 폭풍 한가운데 존재하는 평정심이다."라고 말했다고 한다. 죽음이 두려운 것은 죽음이 두렵다는 생각 때문이지 죽음 그 자체가 두려운 것은 아니라는 것이다.

> 나는 죽음이 계속 내 목덜미와 허리를 꼬집어 뜯고 있는 것을 느낀다. 그러나 나는 다른 사람과는 다르다. 죽음은 어디서나 내게는 한가지이다. 내가 택할 수 있다면 나는 집을 나가서 식구들과는 멀리 떨어져서, 침대 위에서보다는 차라리 말 위에서 죽고 싶다.[111]

스토아학파의 생사관은 운명을 긍정한다는 점에서 니체의 운명애와 닮아 있다. 세네카의 말을 들어보자.

> 그러나 노년이 되어 정신이 타격을 받고 그 각 부분이 떨어져 나가, 나에게 남는 것은 인생이 아니라 단순히 숨을 쉬는 것뿐이 된다면 나는 뛰쳐나갈 것이네. 건물이 낡을 대로 낡아 무너지고 있는 거니까. 나는 병을 죽음으로 피하는 일은 하지 않겠네. 그것이 치유가능하고 영혼의 방해가 되지 않는다면. 고통 때문에 자신의 몸에 폭력을 가하는 짓은 하지 않겠네. 그런 죽음은 패배이니까. 그래도 이 고통을 언제까지나 견뎌야 한다는 것을 알

---

110 『세네카 인생론』「마르키아에게 보내는 위로의 편지」, p. 192.

111 『수상록』 나는 무엇을 아는가 판, p. 1124.

게 되면 나는 갈 것이네. 그것은 고통 그 자체 때문이 아니라, 고통 때문에 내가 살아 있는 이유가 되는 모든 것에 손이 닿지 않게 되기 때문이네. 고통 때문에 죽은 인간은 나약한 겁쟁이지만, 고통을 받기 위해 사는 인간은 어리석은 바보라네.[112]

육체적 고통을 몰고 오는 병으로 죽어야 할 운명에 굴복하지 않고 극복할 수 있는 데까지 극복하겠다는 생사관을 엿볼 수 있는 대목이다. 주어진 운명에 순응하는 것이 스토아학파의 운명애로 오해했던 우리를 머쓱케 하는 대목이다. 스토아학파에서 말하는 운명애는 운명에 순응하는 것이 아니라 극복하려는 긍정적인 생사관임을 주목하자. 죽음의 운명에 종속될 수밖에 없어서 체념하여 사는 것을 필연(anankē, 아낭케)이라고 한다.

욕망의 지배를 받는 사람은 쾌락의 노예 상태에 있기 때문에, 사랑받는 사람이 어떻게든 자기 자신에게 가능한 한 최대의 쾌락을 제공하도록 조장할 수밖에 없네.[113]

플라톤 시대에는 빠져나갈 수 없는 운명의 여신을 아낭케라고 했다. '~할 수밖에 없다'는 필연(아낭케)은 욕망의 지배를 받고 거기에

112 『세네카 인생론』, p. 480.

113 플라톤 지음, 조대호 옮김, 『파이드로스』(서울: 문예출판사, 2009), p. 40.

수동적으로 매어서 사는 삶이라고 할 수 있다. 이때 삶은 쾌락의 노예상태에 빠질 수밖에 없다. 강제적 법 집행은 설득이 통하지 않을 때 동원되는 수단이라는 점에서 아낭케라고 할 수 있다. 이와 반대로 스토아학파의 운명애는 필연 앞에 손 놓고 있는 것이 아니라 극복하려는 노력이다. 스토아학파는 이것을 아는 것으로 그치지 않고 행동으로 실천했다.

> 그러나 인간이 고령에 이르기까지는 얼마나 많은 중대한 재해를 견뎌야 하는 것이던가? 그러므로 영혼을 키우며, 영혼이 자신에게 할당된 처지를 이해하고 인내할 수 있도록 훈련해야 하네. 또한 영혼이 알아야 하는 것은, 운명이 할 수 없는 일은 아무것도 없다는 것, 운명은 제국에도 황제에 대한 것과 같은 권력을 가지며, 모든 도시에 대해서도 인간에 대한 것과 동등한 힘을 휘두른다는 사실이네.[114]

아닌 게 아니라 들뢰즈는 스토아학파로부터 많은 영감을 받았다고 한다. 스토아학파의 이런 생사관이야말로 지행합일(知行合一)의 교본(教本)이라고 할 수 있지 않을까?

우리는 어느 날 갑자기 죽음의 심연으로 떨어지는 것이 아니라

---

114 『세네카 인생론』, pp. 578-579.

> 조금씩 죽어간다는 문제 말이네. 우리는 하루하루 죽어가고 있네. 왜냐하면, 우리는 하루하루 수명의 일부를 빼앗기고, 자라는 동안에도 수명이 줄어들고 있기 때문이네. 우리는 이미 유년기를, 이어서 소년기를, 다시 청년기를 잃었네. 어제까지 줄곧, 지나간 모든 시간들을 잃어 온 것이네. 지금 지나고 있는 오늘이 하루도, 우리는 죽음과 함께 공유하고 있는 셈이지. 물시계를 비우는 것은 마지막에 떨어지는 물방울이 아니라, 그때까지 떨어진 모든 물방울이네. 그것과 마찬가지로, 최후를 맞이하여 우리가 이미 존재하지 않게 될 때, 그때만이 죽음을 가져오는 것이 아니라는 걸세. 다만 죽음을 완결시킬 뿐이지. 그때 우리는 죽음에 이르지만, 그곳에 이를 때까지 오랜 시간이 걸린 것이라네.[115]

삶은 예고 없이 전개된다. 어느 날 갑자기 불행이 들이닥친다. 운명의 수레바퀴를 피할 수는 없다. 그렇다고 그 운명에 좌절해서는 안 된다. 고통스러운 삶이라고 해서 회피해서는 안 된다. 고통스러운 삶을 다시 살라면 기꺼이 다시 살겠다. 고통스러운 삶이 피할 수 없는 나의 운명이고, 이 고통스러운 삶이 반복되어도 기꺼이 살겠다.

이것이 내가 니체에게서 배운 긍정의 정신이다. '한 번 더!' 이 지옥 같은 삶을 사는 것이 나의 운명이라면 그 운명을 사랑하며 기꺼

---

115 『세네카 인생론』, p. 420.

이 받아들이겠다. 스토아학파는 수레에 묶인 '개(犬)에 관한 예'를 통하여 삶의 긍정적 태도를 말하고 있다.

> 만일 인간이 스스로 〔수레를〕 뒤따르게 된다면, 그는 비록 뒤따르는 것이지만 동시에 스스로 걷는 것이요, 결국 강요와 그의 고유한 자유의지가 함께 하나로 작용하는 셈이다. 그러나 반대로 그가 뒤따르는 것을 거역한다면, 결과적으로 그는 강요에 끌려가는 입장이 되는 셈이다.[116]

가혹한 운명 앞에 삶을 포기하느냐 보란 듯이 의연하게 사느냐는 나에게 달려 있다. 크뤼시포스는 해로운 동물까지도 도움을 주기 때문에 긍정적으로 볼 것을 주문했다. 빈대가 있다는 것은 지저분한 상태로 있지 말라는 경고라는 것이다. 그리고 생쥐의 출몰은 곡식 자루를 아무 곳에나 방치하지 말라고 고무시키기 때문이다. 내가 발 딛고 있는 바로 지금 이 순간의 삶이 내 삶의 전부이다. 직장 안에서의 고립감과 실직에서 오는 사회적 자존감 하락 그리고 경제적 궁핍과 노후 고민, 성장한 자녀와 소원한 아내 등 가족들의 관심 부족이나 남성성과 힘의 쇠락부터의 좌절감 때문에 삶에 상실감을 느끼고 절망하고 있다면 세네카의 다음 말로 위안을 받을 지도 모른다.

116 『헬레니즘 철학사』, pp. 215-216.

그렇지만 '매우 훌륭한 용사'라는 말을 들을 수 있는 것은, 피투성이가 되어 전선에서 돌아오는 병사들이라네. 내가 더 큰 상찬을 보내고 싶은 것은, 이러한 시련을 겪은 선(善), 운명과 씨름한 용감한 선(善)이네. 나는 조금의 망설임도 없이, 누구든 아무리 용감한 인물의 상처 없는 손보다, 그 무키우스의 잘려나가고 불에 녹아버린 손에 더 큰 상찬을 줄 것이네. 그는 꼼짝도 하지 않고 적과 불길을 경멸하면서 자신의 손이 적의 화로 위에서 녹아내리는 것을 바라보았네. 결국은 그 처벌을 지지했던 포르시나(포르센나)도 그의 영광을 시기하여 불을 치우도록 명령했지만, 무키우스에게는 본의가 아니었네. 이러한 선을 어떻게 첫 번째 선에 넣지 않을 수 있겠나? 아무런 불안도 없고 운명의 시련도 받지 않은 선보다 훨씬 위대한 선이라고 어떻게 생각하지 않을 수 있겠나?[117]

나는 내 운명의 주인공이다. 운명아! 사랑한다. 한 번 더 나와 함께 가자.

나는 사물에 있어 필연적인 것을 아름다운 것으로 보는 법을 더 배우고자 한다. 그렇게 하여 사물을 아름답게 만드는 사람 중

117 『세네카 인생론』, pp. 498-499.

하나가 될 것이다. 아모르 파티(Amor fati, 네 운명을 사랑하라)! 이것이 지금부터 나의 사랑이 될 것이다! 나는 추한 것과 전쟁을 벌이지 않으련다. 나는 비난하지 않으련다. 나를 비난하는 자도 비난하지 않으련다. 눈길을 돌리는 것이 나의 유일한 부정이 될 것이다! 무엇보다 나는 언젠가 긍정하는 자가 될 것이다![118]

118 니체 지음, 안성찬·홍사헌 옮김, 『니체전집 12: 즐거운 학문·메시나에서의 전원시 유고(1881년 봄~1882년 여름)』(서울: 책세상, 2005), p. 255.

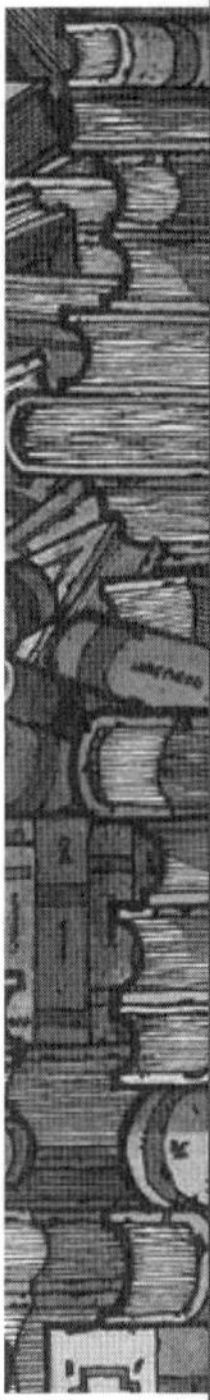

제2부

철학,
내 삶을
드높이다

숙명은 움직일 수 없는 영원히 정해진 것으로, 아무리 슬퍼하여 본들 바꾸지 못하며, 죽음이 빼앗아간 것을 붙잡고 놓아주지 않는다면 소용없는 비탄은 그만 둬야 합니다. 그러므로 우리는 자신을 통제하는 방향을 정해서 그런 비탄에 빠져 진로를 벗어나는 일이 있어서는 안 됩니다.
파도에 키를 빼앗기고 바람에 농락되는 돛을 버리고, 배를 풍파에 내맡기는 배의 키잡이는 부끄러운 인간입니다. 그러나 설사 난파를 겪더라도, 바다의 큰 파도에 휩쓸리면서 아직도 결연하게 방향타를 놓지 않는 키잡이야말로 칭찬을 받아야 될 인간입니다.
– 세네카, 「마르키아에게 보내는 위로의 편지」

제4장
나 또한 세상 밖에 내던져진 이방인 아닌가?

축사(畜舍)에서 세상 밖으로

축사 생활은 하늘에 구멍이 뚫린 듯 엄청나게 퍼부어졌던 폭우와 함께 끝났다. 나는 물(水) 덕분에 다시 세상 밖으로 나올 수 있었다. 축사에서의 삶은 세상과 담을 쌓고 지낸 시간이었다. 부모가 돌아가셨을 때 조상들이 3년 동안 묘지기를 하면서 효를 실천했다면 축사에서의 나의 삶은 그것과 달랐다. 나는 실존의 고통을 회피하기 위해서 축사지기를 했기 때문이다. 물은 나의 실존적 고뇌를 씻기어냈다. 전라도 진도 지방의 씻김굿이 망자에 대한 이승의 때 묻은 영혼을 씻겨내서 저승의 극락왕생을 기원하는 장례 의식이라면 살아있는 나에게 축사를 흔적 없이 휩쓸고 간 물은 나의 불운에서 오는 고통을 씻어내어 세상에 다시 내보내려는 '실존적' 씻김굿에 다름 아니었다.

물이 나를 2년 반 동안의 축사 생활을 끝내게 한 외면적 이유였다면 인문학은 나를 축사 밖의 세상으로 이끈 내면적 이유이자 힘이었다. 왜냐하면 2년 반의 축사 생활을 끝낼 수 있도록 이끈 힘은 인문학이었기 때문이다. 나는 새로 태어났다. 늘 불안에 떨던 영혼의 고통을 나는 인문학을 공부하면서 어느 정도 떨쳐낼 수 있었다. 내가 세상 밖으로 나와 정상적인 삶을 살 수 있도록 한 것은 인문학이었다. 나를 생물학적 죽음에서 구한 것이 물이었다면 인문학은 나를 상징적 죽음에서 구했다. 그래서 인문학은 내 생명의 은인이다.

여기서 잠시 나의 가족사를 얘기하겠다. 내 아버지는 지방의 명문 중·고등학교를 졸업했다. 아버지가 고등학교에 다닐 무렵 큰 아버지는 서울에서 경찰로 일했다. 아버지는 큰아버지의 도움으로 학교를 다녔다. 6·25 때 큰아버지와 아버지는 고향으로 피난을 갔다. 그런데 여기서 사단이 벌어졌다. 같은 마을에 사는 모리배의 밀고로 반동분자로 몰린 큰아버지가 죽창에 찔려 죽음을 당한 것이었다. 큰아버지의 비참한 죽음에 대한 기억은 평생 아버지를 따라다녔다. 아버지는 고통을 견디며 살았다. 아버지의 교통사고도 큰아버지의 묘소에 다녀오던 중에 일어났다. 동생은 법대를 다니며 고시공부를 했다. 동생은 아버지가 사고로 죽은 다음 해에 자살로 생을 마감했다.

나는 아내를 '선똑아'라고 부른다. 선똑은 세상에서 제일 똑똑하고 현명한 여자라는 뜻이다. 아내는 나를 '자영아'라고 부른다. 자영은 자유로운 영혼의 준말이다. 아내는 내가 축사에서 생활할 때 매주 내가 부탁한 책을 구입해서 가지고 왔다. 나는 체면불구하고 넙죽 받았다. 아내와 나는 시시콜콜한 얘기에서부터 철학 얘기까지 주제를 가리지 않고 대화했다. 일주일 동안 공부한 내용을 열변을 토해 내가 말하면 아내는 잘 들어주고 이해했다. 나는 소똥 냄새를 벗 삼아 2년 반을 축사에 딸린 방에서 인문학 책을 읽었다. 세상과의 유일한 소통의 창구는 아내였다. 나는 철저하게 이방인이었다. 나는 스피노자와 데카르트 그리고 푸코의 삶을 이해했다. 그들은 모두 이방인 중의 이방인의 삶을 살았다.

유대인 공동체에서 쫓겨난 마라노였던 이방인 스피노자

스피노자는 마라노marrano였다. 마라노란 겉으로는 기독교 신자이지만 속으로는 유대교를 유지하던 사람들을 가리킨다. 마라노가 어떻게 해서 탄생했는지 살펴보자.

유대인들은 로마가 예루살렘을 점령한 AD 70년 이후 고국에서 쫓겨나 각지로 흩어지면서 고행이 시작된다. 이로 인해 유대인은 수천 년을 집시처럼 떠돌며 살게 되는데 이것을 디아스포라라고 한다. 그 가운데 한 부류가 스페인과 포르투갈로 이주했다. 이들은 이슬람의 관대한 권력 밑에서 자유를 향유했으나 스페인 페르디난드 왕이 통치했을 때 위기를 맞게 된다.

그 와중에 14세기 말 기독교 광신도들은 스페인에 거주하던 유대인을 참혹하게 학살했다. 이로 인해 수천 명의 유대인이 순교했다. 그러나 표면상 기독교로 개종해 죽음을 모면한 유대인도 있었는데 그 수가 10만에 달했다. 이들은 속으로는 유대교 의식을 유지하면서 겉으로는 기독교 세례를 받고 기독교인 행세를 했는데 15세기 중엽에는 비밀 집단을 이루게 된다. 이들은 치부를 했으며 사회 지도층에 올랐거나 스페인 귀족 가문과 혼인하기도 했다. 이로 인해 정통 기독교인에게 이들은 증오의 표적이 됐다. 1473년 유대인에 대항하는 폭동이 코르도바에서 일어나 유대인에 대한 약탈과 대학살이 벌어진다. 이러한 약탈과 대학살은 여러 도시로 확산된다.

1480년에는 유대인을 제도적으로 통제하기 위한 종교재판이 벌어지는데, 여기서 유대인은 세례를 받고 기독교로 개종하거나, 추방과 재산 몰수를 감수하라는 선택을 강요받았다. 그리하여 포르투갈과 스페인에 살던 유대인은 삶을 유지하기 위해 거짓으로 개종해야 했다. 이처럼 속으로는 유대교를 유지하면서 겉으로는 기독교 신자인 사람들을 '마라노marrano'라고 하는데, 이 단어는 스페인어로 '돼지'를 뜻했다. 이는 돼지고기를 싫어했던 유대인을 조롱하기 위한 것이었다.

스피노자의 가족은 마라노로 자유와 관용이 보장됐던 네덜란드로 이주함으로써 종교적 박해를 피할 수 있었다. 스피노자는 포르투갈 출신인 유대인(마라노)의 아들이었다. 스피노자는 암스테르담의 유대인 거주지에서 전통 유대 교육을 받으며 성장하면서 점차 유대교의 율법에 깊은 회의를 품었다. 그의 나이 16세인 1648년의 유럽에서는 근대 이후 최대의 유대인 학살이 시작되었고, 이 학살은 그의 나이 23세인 1655년까지 이어졌다. 이러한 학살의 와중에서 그는 자유사상가들에게 라틴어와 근대 자연과학 및 데카르트 철학을 배우면서, 다른 한편으로 이단적인 유대인들과 교류하면서 점점 더 유대교의 교의와 관습에서 멀어진다. 결국 그는 파문된 채 유대인 공동체 추방된다.

마라노들은 두 시대 종교·문화 사이에, 공동체적 특수성과 인류적 보편성 사이에 존재하는 이중적이고 이단적인 돌연변이였다. 그들은 강요된 가톨릭주의의 이면, 공동체적 유대주의의 이면으로 존재했다. 그래서 자명한 것은 더 이상 없게 된다.

이제 종교 재판의 압제에서 해방된 유대인 마라노는 암스테르담에서 세속적 마라노가 된다. 그리하여 네덜란드의 중도적 마라노는 파문당한 스피노자에게서 발견되듯이, 새로운 무신론적 합리주의의 토양이 됐다. 기독교적 보편주의를 경험한 비판적 마라노가 더 이상 지식인들의 폐쇄된 특수주의로 되돌아갈 수는 없었다. 그리하여 비판적 마라노는 추방과 정신적 유배에서 비롯된 고독의 형벌을 받게 된다. 그리고 두 세계, 불확실한 두 정체성, 신경증적 귀속과 절단된 보편성을 오가는 유랑의 형벌을 받게 된다.

스피노자가 살던 시대는 전쟁의 시기였다. 유럽 각국들은 서로 크고 작은 전쟁을 벌이면서 각축했다. 계속된 영국과의 전쟁에 이은 프랑스의 침공은 네덜란드 사회를 다시 혼란에 빠뜨리고 이 와중에 스피노자와 정치적 신념을 같이 하던 공화파 드 비트 형제가 군중의 손에 살해당한다. 네덜란드의 형제 정치가인 드 비트 형제 중 1650년 도르트의 시장이 됐던 코르넬리우스와 1653년 국무장관에 올라 실질적인 공화국 최고 지도자가 된 얀은 왕정의 완전폐지에 힘썼다. 그러나 1672년 영국과 동맹한 루이 14세가 네덜란드를 공격하자 얀의 공화파 정부는 실각하고 오랑예 왕정이 복귀하게 된다. 그 해 8월 20일, 두 형제는 폭도들에 의해 헤이그에서 살해됐다. 공화정이 붕괴되고 오랑예 왕가가 복위하게 된 것이다.

스피노자는 몹시 분개했지만 격분을 가라앉힐 수밖에 없었으며, 자신에게 가해지는 군중의 분노로부터 자신을 보호해야 했다. 이 사건은 그의 삶에서 결정적으로 중요한 사건이었다. 이 일로 인해 그는 자신이 살던 암스테르담에서 암살의 위협을 받자 레인츠뷔르흐로 이주해 렌즈를 갈며 칩거생활을 한다.

스피노자는 수차례 일자리 제안과 달콤한 초빙을 거절했다. 그는 자기만의 일관된 삶을 살려고 했으므로 주의를 딴 데로 돌리고 싶지 않았다. 그에게는 해야 할 더 훌륭한 일이 있었다. 신중함(조심하라Caute!)이라는 그의 신조는 도피나 겁먹음과 무관하다. 드 비트 형제가 살해된 이후 그가 '새로운 야만자들'에게 보여준 고독한 거부는 그의 냉정한 저항이 얼마나 뜨거운 대담함일 수 있었는지 보여준다. 이 시기에 그는 학생들을 지도하거나 친구들과 서신 교환을 하면서 『윤리학』(1675) 같은 저작을 쓰기 시작한다.

얼마 뒤 헤이그 근처로 이주한 스피노자는 그곳에서 당시 여러 공화파 정치가들과 교류하며, 점차 종교 비판과 정치철학으로 관심을 확장한다. 그는 세속적 입헌정부를 강력하게 옹호하고 기존의 성서 해석을 비판했으며, 신을 모독하는 '불경한 책'이라는 악평을 받고 금서가 된 『신학정치론』(1673)도 이 시기에 썼다.

그는 자기 책을 헌정하라는 루이 14세의 회유나 하이델베르크 대학 교수직 제안을 물리치고 자기 사유의 자유를 고수하다가 1677년

폐결핵으로 숨을 거두었다.

드 비트 형제의 죽음이 스피노자의 말년에 스피노자의 삶에 지대한 영향을 끼친 사건이라면 우리엘 다 코스타(Uriel da Costa, 1585~1640)의 죽음은 스피노자의 삶에서 또 다른 결정적 영향을 미친 8살 때의 사건이었다.

우리엘 다 코스타는 1640년에 파문당한 유대인이었는데 그가 영혼의 불멸성을 부정하고 자연법만을 인정하면서 계시 율법을 부정했기 때문이었다. 유대 교회는 우리엘 다 코스타에게 자신의 사상을 공개적으로 취소할 것을 강요했는데 그 이유는 자신들을 환영해준 네덜란드 기독교 사회의 반감을 살까봐 두려워서였다. 그에 가해진 형벌은 교회 입구에서 사람들이 자신의 몸을 밟고 지나가는 것이었다. 참을 수 없는 치욕을 받고 집에 돌아간 우리엘 다 코스타는 자신을 박해한 자들을 격렬하게 비난하는 글을 남기고 자살했다. 불과 8살이었던 스피노자는 이때 파문과 형벌을 너무 가까이에서 지켜봤다.

이 사건은 스피노자에게 트라우마로 작용했으며, 스피노자가 세속적 인정과 헛된 명예를 추구하지 않은 것도 이러한 경험과 무관하지 않다. 그는 살아 있는 동안 더 이상 아무 것도 출판하지 않았다. 그는 자신에게 주어진 모든 시간, 그러나 결코 충분하지 않은 시간을 천천히 살아갔다.

스피노자의 선조들은 포르투칼에서 마라노라고 핍박 받은 이방인이었다. 그리고 박해를 피해 이주해온 네덜란드에서도 이방인이었다. 이에 더해 스피노자는 유대인 공동체에서 쫓겨난 이방인 중의 이방인이었다. 속으로는 유대교를 믿으면서 겉으로는 기독교인인 마라노의 삶은 살아남기 위한 어쩔 수 없는 선택이다. 스피노자는 이러한 예속적 삶을 단호하게 거부한다. 그래서 그에게는 마라노라는 이방인의 삶이 운명적으로 주어졌지만 그 운명을 뿌리치기 위해 유대인 공동체로부터의 파문을 스스로 선택함으로써 이방인보다 더한 이방인이 된다.

우리 역사에서 스피노자와 비슷한 인물로 다산 정약용을 들 수 있겠다. 스피노자가 왕당파와 민주정 옹호파의 정치적 대립에서 민주정 옹호파를 지지했다가 암살 위협에 시달린 것과 다산이 서인과 남인의 대립에서 희생되어 중앙 정치무대에서 쫓겨나 변방인 강진에서 18년간 유배 생활을 한 점이 매우 닮았기 때문이다. 또한 두 사람이 지역은 멀리 떨어져 살았지만 비슷한 시대에 동일한 문제의식을 공유했다는 점에서도 그렇다.

스피노자는 애초에 이방인의 운명을 타고 났는데 이에 더하여 주어진 자신의 운명을 스스로 이방인이 됨으로써 허문다. 이방인을 이방인으로 허무는 스피노자의 삶 자체가 그의 사상 속에 고스란히 쟁여져 있는 것은 우연이 아니다.

조국 프랑스의 안온한 삶을 버리고 유럽의 변방을 떠돈 근대인 데카르트

데카르트는 1596년 3월 13일, 브르타뉴 지방고등법원 평정관인

조아생 데카르트의 셋째 아들로 프랑스 중서부 투렌의 라에이에서 태어났다. 그리고 당대 최고의 학자들이 운집해 있는 유럽 최고 명문 학교인 제수이트 교단이 창설한 라 플레슈 학원에 다녔다.

20세인 1616년 푸아티에 대학에서 법학사 학위를 받고 이후 "세상이라는 커다란 책"으로 여행의 길을 떠났다. 22세인 1618년에는 네덜란드로 가서 모리스 드 나소 군대에 들어갔다. 23세인 1619년에는 30년 전쟁이 일어났다는 소식을 접한 후 독일의 구교 군인 바이에른 휘하에 들어갔다. 그리고 프랑크푸르트에서 페르디난트 2세의 대관식을 관람했다. 24세인 1620년에는 군대를 떠나 다시 네덜란드로 돌아갔다. 26세인 1622년에 프랑스로 돌아가 재산을 정리하고 27세인 1623년에 이탈리아로 여행을 떠났다. 그리고 32세인 1628년에 네덜란드로 이주했다.

데카르트는 20세에서 30세까지 인생의 황금기 대부분을 프랑스에 안주하지 않고 유럽 여러 나라를 여행했다.

> 나는 여행에서 돌아오거나 여행을 완수하려고 떠나려는 것이 아니다. 나는 단지 움직이는 것이 기분 좋은 동안은 움직여 보려고 하는 것이다. 바람을 쏘이기 위해서 나는 바람을 쐰다. 이득이나 토끼를 보고 달려가는 자는 달려가는 것이 아니다. 도둑잡기의 장난으로, 그리고 달음질의 훈련을 위해서 달음질치는 자들이 달려가는 것이다.[119]

데카르트는 1648년, 마지막으로 프랑스를 방문하였으나, 프롱드

난으로 혼란스러웠던 프랑스에 도착하자마자 네덜란드를 그리워했다고 한다.

특히 20대에 두 번이나 군대에 입대한 그의 이력은 이채롭다. 전장은 삶과 죽음이 교차하는 위험한 곳이다. 이런 곳에 두 번이나 자원입대했다면 데카르트는 보통 사람과는 다른 이상한 특성을 가졌다고 볼 수밖에 없다. 데카르트가 발명한 '좌표계'도 전장이었고 "나는 생각한다. 나는 존재한다."라는 아이디어를 얻은 곳도 전장이었다. 사선을 넘나드는 곳에서 잠시 휴식을 취하는 동안 '유레카'의 영감을 떠올린 것이다.

위대한 발견은 긴박한 상황에서 이루어짐을 잘 보여주는 사례다. 평화롭고 안정된 삶에서 보다는 자신의 생명을 압박하는 위급한 순간에 생각이 잘 떠오르는 것을 보여준다. 이것은 보헤미아와 헝가리의 왕 페르디난트 2세가 1619년 프랑크푸르트에서 가진 독일 황제 대관식을 본 후 부대로 복귀하는 도중에 들어 앉아 편안한 상념의 시간을 가졌다는 데서 알 수 있다.

> 그래서 나는 내 스승들로부터 해방되는 나이가 되자 학교 공부를 집어치워버렸다. 그리고 내 자신 속에서 혹은 세상이라는 커다란 책 속에서 발견할 수 있는 학문 외에는 어떤 학문도 찾지 말자고 다짐했다. 그래서 남은 청년 시절을 여행하는 데 사용하

---

119 『수상록』 나는 무엇을 아는가 판, p. 1124.

면서 이곳저곳의 궁전과 군대를 관람하고, 온갖 기질과 신분을 지닌 사람들을 방문하면서 갖가지 경험을 거듭하며, 운명이 나에게 몰아치는 여러 사건들 속에서 내 스스로를 시험하려고 했고, 내 앞에 나타나는 온갖 일들로부터 어떤 이득을 얻을 수 있을지 반성해 보았다. 왜냐하면 학자가 서재에서 하는 추리보다는 자기에게 소중하고 판단을 잘못하면 그에 상응하는 벌을 받는 일에 대한 추리 속에서 더 많은 진리를 찾아낼 수 있다고 생각했기 때문이다. 학자가 하는 사색이란 아무런 결과도 생산해내지 못하는 것이며, 또 그것이 상식에서 벗어날수록 더 그럴듯하게 보이려고 기지와 기교를 부리기 때문에 단지 허영심을 만족시키는 것 외에는 아무런 쓸모도 없는 것이다. 그리고 내 행동을 분명히 직시하면서 확신을 갖고 이 삶을 살아가기 위해서 참된 것을 거짓된 것에서 구별할 수 있기를 늘 극도로 갈망했다. 그러나 세상이라는 책 속에서 공부하고 얼마간의 경험을 쌓는 데 몇 년의 세월을 보낸 후에 나는 어느 날 나 자신 속에서 연구하기로, 또 내가 걸어가야 할 길을 선택하는 데 정신의 온 힘을 기울이자고 결심했다. 나는 이 일을 조국을 떠나지 않았을 때보다, 또 책을 멀리하지 않았을 때보다 더 잘 할 수 있을 것으로 생각했다.[120]

---

120 르네 데카르트 지음, 이현복 옮김, 『방법서설』(서울: 문예출판사, 1997).

데카르트는 조국 프랑스를 떠나 이주한 네덜란드에서 평온함을 느꼈다는 점에서 스피노자와는 다른 이방인이다. 즉 중심에서 주류로 살 수 있었으나 스스로 그 중심을 박차고 나와 스스로 이방인이 되었다는 점에서 다르다. 스피노자가 태생이 이방인이었고 이방인보다 더한 이방인이었다면 데카르트는 이방인은 아니었지만 스스로 이방인이 되었다는 점에서 말이다.

> 여기서[네덜란드] 나는 남의 일에 호기심을 갖기보다는 자신의 일에 열중하는 아주 활동적인 위대한 국민들과 더불어, 대도시의 편의성을 만끽하면서도 외진 사막에 있는 것처럼 유유자적하는 은둔 생활을 할 수 있었던 것이다.[121]

데카르트는 53세인 1649년에 스웨덴 국왕 크리스티나의 계속된 초청으로 스톡홀름을 방문했다 그리고 다음해인 1650년 54세에 스톡홀름에서 폐렴으로 죽었다.

우리 역사에서도 데카르트와 동시대를 살았고, 삶의 궤적도 비슷한 사상가를 찾을 수 있다. 그가 바로 연암 박지원이다. 박지원은 명문가의 집안에서 태어났으면서도 출사하지 않고 야인의 길을 걸었던 지식인이었다. 서인과 남인이 날카롭게 대립하던 조선 중기에 연암은 지배세력인 서인의 엘리트였다. 연암과 동시대에 활동했던 남인

121 『방법서설』.

으로는 다산 정약용을 들 수 있다. 연암과 다산은 서로를 잘 알고 있었지만 한 번도 만난 적은 없다고 한다. 중심에 있었지만 중심을 거부하고 스스로 이방인의 삶을 산다는 것은 말로는 쉽지만 어려운 선택이라는 점에서 데카르트와 박지원이 우리에게 주는 교훈은 크다고 할 것이다.

조국 프랑스가 그를 냉대한 것도 아닌데도 데카르트는 역마살이 끼었는지 외국에서 이방인으로 살았다. 데카르트는 스스로 자신을 곤경에 처하게 함으로써 치열하게 살았던 근대인이었다. "나는 생각한다. 고로 나는 존재한다."라는 그의 사상도 전장에서 치열하게 싸울 때 떠올랐던 자아에 대한 성찰 아니었을까?

성적 소수자였기에 더욱 자신에게 엄격했던 이방인 푸코

성적 소수자(동성애)들도 이성애자와 똑같이 남성과 여성을 구분할까? 아니면 남성과 여성의 구분 없이 무성(無性)으로 성을 볼까? 이성애자들이 당연시 하는 성 구분이 동성애자에겐 결정적으로 중요한 물음으로 다가온다.

남성과 여성이란 성 구분은 역사주의의 산물이라는 견해가 있다. 역사주의란 애초에 남성과 여성의 역할이 구분된 것이 아니라 그 구분은 역사적 산물이라는 것이다. 이것이 젠더 성 담론의 요지다.

자신이 레즈비언이라고 밝힌 주디스 버틀러는 섹스(생물학적 성)와 젠더의 경계 자체를 허문다.

> 버틀러의 말을 빌리면, "젠더의 속성과 행위들, 몸이 자신의 문화적 의미를 보여주고 생산하는 다양한 방식들이 수행적인 것이라면, 어떤 행위나 속성이 재단될 수 있는 선험적 정체성이란 없다." 여성스러움, 여성스러운 것, 이런 것은 어떤 본질적인 속성이 아니라 이성애의 규범이 만들어 낸 허구일 뿐이다. "본질적 섹스와 진정하거나 고정된 남성성 혹은 여성성의 개념 자체도 젠더의 수행적 성격을 감추는 전략의 일부로서 구성된 것이며, 남성의 지배와 강제적 이성애라는 규제적 틀 바깥에 있는 젠더 배치를 증식시킬 수행적 가능성을 감추려는 전략의 일부로 구성된 것."이다. [122]

그런데 젠더 담론은 페미니스트들의 담론과 퀴어 이론으로 구분할 필요가 있다. 페미니스트들은 남성과 여성의 역할을 날카롭게 구분해서 남성에겐 우월한 성적 지위를 여성에겐 저급한 지위를 역사적으로 부여해 온 것이 기존의 역사주의 성 담론인데, 이를 해체해서 남녀평등을 주장하는 것이다.

이보다 더 급진적인 성 담론인 퀴어 이론은 성적 소수자인 동성애를 이성애의 권리와 동등하게 인정하라는 요구다. 페미니스트들이

---

122 조주영 지음, 「주디스 버틀러의 젠더 트러블」 중에서.

성적 불균형을 바로 잡으려는 것은 기존 이성애란 제도권 내의 남성 기득권을 여성에게도 확대하라는 것이지 동성애자의 권리까지 확대하라는 것이 아니다.

그런데 동성애자의 권리 요구인 퀴어 이론은 이성애자들만이 향유하는 제도권 내의 기득권을 자신들에게까지 확대하라는 요구인 점에서 아이러니하다. 왜냐하면 기득권은 이성애를 기반으로 했는데, 동성애자의 권리 주장이 이성애의 제도권에서의 기득권 보장이라면 자신의 성적 정체성을 스스로 허무는 것이기 때문이다. 겉으로는 동성애의 권리를 말하면서 속으로는 이성애를 지지하는 역설이 발생하기 때문이다. 그러므로 동성애자의 기득권 요구인 퀴어 이론은 자신의 성적 정체성을 스스로 부정한다는 점에서 간단한 문제가 아니다.

미셸 푸코는 동성애자였다. 푸코 또한 이런 문제로 고민했을 것이다. 그래서 푸코가 권력 문제에 그토록 집착하지 않았을까? 타인으로의 시선이 어떻게 해서 권력으로 작동하는지 규명하고자 하는 푸코의 속내에는 제도권의 눈이 성적 소수자를 억압하는 권력으로 어떻게 작용하는지 밝히는 자신의 문제가 있지 않았을까? 자신의 문제이기에 그토록 집요하게 권력의 기원에 집착하지 않았을까? 그래서 기존 제도의 기원에 새겨진 것이 기득권의 유지임을 계보학으로 파헤친 것이 아닐까? 기득 권력이 권력을 생산하기 위해 어떻게 소수자인 타자를 배제해 왔는지 폭로하고 소수자의 권리를 요구했던 것은 아닐까? 성적 소수자로서 푸코는 자신이 소수자였다. 그래서 푸코는 소수자인 타자였고 그러므로 그의 철학은 자기 돌봄의 문제였다. 그래서 푸코에게 있어 자기 돌봄의 문제란 파르헤지아(parrhesia) 곧 진실을 밝히고자 하는 용기에 다름 아닌 것이다. 파르헤지아는 고대의 현인들이 자기 자신을 돌보는 데 있어 핵심적인 실천 행위 가운데 하나였다. 파르헤지아를 행하는 사람 곧 파르헤지아스트란 진실을 말하는 것이 위험을 불러올 때에도 그 위험을 무릅쓰고 진실을 말하는 자를 뜻한다. 푸코는 생의 말기에 에이즈와 싸우면서도 파르헤지아를 화두로 삼고 이 문제를 탐구하는 데 혼신의 힘을 다했다.

초기의 푸코가 구조주의 입장에서 권력 문제를 바라보았다면 말기에는 주체를 복권하여 인간의 입장에서 권력의 문제를 조망했다. 이러한 푸코의 전회는 그의 관심사가 애초에 주체였음을 반증한다. 겉으로는 주체의 죽음을 외쳤지만 속으로는 언제나 주체의 문제가 따라다녔다. 자신은 왜 동성애자일까? 무엇이 잘못되어 나는 동성애자인가? 이러한 물음은 곧 실존이 걸린 문제다. 『주체의 해석학』은 타인으로의 시선인 권력의 문제에서 푸코가 어떻게 자기 돌봄이란 양생(養生)의 문제로 전회(轉回)했는지 잘 보여준다.

> 푸코는 이 돌봄(배려)을 '자기로의 회귀하기'로 분석하면서 자신에게 시선을 돌리기, 자신을 점검하기, 자신을 중심으로 움직이고 자신을 통제하기, 자신을 주장하기, 자신을 해방하기, 자신을 존중하기, 자신 앞에서 부끄러움을 느낄 줄 알기, 자신에게서 환희를 느끼기 등을 포괄한다고 말한다.[123]

자기로 시선을 돌려 자신을 변화시킨다는 것은 자기 자신을 어떤 외부적 시선이나 대상을 위한 수단이 되게 하는 것을 거부한다.

> 나는 나를 판결하기 위해서 내 법률과 재판정을 가지고 있다. 그리고 다른 데보다도 거기에 호소한다. 나는 남의 의견을 잘 따라서 내 행동을 억제한다. 그러나 내 의견에 의해서밖에는 행동을 확대시키지 않는다. 그대가 비굴한지 잔인한지, 믿음직하고 착실한지, 신앙이 깊은지, 아는 것은 그대뿐이다. 다른 사람들은 그대를 보지 못한다. 그들은 불확실한 추측으로 그대를 짐작한다. 그들은 그대의 기교를 보는 만큼 그대의 본성을 보지 못한다. 그러니 그들의 판결에 매이지 마라. 그대 자신의 판결에 매여라. "그대가 자신에게 하는 판단을 그대는 사용해야 한다."(키케로) — "양심이 자신에게 해 주는 악덕과 도덕의 증명은 한층 더 막중하다. 이것을 제거한다면 전부가 와해된다."(키케로)[124]

아름다운 몸매 만들기에 열광하는 요즘 세태는 자기에게 시선을 돌려 자신을 변화시키는 것이 아니라 타인으로의 시선에 자신을 맞춘다. 이런 점에서 타인의 시선에 사로잡힌 삶은 니체가 말한 매순간 지금을 긍정하여 사는 자세가 아니라 유용성을 목적으로 자신을 도

123 미셸 푸코 지음, 심세광 옮김, 『주체의 해석학』(서울: 동문선, 2007), pp. 119-122.
124 『수상록』 나는 무엇을 아는가 판, pp. 926-927.

구로 삼는 삶이라 할 수 있다. 이는 자기 돌봄이란 주체적 삶이 아니라 타인에게 떠밀려 사는 자기를 잃은 삶이라고 할 수 있다.

> 그리고 어느 누구라도 증언해 줄 사물들을 가지고, 구태여 플라톤과 성 토마스 아퀴나스를 인용해서 말한다. 그녀들의 심령 속에 들어가지 못한 학설은 그녀들의 혀끝에 머물러 있다.
> 점잖은 여인들이 내 말을 믿는다면, 그녀들은 그 고유의 자연스런 보배들을 빛내는 것으로 만족해야 할 것이다. 그녀들은 밖에서 들여온 미(美)로 자기들의 미를 덮어 감춘다. 빌려 온 광채로 빛나기 위해서 자기의 광채를 없애는 일은 너무도 어리석은 것이다. 그녀들은 기교 속에 덮여서 묻혀 있다. "미용실에서 방금 나온 얼굴이다."(세네카) 그것은 그녀들이 자신을 잘 모르기 때문이다. 세상에 그녀들보다 더 아름다운 것은 없다. 그녀들이 기술에 영광을 주며, 백분으로 분칠해 주는 것이다. 그녀들은 사랑받고 숭배 받고 살아가는 것 외에 무엇이 또 필요할까? 그녀들은 그런 것을 너무 많이 가졌고, 너무 잘 알고 있다.[125]

자기에게 시선을 돌리는 것은 자기의 몸을 잘 돌봐 건강을 유지하고 정신을 맑게 유지하는 것이다. 타인으로의 시선에 몸과 마음이 불안해지지 않도록 하는 것이다. 또한 자기에게 시선을 돌리는 것은 연애술에도 해당되는데 무분별한 섹스가 아니라 주의를 기울여 사랑의 강도와 가치를 높이는 것이다.

푸코는 자신이 성적 소수자로서 이방인들의 권리 회복을 위해 치열하게 살았다. 또한 성적 소수자이기에 자기 돌봄에 더욱 엄격했던 철학자였다.

---

125 『수상록』 나는 무엇을 아는가 판, pp. 943-944.

운명이여, 나를 속이지는 않는다. 너무 안심하고 준비하지 않은
나를 덮칠 수 있다고 생각하는 것은 잘못이다. 당신은 무엇을 꾀하였는가,
나는 알고 있다. 과연 당신은 딴 인간에게 일격을 가하였지만
노린 것은 이 나인 것이라고. (…) 누구에겐가 일어날 수 있는 일은,
누구에게도 일어날 수 있다.

—세네카, 「마르키아에게 보내는 위로의 편지」

제5장
결핍이 없는 삶은 행복할까?

살아온 삶 자체를 사랑하며 서로를 위로하며 살려고 노력한다

나는 2002년에 시작한 축사 생활을 끝내고 집으로 돌아왔다. 그때가 2004년이었다. 그리고 일을 다시 시작했다. 대기업 광고회사에서 일했던 동료들이 만든 회사의 일이었다. 2006년 말까지 2년여의 시간은 이전에 내가 일했던 것과는 판이하게 달랐다. 우선 세상을 이해하는 폭부터 달라졌다. 과거에는 인간관계에서 나를 먼저 생각했었다면 축사 생활 이후에는 타인을 먼저 배려하려고 했다. 축사 생활 이전에 오만하고 자기중심적이었던 내 모습이 떠오를 때면 부끄러웠다. 이 모든 것이 인문학의 힘이었다. 나는 축사 생활을 하면서 읽은 인문학 책을 바탕으로 일을 하면서 틈틈이 글을 썼다. 그래서 2006년 말에 책을 출간했다. 당시 같이 근무하던 동료의 아이가 '죽음의 트라이앵글' 세대였다. 논술 때문에 걱정하는 것이 계기가 되어 철학 에세이를 출간했다.

그리고 나는 어떻게 살 것인가에 대해 치열하게 고민하기 시작했다. 나는 결단을 내렸다. 앞날이 불안했지만 회사를 그만 두기로 했다. 40대 중반의 나이에 나는 본격적으로 인문학 공부를 마음먹었고 아내에게 내 뜻을 전했다. 아내는 망설임 없이 내 결정을 존중해 주었다. 아버지와 동생이 죽은 후 2년 반의 축사 생활과 함께한 인문학 공부 그리고 2년의 직장 생활 동안 틈틈이 시간을 쪼개서 했던 인문학, 직장을 그만 두고 2007년부터 현재까지 인문학 공부에만 매진한 최근 5년 등을 합하면 나의 인문학 공부는 올해로 꼭 10년째다. 나는 2012년에 인문학을 광고·마케팅에 접목한 두 번째 책 『싱글라리티』를 출간했다. 이번 책은 나의 세 번째 책이다.

나는 지금 어느 때 보다도 기쁨으로 충만한 삶을 살고 있다. 이전에 가졌던 좋은 차와 좋은 집과 좋은 옷이 없어도 행복하다. 직장 생활 동안의 음주·흡연도 인문학 공부를 하면서 모두 끊었다. 지인들은 모두 나의 표정이 옛날보다 밝아졌다고 한다. 나는 아내와 늘 대화를 나눈다. 아내도 나와 소통하는 시간을 매우 즐거워한다. 아내와 나의 대화는 철학·영화·문학·마케팅·사랑·대중문화 등 주제를 가리지 않고 끊임없이 이어진다. 이런 우리를 보고 딸아이는 '대화의 달인'이라고 부른다. 우리 가족은 아내의 수입으로 생계를 유지한다. 광고 회사 동료로 만난 아내는 마케팅 일을 계속하고 있다. 아내에게 늘 미안하다. 못난 남편 만나서 아내가 고생한다. 아내는 늘 나를 위로한다. 아내는 내가 직장생활을 할 때보다 지금이 더 행복하다고 말한다. 이런 아내가 없었더라면 나의 삶은 나락으로 떨어졌을 것이다. 나는 아내에게 늘 감사하는 마음으로 산다.

삶은 언어로 정의하는 유명(有名)의 차원이 아니다. '사랑은 눈물의 씨앗'이라고 사랑에 대해 정의하는 순간 사랑의 순수성은 망각된다. 영화 《지붕 위의 바이올린》에서 젊은 아들과 며느리가 결혼식에서 사랑한다고 하는 말하는 사랑과 이를 지켜보는 노부부가 우리는 평생 사랑한다는 말을 한 번도 하지 않았다고 고백하는 사랑과 같을 수 없다. 젊은 부부의 사랑이 욕망의 사랑이라면 노부부의 사랑은 살아온 삶 자체가 사랑의 과정이며 욕망의 사랑을 승화시킨 사랑이다. 나와 아내는 《지붕 위의 바이올린》의 노부부처럼 살아온 삶 자체를 사랑하면서 살려고 노력한다.

> 두 사람이 서로 그들 실존의 핵심으로부터 사귈 때, 그러므로 그들이 각기 자신의 실존의 핵심으로부터 자기 자신을 경험할 때 비로소 사랑이 가능하다. 오직 이러한 '핵심적 경험'에만 인간의 현실이 있고 오직 여기에만 생기가 있고 오직 여기에만 사랑의 기반이 있다. 사랑은 이와 같이 경험될 때에만 끊임없는 도전이다. 사랑은 휴식처가 아니라 함께 움직이고 성장하고 일하는 것이다.
>
> 조화가 있든, 갈등이 있든, 기쁨이 있든, 슬픔이 있든 이것은 두 사람이 그들의 실존의 본질로부터 그들 자신을 경험하고 그들 자신으로부터 도피하기보다는 그들 자신과 하나가 됨으로써 서로 일체가 된다는 기본적 사실에 대해서는 이차적인 것이다. 사랑의 현존에 대해서는 오직 하나의 증거가 있을 뿐이다. 곧 관

계의 깊이, 관련된 각자의 생기와 힘이 그것이다. 이것은 사랑을 인식하게 하는 열매이다.[126]

생각하는 갈대로서 인간은 언제나 결핍을 겪는다. 생각하는 능력을 가졌다는 것만으로 인간은 측은한 존재다. 영원히 자신과 하나가 될 수 없는 쪼개진 존재가 바로 인간이다. 나는 인문학 공부를 하면서 습관이 하나 생겼다. '나 자신에게 최선을 다하는가?'라는 매순간 끊임없이 나에게 던지는 물음이다. 그러나 삶에는 항상 아쉬움이 남는다. 이것은 피할 수 없는 인간의 운명이다.

삶엔 항상 아쉬움이 남는다는데

이미 알고 있다고 하자. 이미 알고 있다면 알려고 하지 않을 것이다. 따라서 자기가 알지 못할 때 알려고 하는 마음이 생긴다. 자신이 안다고 생각하는 한에서는 알고 싶은 마음이 생길 수 없다. 자신이 아는 경우에는 스스로 알아낸다는 것은 불가능하다. 따라서 자신의 무지를 자각할 때 앎에 대한 탐구가 시작된다. 행복도 마찬가지다. 축복 받은 자들의 섬들을 뜻하는 엘뤼시온 들판Elysion pedion[127]에서

126 『사랑의 기술』, pp. 138-139.

처럼 신들로부터 선택된 소수의 인간들 모두가 영원히 살면서 행복한 삶을 누린다고 해보자. 그렇다면 행복이란 감정이 존재할까? 모두가 풍족하게 부러울 것 없이 산다면 행복이란 존재할까? 이 문제에 대해 버트란트 러셀은 이렇게 말한다.

> 그런데 인간이 막대한 재산 덕분에 아무런 노력을 기울이지 않고도 온갖 변덕을 만족시킬 수 있게 되면, 아무 노력 없이 산다는 사실 그 자체가 행복의 본질적 요소를 앗아버린다. 일상적인 욕망을 쉽게 충족시킬 수 있는 사람은 욕망의 충족이 곧 행복을 의미하는 것은 아니라고 결론짓는다. 만약 철학적인 기질을 가진 사람이라면 원하는 것을 빠짐없이 가지고 있어도 불행에서 벗어날 수 없으니, 인간의 삶은 본질적으로 비참한 것이라고 결론짓는다. 이런 사람은 원하는 것들 중 일부가 부족한 상태가 행복의 필수조건이라는 점을 간과하고 있다.[128]

삶은 유한하기 때문에 무한한 생명을 동경한다. 삶은 유한하기 때문에 아쉬움이 남는다.

---

127 엘뤼시온 들판은 『오뒷세이아』 4권 563행에 나오는데, 대지의 서쪽 끝 오케아노스 강 옆에 있다. 올륌포스처럼 폭풍도 비도 눈도 없는 상춘(常春)의 나라를 일컫는데 유토피아를 상징한다.

128 버트런트 러셀 지음, 이순희 옮김, 『행복의 정복』(서울: 사회평론, 2009), p. 32.

인간들도 그들의 생명은 자로 재지 못한다. 키론은 시간과 지속의 신인 그의 부친 사투르누스에게서 영생의 조건을 듣고 그것을 거절했다. 영원한 생명을 상상해 보라. 인간에게는 내가 그에게 준 생명보다 더 참을 수 없고 괴로우니라. 그대에게 죽음이 없었다면 그대는 내가 죽음을 주지 않았다고 끊임없이 나를 저주했을 것이다. 나는 이 죽음의 효용이 편리함을 고려해서, 그대가 너무 탐하여 천방지축으로 죽음을 찾으려고 하지 못하게 막기 위해서, 거기다가 조금 쓴맛을 섞었다. 그대가 생명을 피하지도 말고 다시 죽음을 피하지도 말라고 내가 그대에게 요구하는 절도를 그대가 지키게 하기 위해서, 나는 삶과 죽음의 단맛과 쓴맛을 골고루 조절하여 놓았다.[129]

쇼펜하우어는 인간은 자기가 꿈꾸는 어떤 세계, 다시 말해 죽지 않고 영원히 행복하게 사는 세계로 옮겨가도 결코 행복할 수 없게 되어 있다고 주장한다.

모든 행복이 적극적인 성질을 띠는 것이 아니라, 단지 소극적인 성질을 띨 뿐이다. 바로 그 때문에 행복은 지속적인 충족이나 행복일 수 없고, 언제나 고통이나 부족으로부터 구원된 것에 불

129 『수상록』, p. 106.

과하다. 그에 이어 새로운 고통이나 권태, 공허한 갈망이나 지루함이 생기게 마련이다.[130]

왜냐하면 불행과 고난이 없는 세계에서 인간은 권태의 포로가 될 뿐이기 때문이다. 권태에서 벗어날 수 있다면 그 정도에 따라 불행이나 고민에 빠지게 된다는 것이다. 권태롭지 않은 세상이란 인간을 불행이나 고민에 빠지게 하는 세상이기 때문이다. 그래서 그는 더 좋은 세계로 그들을 옮기는 것으로는 인간에게 행운을 누리게 할 수 없으며 행운을 누리게 하려면 반드시 지금의 인간이 아닌 전혀 다른 존재로 송두리째 바꿔야 한다고 단언했다. 또한 쇼펜하우어는 삶이 무한하고 괴로움이 없는 유토피아라면 누구도 무엇 때문에 세계가 존재하며 왜 이 지경이 되었느냐는 의문을 품지 않았을 것이라고 본다. 그런데 이와는 반대로 인간의 삶은 괴로움과 불행이며 죽음 앞에 놓인 존재이므로, 철학적인 사색을 통해 형이상학적으로 세계를 해석하는 운명을 타고난 존재로 규정한다.

182 미덕의 조직 속에는 악덕이 들어가 있다. 마치 약을 조제할 때에 독소가 들어가듯이, 빈틈없는 지혜는 양쪽을 합쳐 적당히 섞어 두었다가, 어려운 처지에 부딪쳤을 때 이것을 잘 사용한다.[131]

---

130 『의지와 표상으로서의 세계』, p. 531.

학창시절에 열심히 시험공부를 했던 기억이 난다. 모든 정신력을 발휘해서 답안을 작성하고 나와서 심호흡을 하는 순간 아쉬움이 남는다. 그런데 아쉬움이란 감정은 시험이 끝나서 생겼을까? 아니다. 돌이켜 보면 나는 시험공부를 하는 도중에 '내가 하는 시험 준비가 완벽한 것은 아니지.'하고 생각하면서 공부를 했었다. 따라서 시험 후에 밀려오는 아쉬움의 감정은 이미 시험 전에 있었던 것인데 시험 후에 생긴 감정이라고 착각했던 것이었다.

살다 보면 아쉬운 기억 하나 쯤은 다들 보듬어 안고 살아간다. 첫사랑과의 헤어짐의 아쉬움, 왜 그때 그런 결정을 했지 하는 아쉬움, 후회, 회한, 미련 등은 인간이기에 갖는 필연적인 감정들이다. 최선의 선택을 했어도 언제나 아쉬움이 남는다. 피할 수 없기에 이것을 운명이라고 한다. 후회 없는 삶을 살았다는 표현에 없다(無)가 들어있는 것에서 후회 없는 삶에는 후회라는 아쉬움이 이미 존재하는 것이다. 그래서 언제나 아쉬움이란 잔여물(찌꺼기)이 남는 법이다.

파르메니데스라는 고대 그리스 철학자가 살던 시대에는 존재동사(be동사, 그리스어로는 einai)에 지금과 같은 be동사의 의미가 다 함축되지 않았다. 현대 영어에서 be동사는 '이다·있다·되다', 부정(is not)은 '아니다'라는 의미를 갖지만 파르메니데스 당시에는 부정(is not)은 없음(無)만을 의미하기 때문에 있는 것은 그저 있을 뿐, 없는 것은 없는 것이 되므로 없음(무)은 불가능했다. 부재(不在)(존재하지만 지금 여

131 『바보예찬·잠언과 성찰·인간성격론』, p. 213.

기에 없다)라는 의미를 몰랐기 때문에 없음(無)은 존재할 수 없는 것으로 폄하되었다.

> "있지(존재하지) 않은 것이 있다(존재한다)는 이것이 결코 입증되지 않게 하라. 아니, 그대는 탐구에 있어서 생각을 이 길에서 멀리 할지라."[132]

그래서 '후회 없는 삶을 살았다'란 표현에 왜 없음(無)이 존재(있음)에 관여하는지 설명이 불가능했다. 없는 것은 무(無)인데 무(無)가 있음(존재)을 근거 짓는 것이라면 존재는 무(無)에 의지하므로 존재라는 진리는 애초에 불가능하게 된다. 후회 없음에서 없음은 '있지(… 이지) 않은 것'(없음)이고 이것은 '있는(… 인) 것'(존재)에 속할 수 없는 것이다. 그런데 '후회 없는 삶을 살았다'에는 '후회 없는 삶을 산 것이다(einai)'처럼 이다(존재)를 덧붙일 수 없는데 붙인다는 점에서 모순이다. 그래서 파르메니데스는 있음을 말하기 위해서도 없음을 써야 한다는 사실에서 없음은 말할 수 없다고 생각한 것이다.

파르메니데스는 존재하지만 지금 여기에 없다(無)라는 부재가 존재(있음)에 관여함을 이해하지 못했던 것이다. 그래서 파르메니데스는 사유와 존재를 동일한 것으로 규정한다. 또한 이러한 파르메니데스의 생각은 소피스테스를 인정하는 역할을 한다. 파르메니데스의

---

132 플라톤 지음, 김태경 옮김, 『소피스테스』「파르메니데스, 토막글 7, 1~2」(파주: 한길사, 2000), p. 135.

주장처럼 있음(존재)만 존재하고 그것만이 참이라면 있지 않음(비존재, 없음, 거짓)도 존재하게 된다. 왜냐하면 없음이 존재하지 않는다는 것은 없는 것이 없다는 것 즉 모든 것이 존재하기 때문이다. 따라서 소피스테스의 거짓 주장도 참이 되는 상대주의를 인정하고 만다. 이러한 난점(아포리아)을 해결하기 위해 플라톤은 비존재(거짓)의 존재를 인정하는데, 바로 거짓이 존재한다는 소피스테스의 상대주의로부터 참(진리)을 구출하기 위해서였다.

> **손님** : 그런데 어쨌든 소피스테스가 아마도 이런 곳으로 피하긴 했지만, 거짓은 전혀 있지 않다고 부정하게 되었다고 우리는 말했네. 왜냐하면 누구든 '있지(… 이지) 않은 것'은 생각할 수도 없고 말할 수도 없는데, 이는 '있지(… 이지) 않은 것'은 결코 어떠한 식으로든 존재ousia에 관여하지 않기 때문이라는 것이었네.[133]

그런데 플라톤이 없음(무, 거짓)을 인정한 것은 있음(존재, 참, 진리)을 정당화하기 위한 것이지 없음(무) 자체를 인정하기 위한 것은 아니었다. 없음(무)은 서양 철학에서 사유 및 언어의 대상이 될 수 없는 것으로 규정되고 망각된다.

없음(무)은 죽음이고 있음(존재)는 삶이므로 죽음은 부정적인 것

---

133 『소피스테스』, p. 207.

곧 가치 없는 것으로 치부된다. 호메로스의 『오뒷세이아』에서 저승을 찾아간 오뒷세우스에게 아킬레우스는 이렇게 말한다.

> '죽음에 대해 내게 그럴싸하게 말하지 마시오, 영광스런 오뒷세우스여! 나는 세상을 떠난 모든 사자〔死者〕들을 통치하느니 차라리 지상에서 머슴이 되어 농토도 없고(490) 재산도 많지 않은 가난한 사람 밑에서 품이라도 팔고 싶소이다.[134]

또한 이것은 서양 존재론과 맞닿아 있다. 왜냐하면 존재론이란 바로 있음에 대한 탐구이고 무(없음)에 대해서는 관심조차 없기 때문이다. 사유는 대상을 가져야 하며 그 대상은 실재적인 것으로 제한된다. 무는 사유될 수 없는 비실재적인 것으로서 언표될 수 없다. 사물과 같은 감각(아이스테시스)적인 존재는 열등하지만 비감각적인 지성(노에시스)적 존재는 탁월하다. 시계와 같은 감각적인 사물은 수명이 다하면 사라지는데 비감각적인 지성(노에시스)은 가장 가치 있는 존재이다. 이러한 지성(노에시스)을 실재(實在, to on)라고 한다. 여기서 실재란 진실(眞實)로 있는(在) 것이란 뜻이다. 따라서 지성(노에시스)이 진짜 존재이고 감각(아이스테시스)은 있으나마나한 존재라고 할 수 있다. 감각은 상(영상, 모상)과 그림자 곧 상상을 말하고 지성 곧 실재는 이데아 또는 형상을 일컫는다.

---

134 『오뒷세이아』, p. 258.

파르메니데스가 없음(無)을 망각한 배경에는 '모든 것은 하나'라는 일자(一者) 실재론(존재론)이 자리하고 있다. 파르메니데스가 보기에 생성과 소멸은 있음(존재)이 아니라 '있지 않음(없음)'이다. 있음(실재)은 영원하고 완전한 일자이고 따라서 생성과 소멸은 존재하지 않는다. 근거로서의 실재(있음)인 일자의 세계에서는 변화가 불가능하다 따라서 생성도 소멸도 구별도 불가능하다. 있는 것은 있는 것이며, 없음이 존재한다는 것은 있다와 없다의 구별이 존재한다는 것인데, 이러한 구별의 차원 즉 변화는 실재일 수 없다.

그런데 모든 것은 하나라는 일자 존재론이 없음을 포함한다고 오해하면 안 된다. 왜냐하면 파르메니데스의 일자는 생성과 소멸과 구별 등을 변화 즉 없음으로 규정하고 이를 배제한 변화 불가능한 일자로서의 있음(존재)만 존재하는 실재론이기 때문이다. 이러한 일자 실재론에서는 나와 너 같은 개체 구별이 존재할 수 없는 것은 당연하다. 그런데 파르메니데스의 일자 실재를 경험에도 적용하면 곤경에 처할 수밖에 없게 된다. 플라톤은 감각기관을 통한 경험 세계와 이성의 빛을 통한 실재 세계와의 간격을 인정함으로써 이러한 곤경에서 벗어났다. 플라톤의 이데아란 경험세계 너머에 존재하는데 이는 파르메니데스의 생성도 소멸도 없는 완벽한 일자(一者)에서 일자를 다자(多者)로 대체하고 이 다자를 사물들의 원형(原形)으로 간주함으로써 가능한 것이었다.

이러한 존재(있음)의 실재론은 칸트에게 그대로 계승된다. 칸트는 구별이 존재하는 것을 현상의 세계, 구별이 존재하지 않는 세계를 물자체의 세계로 구분하기 때문이다. 칸트에게 물자체는 파르메니데스의 '모든 것은 하나'라는 일자와 같다. 현상의 세계가 구별에 의해 존재한다는 것은 무(없음)를 배제하기 때문이다. 없는 것은 구별이고 뭐고 할 게 없다. 따라서 칸트 인식론의 배후에는 파르메니데스의 일자 실재론(존재론)이 똬리를 틀고 있다. 칸트 인식론이 존재론인 것은 이 때문이다. 쇼펜하우어는 칸트의 물자체와 현상을 '의지'로 해석한다.

> 인생은 죽음이라는 종말에 이르기까지 노력과 장해의 충돌이 끊임없이 계속된다. 시간과 모든 사물이 그 속에서, 그것을 통하여 질주하고 소멸되는 사실은 형상으로서의 생존 의지가 물자체(Ding an sich, 사물을 인식하는 주체인 인간의 주관에 나타나는 현상이 아니라, 그 인식의 근원이 되며 인식주관과는 관계없이 독립하여 존재한다고 생각되는 실재. 칸트는 우리의 감각에 표상을 일으키는 것은 물자체이지만, 물자체에 관해서는 알 수 없다고 했다.)로서는 불멸인 반면에 그 의지의 현상인 인간의 노력은 공허하기 짝이 없음을 보여주고 있다.[135]

헤겔은 파르메니데스의 일자에서 배제된 무를 '존재와 무는 동일하다'라고 하면서 포함시킨다. 헤겔은 존재와 무를 정의하거나 규정할 수 없는 낱말이라고 한다. 그래서 모든 사물은 존재하지만 존재

135 쇼펜하우어 지음, 권기철 옮김, 『세상을 보는 지혜』「인생을 생각한다」(서울: 동서문화사, 2007), p. 104.

는 어떤 사물이 아니다. 규정할 수 없고, 사물이 아니라는 의미에서 존재와 무는 동일하다고 말할 수밖에 없다.

이러한 '존재와 무는 동일하다'라는 무구별 사태 이후에 구별이 발생하는데 이 구별의 사태를 헤겔은 현존재라고 한다. 소금이란 현존재는 짠 맛과 흰 빛과 결정형태에 의하여 눈〔雪〕이나 설탕과 구별되는 소금으로 존재한다. 따라서 소금이란 현존재의 구별은 소금으로 존재하는 것을 규정한다. 이렇게 소금이란 현존재의 구별은 존재의 사태가 본질이라는 점에서 헤겔에게서도 무(없음)는 망각된다. 무구별의 무는 구별의 존재를 위해서는 필연적으로 망각될 수밖에 없는 것이다.

구별이 무를 배제하듯이 도덕은 개별적 행동을 배제하고, 양심은 체계적 인식을 배제하고, 아름다운 영혼, 즉 감성에 근거한 양심은 불순한 현실을 임의로 배제한다. 이처럼 사회는 지배세력과 지배로부터 배제된 세력이 존재한다. 헤겔은 도덕(지배) 대(對) 양심과 아름다운 영혼(지배에서 배제된 사람들)이 서로 자신이 특수하다는 사실을 인정하고 상대편을 인정할 때 보편적인 행동이 되어 사회가 유지될 수 있다고 보았다. 그런데 구별(지배)은 무(피지배)를 필연적으로 망각할 수밖에 없다는 점을 헤겔도 잘 알고 있었다. 그래서 상호인정이 지배와 피지배의 무구별이 아니라면 사회적 갈등의 소지는 남아 있다고 할 수 있다.

무구별의 세계는 구별이 없는 세계이고 이것은 달리 말해 아무데도 '없는ou 장소topos'라는 점에서 유토피아이다. 서양 문명의 여명기에 활동했던 시인(詩人) 헤시오도스는 유토피아에 대한 교훈시집인

『일과 날』에서 이렇게 말한다.

그것은 신들과 필멸의 인간들은 한곳에서 생겨났다는 것이오.
올림포스의 집들에 사시는 불사신들께서 맨 처음에 만드신
필멸의 인간 종족은 황금 종족이었소.
이 종족은 크로노스가 하늘에서 왕이었을 때 살았소.
그리고 그들은 신들처럼 살았소, 마음에 아무 걱정 없이,
노고와 곤궁에서 멀리 벗어나, 비참한 노년도 그들을
짓누르지 않았고, 그들은 한결같이 팔팔한 손발로
온갖 재앙에서 벗어나 축제 속에서 즐겁게 살았소.[136]

또한 헤시오도스는 축복받은 인간들이 사후에 가서 편안히 산다는 유토피아를 '축복받은 자들의 섬makaron nesoi', 또는 '엘뤼시온 들판'이라고 불렀고 이곳이 대지의 서쪽 끝 오케아노스 강변에 있다고 생각했다. 모두가 행복하게 죽지 않고 사는 세계가 무구별의 세계이고 이것이 유토피아다. 그런데 죽음이 없다면 산다는 것에서 행복을 느낄 수 없고 누구나 행복하다면 행복을 느낄 수 없다. 구별과는 다른 차원인 무구별을 추구하는 여러 사상들이 있다.

따라서 요점은 '사고(思考)'에 의한 언어의 구별에서 궁극적 실재의 통일성, 곧 일자(一者)라는 기원이 탄생한다는 점이다. 이 일자라

---

136 헤시오도스 지음, 천병희 옮김, 『신들의 계보』「일과 날」(고양: 숲, 2009), p. 106.

는 기원의 존재가 세계를 창조한다. 세계 창조의 기원이므로 세계의 중심이고 지배자이다. 기원으로서의 일자가 창조하기 전에는 아무것도 존재하지 않은 무였다. 이러한 일자 존재에 의해 무였던 것에서 세계(유)가 창조되었다. 아무 것도 존재하지 않는 무에 관해서 서양에서 최초로 사유한 이는 헤시오도스였다. 그에 따르면, 처음에 생긴 것은 카오스Chaos, 즉 텅 빈 공간(空間)이었다. 무엇인가 존재하기 전에는 무(無), 즉 사물들이 그 속에 들어가 싸일 수 있는 텅 빈 공간이 존재했었다. 헤시오도스는 무 다음에 생긴 것이 만물의 "안전한 거처인 넓은 가슴의 가이아(Gaia, 대지)"라고 한다. 여기서 '무로부터의 창조'라는 말이 무엇을 의미하는지 정확하게 이해할 수 있다.

또한 무로부터는 아무것도 창조되지 않는다고 해서 무를 배제한 파르메니데스와는 달리 원자론의 창시자 레우키포스와 그의 제자 데모크리토스는 무 곧 텅 비어 있는 공간에서 원자가 생성된다고 주장했다. 제논은 스승 파르메니데스의 주장을 옹호하기 위해 텅 빈 공간 곧 무가 만물의 창조에 관여한다는 원자론자 레우키포스와 데모크리토스를 반박하기 위해 공간이 텅 빈 무가 아니라 무한히 분할됨을 그 유명한 거북이와 아킬레우스의 경주와 화살과 과녁의 역설을 들어 논증한다. 이처럼 논증으로 상대방의 주장을 논파한다는 점에서 제논을 변증론의 창시자라고 한다.

제논의 역설은 18세기에 무한 논쟁을 촉발했다. 거북이와 아킬레우스 역설의 맹점은 시간의 동시성을 간과했다는 데 있다. 제논의 역설에서는 거북이의 무한 분할 공간에 맞춰진 시간에 아킬레우스의 공간과 시간이 마름질된다. 그러나 이것은 거북이와 아킬레우스

각각이 동시에 존재하는 것이 아니라 거북이의 공간과 시간이 아킬레우스의 공간과 시간의 척도임을 뜻한다. 베르그송은 이 같은 제논의 역설의 맹점을 간파했다. 베르그송은 공간과 마찬가지로 시간 또한 거북이와 아킬레우스 개개에 동시적으로 관여한다고 주장했다. 베르그송은 제논이 시간의 동시성 곧 빨리 달리는 제우스와 느린 거북이의 시간이 각자에게 동시에 지속되는 것임을 알지 못했음을 간파했다. 베르그송은 이 같은 시간의 지속과 동시성을 개념화해서 제논의 역설을 논파하는데 성공했다. 시간의 동시성을 적극적으로 도입한 분야가 바로 영화이다. 현대 영화에서 시간의 동시성은 극적 긴장감을 높이는 편집 기법으로 없어서는 안 되는 수단으로 사용되고 있다.

쇼펜하우어의 사랑의 형이상학에서도 없는 장소로서 무구별의 실재에 대한 열망을 읽을 수 있다. 그는 성교에서 쾌락을 느끼지 못한다면 인류 존속이라는 이상(理想)을 포기하게 되어 살려는 의지가 무의미해진다고 주장한다. 쇼펜하우어의 말을 직접 들어 보자.

> 개체에게 자신의 이해관계로부터 떠나게 할 수는 없으므로 자연은 그 목적을 이루기 위해 환상을 심어주어 개체를 기만할 수밖에 없다. 이때 개체는 이 환상에 미혹되어 사실은 종족에 관한 일인데도 자신의 행복이 되는 것처럼 오인하게 된다.[137]

---

137 『세상을 보는 지혜』「인생을 생각한다」, p. 129.

인류 존속의 유토피아는 개체에게 환상으로 작동할 정도로 집요하게 작용하고 있음을 알 수 있다. 쇼펜하우어는 어떤 정열이나 음욕, 생리적 충동 없이 순수한 사려와 냉정한 의도에서 쾌락을 느끼지 못하고 성교할 사람은 극히 드물다고 단언한다. 여기서 우리는 쇼펜하우어가 성적 쾌락을 왜 사랑의 형이상학이라고 하는지 알 수 있다. 사랑은 인류 존속이라는 형이상학의 근본 원리이기 때문이다. 또한 쇼펜하우어는 사랑의 아름다움이란 유토피아 추구와 같다고 본다. 그래서 남성은 아름다운 이성(異性)을 찾는데, 이것은 바로 아름다운 이성이 종족의 가장 순수하고 고상한 이상적인 형태에 가깝기 때문이라고 쇼펜하우어는 주장한다. 여기서 우리는 여성에게 아름다움(미)을 추구하는 것은 종족 유지라는 유토피아의 추구와 같음을 알 수 있다.

쇼펜하우어는 종족 생명의 유지를 살려는 의지라고 하고 이를 내재적 본성이라고 한다. 따라서 쇼펜하우어는 살려는 의지를 개개의 원리에서 떠난 물자체(物自體)라고 주장한다. 따라서 쇼펜하우어에게 개체가 시간적·공간적으로 어디에 흩어지더라도 영원히 동일하게 존재하는 것인 무구별의 실재는 바로 살려는 의지이다. 쇼펜하우어가 사랑을 형이상학이라고 한 것은 사랑이 근본 실재인 물자체로서의 살려는 의지, 곧 종족 유지에 걸려 있기 때문이다.

살려는 의지는 어디서부터 그것이 규정되는 지 알 수 없다는 점에서 규정되기 전의 도인 상도(常道), 곧 무구별의 도이다. 여기서 우리는 살려는 의지가 무구별의 훌륭한 전범(典範)임을 알 수 있다. 쇼펜하우어의 살려는 의지는 근대의 계몽 이성과 대립되는 실체인 점에서 구별의 사유 체계라는 반론이 제기될 수 있다. 인간이 이성을 부여받은 것도 그 근원을 알 수 없다는 점에서 이성 또한 무구별의 실재이지 않느냐는 반론 말이다. 그런데 이성은 인간의 특질이다. 그런데 살려는 의지는 인간을 포함한 모든 존재자에게 공통된다는 점에서 이성과 다르다. 살려는 의지는 무차별적으로 인간과 다른 존재들 모두 구별 없이 공유한다는 점에서 무차별의 실재라고 하는 것이니 오해 말기 바란다. 쇼펜하우어는 이렇게 말한다.

> 강물은 장애가 없는 한 고요히 흘러간다. 마찬가지로 인간이나 동물의 세계에서도 의지라는 장애물이 없다면, 삶을 의식하지 못하고 생명을 느껴보지도 못한 채 그냥 흘러갈 것이다. 우리가 어떤 것에 주목하고 또 의식하는 것은 우리의 의지가 어떤 장애를 받아 충돌했기 때문이다. 우리는 의지를 방해하는 것, 의지를 가로막거나 대적하는 것, 다시 말해 싫증을 일으키거나 고통을 주는 것은 바로 느낀다. 우리는 건강할 때는 몸에 대해 아무것도 느끼지 못하지만, 구두가 작아 발을 죄어오든가 하면 금방 아픔을 느낀다. 또 자기가 경영하는 사업이 순조롭게 운영될 경우에는 특별한 의식을 갖지 못하지만, 사업이 순탄치 못하면 비록 작은 일일지라도 신경 쓰이게 된다. 다시 말해 평안과 행복은 우리에게 소극적인 역할을 하고 괴로움은 적극적인 역할을 한다.[138]

쇼펜하우어는 동정(同情)을 윤리의 원리로 삼는다. 쇼펜하우어는 자아와 타자의 구별에서 탈피하여 자아와 타자가 구별되지 않고 일체화되는 것을 동정심이라고 본다.

> 동정은 신비롭고 놀라운 것으로, 이성적인 눈으로 보면 인간과 인간 사이에 엄연히 경계가 있으나 동정의 눈으로 보면 이 경계선이 허물어져 나 아닌 남이 참된 의미의 '나'로 간주되며 자발적인 정의와 순수한 자선은 이 동정을 유일하고 진실한 토대로 삼고 있다.[139]

따라서 쇼펜하우어가 추구하는 윤리는 유토피아인 셈이다. 유토피아란 없는 장소이고 자아와 타자의 구별이 없는 곳이기 때문이다. 이로부터 우리는 쇼펜하우어의 동정심이 무구별인 점에서 파르메니데스의 일자, 칸트의 물자체와 공명함을 알 수 있다. 무구별의 일체화의 사랑에 대해 에리히 프롬은 『사랑의 기술』에서 이렇게 적고 있다.

> 합일에 대한 보편적이고 실존적인 욕구를 바탕으로 더욱 특수하고 생물학적인 욕구, 곧 남성과 여성이라는 극(極) 사이에서 합일에 대한 욕구가 일어난다. 이러한 양극성(兩極性)의 사상은

---

138 『세상을 보는 지혜』「인생을 생각한다」, p. 80.

139 『세상을 보는 지혜』「인생을 생각한다」, pp. 193-194.

> 본래 남자와 여자는 한 몸이었으나 두 몸으로 갈라졌고 그때부터 모든 남성은 여성이라는 자신의 잃어버린 반쪽을 찾아 다시 그녀와 결합하려 한다는 신화에 선명하게 표현되어 있다.[140]

에리히 프롬은 일체의 사랑을 이성애(異性愛)로 제한한다. 파르메니데스로부터 시작되는 서양 존재론에서 무를 배제한 것과 마찬가지로 사랑에서도 역시 무의 위상을 갖는 동성애(同性愛)는 배제됨을 알 수 있다. 에리히 프롬은 동성애는 일탈이며 양극화된 결합 성취의 실패로 본다. 이로부터 에리히 프롬은 동성애를 일체화의 결코 해결되지 않는 분리이며 실패로 말미암아 고통을 받는 사랑으로 규정한다는 점에서 서양 존재론의 연장선에서 사랑을 보고 있음을 알 수 있다.

이러한 없음(無)을 배제한 서양 철학을 존재 망각의 역사라고 신랄하게 비판한 철학자가 하이데거이다. 여기서 존재란 죽음(무)을 말한다. 하이데거는 죽음을 망각하고 삶 자체만 존재한다면 그것이 삶인지조차 알 수 없음을 알았다. 서양의 세계관이 애초에 나와 세계를 이분하고 세계를 대상화해서 나의 지배 아래 둘 때 나 자신도 알 수 없는 곤경에 처한다는 것이다. 하이데거는 존재(무·죽음)와 존재자(이데아)의 차이라는 존재론적 차이로 이런 곤경을 해결하려고 했다. 그러나 하이데거가 죽음(무)을 존재로 상정하는 순간 그도 똑같

---

140 『사랑의 기술』, pp. 52-53.

은 곤경을 반복했다는 점이다. 왜냐하면 이제 죽음 대신에 삶이 망각되고 죽음 자체만 존재한다는 것은 결국 죽음(무) 그 자체도 알 수 없음과 다르지 않기 때문이다. 죽음(무)을 구하려다 도리어 죽음(무)을 죽인 격이라 할 수 있다. 하이데거가 새롭게 정립한 존재(죽음)가 바로 파르메니데스가 배제한 없음(無)이다.

"도대체 왜 무(無)가 아니고 존재자인가?"라는 하이데거의 말이 바로 이러한 생각들을 포괄적으로 대변한다. 인간은 이러한 존재 질문을 하는, 곧 세계와 자신이 존재하는 의미를 묻는 유일한 존재자이다. 풀, 나무, 소, 양 등 그 어떤 존재자들도 이런 질문을 하지 않는다. 인간만이 자기 존재에 대해 염려하며, 존재에 대한 질문을 한다.

하이데거는 인간을 '존재하면서 스스로 자신의 존재 자체를 가장 큰 문제로 삼고 있는 존재자'라고 규정했다. 하지만 문제는 정작 그렇게 간절하게 존재의 의미를 묻고 있지만 도대체 그것에 대해 전혀 알 수 없다는 것이다. 중요한 것은, 이때 '알 수 없다'라는 말의 의미는 무지(無智)가 아니라 무의미(無意味)이다. 즉, 자신과 세계가 존재하는 의미가 있지만 그것이 무엇인지 알 수 없다는 뜻이 아니라, 아무리 찾아보아도 그것 자체를 발견하지 못했다는 뜻이다. 존재의 무의미에 대해 스피노자는 이렇게 말한다.

> 스피노자에게 철학은 일상의 삶이 무익하다는 느낌에 대한 지극히 개인적인 경험에서 비롯된다. 그 느낌은 철학의 전통에서 'contemptu mundi', 즉 세속적인 것들에 대한 경멸, 또는 그보다

더 나은 표현인 '바니타스vanitas', 즉 허무라는 유명한 이름을 얻게 된 공허의 감정이다. (…) 스피노자가 기술한 바니타스의 감정은 단지 덧없는 불만족의 느낌이 아니다. 그것은 앞에서 그가 암시한 듯 보이는 성교 후의 기분 저하 같은 느낌이나, 혹은 우리가 늘 원한다고 주장하던 것을 마침내 손에 넣었을 때 흔히 뒤따르는 허탈감 등의 차원을 훨씬 뛰어넘는 것이다. 바니타스는 그것이 도저히 견딜 수 없는 지경이 되었을 때, 다시 말해, 스피노자가 그랬듯이 "치명적인 질병으로 고통 받고 있어서 … 만일 치료를 받지 않으면 죽음이 확실히 예견된다."고 뼈에 사무치게 느낄 때, 비로소 철학의 경지에 이르게 된다. 바니타스는, 절대적 무(無)로 굴러 떨어질지 모를 가능성, 즉 아무런 의미 없이 무의미한 종말을 향해 나아가고 있는 우리 삶과의 비참한 조우이다.[141]

세계를 지배하는 섭리나 이치는 없고 무만 존재한다고 단언한 쇼펜하우어를 연상시키는 대목이다. 세계를 무로 파악한 것은 에피쿠로스에게서도 볼 수 있다. 철저한 유물론의 신봉자인 에피쿠로스는 세계는 원자(原子)들의 우연한 결합일 뿐이라고 믿었다. 따라서 세계는 스토아학파에서 말하는 이성의 원리에 의해 지배받지 않는다. 세계는 계획도 섭리도 없다. 신들이 존재하기는 하지만, 그들 역시 원

---

141 『스피노자는 왜 라이프니츠를 몰래 만났나』, p. 97.

자들의 우연한 결합이므로 인간과 아무런 관계도 없다고 단언하는 에피쿠로스에게 세계는 무라는 태도를 엿볼 수 있다.

지젝은 이러한 하이데거의 무 이해를 신랄하게 비판한다. 하이데거의 무는 파르메니데스의 전통을 이어받고 있다는 것이다. 하이데거가 죽음(무, 존재) 자체를 문제 삼는 것은 자신의 있음(존재)에 대한 관심이고 자신 외의 존재(없음, 무)를 배제한다는 것이다. 하이데거가 죽음(무)을 존재로 상정하는 순간 이제 죽음 대신에 삶(있음)이 망각되고 죽음 자체만 존재한다는 것인데, 이는 결국 죽음(무) 자체도 알 수 없다는 말과 같다. 지젝은 하이데거처럼 무를 이해하지 않는다. 왜 그런지 살펴보자. 지젝은 무(없음)를 극단으로 끌고 간다. 가로등 밑에서 누군가 무엇을 찾고 있다. "물건을 잃어버린 곳이 여깁니까?" 지나가던 사람이 물었다. 그 남자는 고개를 저으며 컴컴한 골목길을 가리켰다.

"그런데 왜 가로등 밑에서 찾고 있나요?"
"거긴 너무 캄캄해서 아무것도 안 보이거든요."

지젝은 셜록 홈즈와 경찰서장의 대화를 인용한다.

"제가 주목해야 할 점이 있습니까?"
"그렇소. 그날 밤 개의 이상한 행동을 놓치지 마시오."
"그날 밤 개는 전혀 짖지 않았는데요."
"그게 바로 이상한 행동이오."

지젝이 이 두 가지 이야기에서 말하려는 것은 무엇인가? '없음'(너무 컴컴해서 아무것도 안 보인다와 개가 전혀 짖지 않았다.)은 아무것도 없음을 의미하지 않으므로 '없는 것이지만 오히려 그것으로부터 어떤 것이 나타난다(있다).'는 것이라고 말한다.

전통적 이분법의 있음 우위에서 무(없음)를 구하기 위해 지젝은 하이데거처럼 무(없음) 자체만 존재한다고 말하지 않는다. 하이데거처럼 있음(존재)을 괄호로 묶고 무 자체만 존재한다면 어떻게 될까? 무 자체만 존재한다면 그것이 무인지 알 수 없다는 문제가 생긴다. 무 자체만 있는데 그것이 무인지 어떻게 알 수 있는가? 어두운 데서 소를 보고 모든 소가 검다고 말할 수 없다. 검은지 흰지 알 수 없기 때문이다. 지젝은 전통적 이분법의 있음 우위에서 없음을 구하기 위해 하이데거처럼 무 자체만이 존재한다고 생각하지 않는다. 지젝은 무(없음)를 구하기 위해 무를 구덩이로 더 밀어 넣지 않는다. 다시 말해 지젝은 목욕물(있음)을 버리려다 아이(무)까지 버리지 않는다.

없음(무)을 구하려다 없음(무)을 버리는 아이러니는 소크라테스에게도 발견된다. 소크라테스는 "행복은 나쁜 것으로부터 벗어나는 것이 아니라 처음부터 아예 나쁜 쪽으로 가지 않는 데 있으니까."[142]라고 말한다. 그러나 『국가』 제1권에서 트라쉬마코스가 정의는 강자의 이익을 보장하는 것이므로 무소불위의 권력을 휘두르는 강자의 불의 자체가 정의라고 했을 때 소크라테스는 도둑질한 물건을 공평하

---

142 『고르기아스』, p. 126.

게 나누어야 뒤탈이 없다는 점을 들어 불의에 정의가 개입한다는 식으로 트라쉬마코스를 논박하는데, 이는 정의가 불의에서 나온다는 것을 말하고 있다. 따라서 행복은 처음부터 아예 나쁜 것을 가지고 있지 않다는 소크라테스의 말은 불의 자체가 정의라는 트리쉬마코스의 말과 정합하지 트리시마코스의 생각과 반대로 불의에는 정의가 개입한다는 소크라테스 자신의 말과는 서로 상충한다는 점이다.

그런데 오해하지 말아야 할 것은 '없는 것이지만 오히려 그것으로부터 어떤 것이 나타난다.'는 지젝의 생각은 선(있음)과 악(무)의 이분법에서 선·악에 대등한 가치가 있음을 뜻하지 않는다. 악은 선의 반면교사로서 존재한다. 마찬가지로 독재나 폭력은 민주라는 가치를 위한 교훈으로 존재하지 그 자체가 가치 있지는 않다는 것이다. 민주가 있으려면 반민주가 있다는 것은 반민주가 민주를 일깨우기 위해서이다. 규정은 부정에서 나온다는 스피노자의 말을 사실 그대로 받아들여야 한다. 정의가 불의에서 나온다는 사실 그대로 말이다.

> 이제 나(장-자크 루소, 1712~78)는 이 지상에 혼자다. 오직 나 자신뿐, 형제도 이웃도 친구도 사회도 없다. 세상에서 가장 친절하고 애정이 넘치는 한 사람이 이렇게 그들에게서 만장일치로 추방되었다.[143]

이 이야기의 요점은 이때 사회의 '없음'(부정성, negative)은 나 혼자 '있음'(긍정성, positive)을 위해 존재한다는 것이다. 사회의 없음(부정성) 자체만 존재한다면 사회의 없음(부정성) 자체가 무엇인지 알 수 없기 때문이다. 역으로 나 혼자 '있음'(긍정성)만 존재한다면 나의 있음(긍정성) 자체가 무엇인지도 알 수 없다. 어두운 데서는 누런 소든 검은 소든 모든 소가 검게 보인다. 이처럼 긍정성이든 부정성이든 그 자체만 존재한다면 그 자체조차 알 수 없고 보이지 않는 암흑일 뿐이다. 사회의 '없음'은 나 혼자 '있음'을 위해 존재한다. 사회의 없음 자체만 존재한다면 사회의 없음 자체가 무엇인지 알 수 없는 것이다. 이것이 지젝이 말하려는 요점이다. 행복만 있다면 그것이 행복인지 알 수 없다. 불행과 고통이 있어야 행복이 무엇인지 알 수 있다.[143]

동양의 세계관은 '생사일여(生死一如)' 곧 삶을 위해서 죽음을 폄하하지 않는 세계관이다. 삶과 죽음은 모두 가치 있는 것이다. 그래서 동양에서는 서양처럼 죽음이 망각됨으로써 삶 자체도 무엇인지 알 수 없게 되는 곤경은 애초에 존재하지 않는다. 죽음은 삶에 속하고 삶 또한 죽음에 속한다. 삶과 죽음은 상입(相入)의 관계다. 죽은 사체가 퇴적된 토양에서 새싹이 자라듯이 죽음은 삶 속에 침투한다. 삶과 죽음은 상호작용하며 유기적 세계를 구성하는 것이다. 삶과 죽음은 서로에게 스스로 그러하게 작용함으로써 조화로운 세계를 창발 한다.

아쉬움이 존재한다는 것은 언어로 표현할 수 없는 무가 존재함을 말한다. 그런데 언어 바깥에서가 아니라 언어와 함께 존재한다. '후회 없는 삶'에서 '없다'가 후회가 있지 않음을 의미하는 것이라고 생

---

143 『고독한 산책자의 몽상』, p. 25.

각한 이는 플라톤이었다. '없다'는 지금 여기에 부재하는 것이지 존재하지 않는 것은 아니라는 것이다. 이런 플라톤의 진리인식론 곧 존재론의 근거가 상기설(想起說, anamnēsis)이다. 플라톤은 『국가』 제10권의 에르Er 신화에서 상기설을 설명하는데 망각의 강(레테, 죽음)에서 잃어버렸던 이데아가 인간의 영혼에 다시 불어 넣어져 상기됨으로써(살게 되면서) 인간은 영원히 이데아를 잊지 않고 간직한다는 것이다. 이것은 14-16세기 서유럽의 문화운동인 르네상스Renaissance에서도 반복된다. 르네상스의 뜻이 학문 또는 예술의 재생(再生)인 점에서 말이다. 이 같은 삶(재생)의 르네상스는 중세를 암흑시대(죽음)로 규정하는 전거에 기초한다. 기독교 문명으로 인해 망각(죽음)된 고대 그리스·로마 문화를 재생(삶)한다는 의미에서 말이다. 이로부터 우리는 서양인들의 존재(삶, 있음)에 대한 집착이 어느 정도였는지 알 수 있다.

이러한 존재(있음)를 중시하는 것을 표상(表象, representation)적 사유라고 한다. 여기서 접두사 re-는 존재하는 것들을 이데아와 같은 유개념으로 묶는 것을 말한다. 따라서 플라톤의 기억 즉 상기는 보편적인 일자(이데아)에 대한 기억이며, 이 기억은 고정불변의 실체(이데아)에 대한 기억이다. 그런데 동굴 신화에서 보듯이 시민 대중들은 동굴 속에 갇힌 죄수처럼 이데아를 인식하지 못하고 벽에 비친 그림자를 실재라고 믿는다. 그림자가 실물의 모방에 불과한 데도 평생 환영만을 보고 살아온 사람은 오감으로 지각하는 것이 이데아의 모방에 불과한 데도 그것을 이데아로 오인한다. 그렇다면 이데아 인식은 어떻게 가능한가? 플라톤은 친구에 대한 사랑philia으로 그것이 가능하다고 한다.

> 어떤 사람은 황금을, 그리고 또 다른 사람은 명예를 얻기를 바라니 하는 말이네만, 나로서는 이런 것들에는 담담하지만, 친구들을 소유하는 데는 아주 연연(戀戀)해 하네. 그리고 나는 인간 세상에서 가장 좋은 메추라기나 수탉보다도, 또 나로서는, 제우스신께 맹세코, 말과 개보다도 오히려 훌륭한 친구가 내게 생기기를 원한다네. 그리고 내 생각에, 개에 맹세코, 나는 다레이오스의 황금보다 훨씬 우선하여 동료를, 그리고 다레이오스 자신보다도 오히려 동료를, 얻는 쪽을 택할 것이네. 그 정도로 나는 동료를 사랑하는 사람이라네.[144]

철학philosophy은 지혜sophia에 대한 사랑philia을 뜻한다. 여기서 요점은 이미 지혜로운 자나 완전히 무지한 자는 지혜를 사랑하는 데서 배제된다는 점이다. 무지하지만 완전히 무지하지 않은 자 곧 미망에 빠진 자만이 지혜를 사랑할 수 있기 때문이다.

> 바로 이런 것들 때문에 우리는 또한, 신이건 인간이건 이미 지혜로운 자들이 더 이상 지혜를 사랑하지 않는다고 말할 수 있을 것이고, 그런가 하면 나쁜 자들이 될 정도로 무지를 가진 자

144 플라톤 지음, 강철웅 옮김, 『뤼시스』(서울: 이제이북스, 2007), p. 67.

> 들 역시 지혜를 사랑하지 않는다고 말할 수 있을 것이네. 나쁘고 무식한 그 누구도 지혜를 사랑하지 않으니까 말일세. 그렇다면 이제 이런 나쁜 것 즉 무지를 가지고는 있지만 아직은 그것으로 인해 분별없거나 무식하게 되지는 않고, 다만 자기들이 알지 못하는 것들이 무엇이든 그것들을 알지 못한다고 여전히 생각하는 자들이 남아 있네. 그러니까 바로 그 때문에, 아직 훌륭하지도 나쁘지도 않은 자들이 지혜를 사랑하는 것이네. 반면에 나쁜 자들은 지혜를 사랑하지 않으며, 훌륭한 자들도 마찬가지네.[145]

무엇이 나쁘고 훌륭한 것인지도 구분하지 못하고 미망에 빠져 있는 친구에게 언제든 나쁜 것이 올 수 있다. 동굴의 환영을 진리로 오인하는 친구를 지성의 세계로 이끄는 것은 바로 친구의 헌신적인 사랑이다. 여기서 말하는 사랑은 애욕(에로스)을 넘어 우애(필리아)로 상승한 사랑이다. 따라서 우리는 미망에 빠진 친구를 곤경에서 구해내 함께 이데아 곧 지혜의 삶을 도모하려는 것이 우애임을 잊지 말아야 한다.

> 어떻게든 할 수만 있다면 내가[소크라테스] 자네를[칼리클레스] 설득해서 탐욕스럽고 무절제한 삶 대신에 절도 있는 삶, 언제나 곁에 있는 것들로 충분하고 흡족한 삶을 선택하기로 마음을 바

145 『뤼시스』, p. 82.

꿀 수 있도록 말이네. 그런데 절도 있는 자들이 무절제한 자들보다 더 행복하다고 믿기로 마음을 바꾸도록 내가 자네를 조금이라도 설득한 건가? 아니면 이런 종류의 다른 이야기들을 많이 해도 여전히 마음을 조금도 바꾸지 않을 텐가?[146]

진리(이데아)는 영원하며, 그 근거는 영혼의 불사성이다. 그런데 저승에 간 영혼이 이승의 기억을 간직한다면 낭패가 발생한다. 따라서 죽은 자의 영혼이 레테(망각)의 강물을 마시고 이승에서의 기억을 잊고 다시 태어나면서 잃어버린 진리(이데아)를 인식할 수 있는 근거가 바로 영혼의 불사성이다. 진리(알레테이아, alētheia)는 a-(비非)와 lēthē(망각)의 합성어이다. 글자 그대로 옮기면 '비망각의 상태'로서, 즉 '진리'란 '잊지 않은 상태'라는 것이다. 따라서 진리인식은 우리의 인식 주관이 망각상태에서 벗어나면서 비로소 가능하다. 플라톤은 『국가』 제10권에 기술된 에르(Er) 신화를 통해 진리인식이 상기anamnēsis설과 연관되어 있음을 시사하고 있다. 그래서 죽음의 망각으로부터 벗어나 다시 영혼에 각인되어 인식된다는 플라톤의 진리관은 영혼의 불사성이란 확고한 보증에 의해 정초된다고 할 수 있다.

다른 혼들도 통과한 뒤에, 그들 모두는 무섭도록 이글거리며 숨 막히게 하는 무더위를 뚫고 '망각Lēthē의 평야'로 나아갔다네.

---

146 『고르기아스』, pp. 152-153.

이곳은 나무도 없고 땅에서 자라는 것이라곤 아무것도 없는 곳이기 때문이었다네. 그런데 이미 저녁도 되고 해서, 그들은 '무심(無心)의 강' 옆에서 야영을 하게 되었는데, 이 냇물은 어떤 그릇으로도 담을 수가 없는 것이라네. 그래서 이 물은 모두 어느 정도는 마시기 마련이지만, 분별의 도움을 받지 못한 자들은 정도 이상으로 마시게 된다네. 일단 이를 마신 자는 모든 걸 잊어버리게 된다는군. 그러나 그들이 잠이 들고 밤중이 되었을 때, 천둥과 지진이 일더니, 갑자기 그들이 이곳으로부터 저마다 뿔뿔이 제 출생을 향해 마치 유성처럼 위로 이동해 가더군.[147]

아리스토텔레스는 인간은 이성적인 동물이라고 규정했다. 이때 '이성적인'을 인간과 다른 동물을 구분하는 종차(種差)라고 한다. 그런데 '이성적인'은 인간의 우열을 평가하는 척도로 사용된다. 이성을 가진 자와 그렇지 않은 자를 구분해 줄 세우려는 의도가 숨어 있는 것이다. 그래서 이성은 동일자로 기능한다. 이성은 존재하는 것 중에서 가장 최고의 존재(있음)가 된다. 그러므로 이성의 능력을 소유한 자들은 같은 유(類)에 속한다. 아리스토텔레스가 유(類)의 범주를 가장 중요하게 여긴 것은 바로 그렇기 때문이다. 동일자란 이성을 갖춘 인간만이 동일한 부류(類)를 형성한다. 따라서 이성을 갖추지 못한 노예, 부녀자, 어린이, 이방인 등은 동일자의 유(類)에서 배제

---

147 『국가·정체(政體)』, pp. 666-667.

된다.

'아쉬움이 남는다.'에서 아쉬움이 바로 존재(동일자)에서 배제된 타자(無), 언어로 표현할 수밖에 없으므로 '아쉬움이 남는다.'고 표현하는 바로 그것이다. 남는다는 잔여가 바로 무이다. 그러므로 우리는 무와 함께 살고 있다. 우리는 무와 함께 세상에 내던져진 존재다.

니체는 『즐거운 학문』에서 소크라테스가 독배를 마시기 전 크리톤에게 유언으로 한 『파이돈』 속의 말을 다음과 같이 해석한다.

> "오 크리톤, 나는 아스클레피오스에게 닭 한 마리를 갚아야 하네!" 이 우스꽝스럽고 두려운 "마지막 말"은 귀가 있는 사람에게는 이런 말로 들린다. "오 크리톤, 인생은 질병이네!" 이것은 얼마든지 가능한 일이다! 항상 쾌활하고 그 누가 보아도 군인처럼 살았던 그가 실은-염세주의자였던 것이다! 그는 삶에 대해 좋은 표정을 짓고 있었지만, 일생 동안 그의 궁극적 판단, 그의 가장 내밀한 감정을 숨기고 있었던 것이다! 소크라테스, 그는 삶에서 고통을 받았던 것이다!"[148]

삶이 염세주의라는 것은 죽는 순간까지 삶을 충족이 아니라 결핍으로 보았기 때문이다. 삶을 긍정하지 않고 부정하기에 염세주의다. 쇼펜하우어는 인간이 죽지 않고 영원히 산다 해도 적막하고 단조로

---

148 니체 지음, 안성찬 옮김, 『니체 전집 12: 즐거운 학문』(서울: 책세상, 2005) p. 314.

운 삶에 염증을 느껴, 거기서 벗어나기 위해 스스로 목숨을 끊고 허무를 택할 것이라는 극단적 염세주의를 주장했다. 아무리 충족된 삶을 살아도 아쉬움이 남을 수밖에 없다. 이처럼 삶이 회한과 후회일 수밖에 없기에 니체는 "인생은 질병이네!" 라고 말한다. 그래서 니체는 소크라테스도 자기처럼 인생을 질병으로 보았기 때문에 "오 크리톤, 나는 아스클레피오스에게 닭 한 마리를 갚아야 하네!"[149]라는 말을 했다고 본다.

이는 달리 말해 닭 한 마리 값을 갚지 않으면 죽어서도 소크라테스를 괴롭힌다는 것인데, 이는 의식으로 살아가는 이 세상이 빈약하고, 하찮고, 비속한 사고와 걱정만 있는 혐오를 불러오는 허무한 삶임을 의미한다. 버트란트 러셀은 이러한 염세주의에 반기를 든다.

> 나는 나의 인생을 살고, 나의 아들, 딸은 나의 뒤를 이어 자신들의 인생을 살고, 그들의 자손들은 또 뒤를 이어 살아간다. 이런 과정을 비극으로 여길 만한 이유가 있는가?

---

149 물론 다른 해석도 있다. '우리가 닭 한 마리를 빚지고 있다opheilomen'는 말은 아스크레피오스 의신(醫神)께 '우리가 닭 한 마리를 바쳐야 한다.'는 뜻이다. 이 신에게 닭을 바친다는 것은 일종의 종교적 관습이라는 해석이다. 목욕재계도 한 터에 이제 그도 죽음이라는 깊은 잠에 빠져들고 있다. 그런데 미처 닭을 그 신께 바치지 못한 것이 마지막으로 그의 뇌리를 스친 것이다. 어쨌든 그도 관습을 잘 지킨 사람이라는 것은 분명하다(『플라톤의 네 대화편: 파이돈』, p. 460, 주석 456 참조). 아스클레피오스는 텟살리아의 트리케와 이토메를 통치하는 마카온과 포달레이리오스의 아버지로, 명의(名醫)일뿐 신은 아니다. 그러나 후기 신화에서 그는 아폴론과 코로니스Koronis의 아들로 의술의 신이다(『일리아스』 제11권 주석 6 참조).

반대로 인간이 영원히 사는 존재라면 삶의 기쁨은 어쩔 수 없이 그 향기를 잃게 될 것이다. 하지만 인간은 영원히 살 수 없는 존재이기 때문에 삶의 기쁨은 언제까지나 신선함을 지닐 수 있다.[150]

사르트르도 인간의 실존을 (허)무로 파악했다. 도대체 내가 여기 있다는 것이 무슨 근거가 있는가? 『구토』의 주인공 앙투안 로캉탱은 나무를 붙잡고 구토한다. 나무와 인간인 나는 근거가 없다(無)는 점에서 동일하다. 이 어찌할 수 없는 운명을 깨달은 나는 역겨움에 구토한다. 나라는 존재는 아무런 근거 없이(無) 여기에 있다는 것만이 사실이라는 의미에서 실존(참된 나)이다. 로캉탱의 숱한 구토가 상징하듯, 우리의 삶에는 아무런 의미가 없다. 여기서 아무런 의미가 없다는 것은 세상을 지배하는 원리로서의 섭리나 본질 같은 것은 없다는 의미이다. "실존은 본질에 앞선다."는 유명한 사르트르의 명제는 바로 이것을 말한다. 본질에 따라서 사는 것은 내가 선택한 삶이 아니라 어디까지나 그저 주어진 대로 본질(의미)에 따라 사는 삶이다. 중세에는 신의 섭리에 따라 신이 결정하면 거기에 따라 살면 되었다. 따라서 삶은 필연이다. 운명이 정해준 대로 순응하며 살면 된다.

야스퍼스, 하이데거, 사르트르, 카뮈 등 소위 실존주의자들은 삶에는 섭리나 운명 즉 본질(의미)처럼 인간의 삶에 의미를 부여하는

---

150 『행복의 정복』, pp. 35-36.

것이 없다(무의미)고 주장한다. 그래서 실존주의자들의 사유들을 종합해보면, 우리의 삶은 무의미하기 때문에 '오히려' 의미가 있다는 것이다. 삶에는 고정된 의미로서 본질(신의 섭리 같은 것)이 삶을 결정하지 않고 그것이 없기(무) 때문에 우리가 스스로 그 의미를 만들 수 있는 자유가 주어진다는 것이다.

또한 우리는 우주의 질서와 신의 섭리를 주장한 스토아학파의 자유에 대해 논의해 볼 수 있다. 이것은 매우 중요하다. 스토아학파에서 말하는 운명애는 우주의 질서와 신의 섭리에 수동적으로 복종하라는 것이 아니다. 스토아학파에게는 우주의 질서나 신의 섭리가 있지만 그러한 필연에 따라 운명이 이미 결정되어 있기 때문에 체념하고 살라는 것이 아니다. 열심히 사는 것도 운명에 포함되어 있으니 최선을 다해서 살아야 한다는 적극적 삶의 자세가 스토아학파의 운명애이다.

> 자연은 우리에게 인심 좋게 그렇게 풍부한 시간을 준 것은 아니라네. 그러므로 우리에게는 그 일부나마 낭비할 여유가 없다네. 게다가 보게나, 매우 부지런한 사람들조차 얼마나 많은 시간을 헛되이 잃어버리고 있는지. 어떤 시간은 사람들 자신의 질병이 빼앗아가고, 어떤 시간은 가족의 질병이 빼앗아가네. 어떤 시간은 피할 수 없는 일이, 어떤 시간은 공적인 일이 빼앗아가네. 또 수면은 일생의 시간을 우리와 함께 나누고 있네. 이토록 짧고 재빠른 시간이 당장 우리를 납치해 가는데도, 그 대부분을 헛된

일에 소비한다면 어떻게 되겠나?[151]

실존주의에서 말하는 자유처럼 스토아학파도 자유를 가지고 본질(섭리)에 동의하며 스스로 선택한다는 점을 강조한다. 섭리라는 정해진 의미만을 좇아서 사는 것이 아니라 자기의 삶을 매순간 선택함으로써 자신을 스스로 만들어 간다는 것이다. 달리 말해 스토아학파는 고정된 의미로서 섭리를 말했지만 고정된 의미(섭리)에 단지 복종하는 것이 아니라 능동적으로 결단하고, 선택하고, 동의하는 한에서의 섭리(본질)라는 점이다. 이러한 스토아학파의 죽음관은 분명히 소크라테스로부터 영향을 받은 것으로 보인다. 소크라테스는 말한다.

우리 가운데서도 죽는 것을 나쁜 것으로 생각하는 분들은 옳게 이해하고 있는 게 아닌 것 같습니다.[152]

그러므로 만약에 죽음thanatos이 그런 것이라면, 저로서는 그것을 이득이라 말하겠습니다. 왜냐하면 모든 시간이란 것도 바로 이처럼 하룻밤보다 전혀 더 길 것이 없는 것 같아 보이기 때문입니다. 그러나 다시, 죽음이라는 것이 이곳에서 다른 곳으로 떠나

151 『세네카 인생론』, p. 636.

152 플라톤 지음, 박종현 옮김, 『플라톤의 네 대화편 』「소크라테스의 변론」(파주: 서광사, 2003)40b-c, p. 182.

> 가는 것과 같은 것이라면, 그리고 전해 오는 말이, 즉 죽은 자들이 그래서 모두 거기에 있다는 것이 사실이라면, 재판관 여러분, 이보다 더 크게 좋은 것이 무엇이 있겠습니까?[153]

이와 더불어 스토아학파가 말한 죽음도 다시 생각해 봐야 한다. 스토아학파는 삶이 고통이므로 체념하면서 차라리 죽는 것이 더 낫다고 말하지 않았다. 스토아학파가 삶보다 죽음을 선호한 것은 맞지만, 어차피 죽음을 벗어날 수 없는 필연적 운명이라면 고통스럽게 자기 앞에 펼쳐진 삶을 최선을 다해 극복해서 살라는 것이다. 사는 것이 고통이므로 체념해서 포기하라는 말이 결코 아니다. 죽음이 배수진을 치고 있는 삶이라면 이미 죽음이란 필연을 벗어날 수 없다. 그렇다면 이 고통스러운 운명을 피하지 말고 죽을 각오로 열심히 살아야 한다는 것이다. 죽기 밖에 더하겠냐는 각오로 정신력을 발휘해 대담하게 죽음에 맞서 당당하게 싸우라는 것이다. 따라서 죽음 앞에 대면한 삶에는 역설적으로 더 열심히 살아야 하는 이유가 생긴다. 죽음 앞에서 역설적으로 왜 삶에 감사해야 하는지 질문할 필요가 바로 여기에 있다.

이런 점에서 스토아학파는 삶을 부정(고통)하지 않고 어떤 학파보다도 더 긍정했다고 할 수 있다. 죽음이란 부정은 삶이란 긍정을 위한 것이지 죽음이란 부정 자체를 위한 것이 아니다. 죽음(부정)은 죽

---

153 『플라톤의 네 대화편』「소크라테스의 변론」40e, pp. 183-184.

음의 역설인 삶을 위해 필요한 것이다. 그래서 주어진 운명을 극복하기 위해 역설적으로 더 열심히 살아야 하는 것도 운명에 속한다. 따라서 스토아학파를 역설의 철학이라고 하는 것이다. 만약 친구를 죽음으로 잃었다면, 친구를 잃은 것을 탄식하기보다는, 역설적으로 그를 벗으로 두었었다는 점에 감사해야 한다. 세네카는 말한다.

> 나는 신께 복종하는 것이 아니라 동의한다, 하는 수 없기 때문이 아니라, 진심으로 승복하고 신을 따른다. 이 몸에 무슨 일이 일어나든 결로 비관하거나 싫은 얼굴을 하지 않고 받아들이리라.[154]

사르트르는 자유를 '저주받은 자유'라고 규정했지만, 자유가 없는 삶은 상상할 수도 없다. 실존주의 이후에 나타난 구조주의는 자유를 괄호에 넣었다. 우리의 삶은 자유가 없다는 것이다. 구조가 의미를 생산하기 때문에 그것만을 좇아서 살아야 한다. 따라서 우리는 더 이상 자유롭지도 않고 자신을 스스로 만들어갈 수도 없다는 것이다. 그러나 구조주의가 폐기 처분한 자유가 다시 회귀하고 있다. 구조주의가 본질이라고 부른 고정된 의미를 부정한 실존주의가 자유라는 본질로 환원했다고 말하지만 구조주의도 구조결정론의 입장을 취한다는 비판에서 자유롭지 못하다.

---

154 『세네카 인생론』, p. 585.

그러나 이러한 철학적 논쟁보다 우선하는 것은 자기 삶을 매순간 선택함으로써 자신을 스스로 만들어 간다는 사실이다. 이것은 실존(자유 결정론)이든 구조(섭리 결정론의 스토아학파)든 양자가 공유하는 토대이다. 이것보다 앞선 것은 있을 수 없다. 그래서 카뮈는 자신의 삶이 무의미하다는 것을 알고 자신을 스스로 만들어 가야 하는 '아찔한' 순간을 오히려 자신의 삶을 매순간 선택해야 하는 '위대한 의식의 순간'이라고 이름 붙인 것이다.

그러나 우리는 실존주의로부터 더 나가야 한다. 실존주의가 이해한 무 즉 나의 실존의 근거 없음(無)은 나의 안위를 걱정하는 무이기 때문이다. 아쉬움이 남는다는 의미는 자기 자신의 실존적 안위만을 걱정하는 것도 모자라서 남는 아쉬움이 아니라 타자의 안위까지 걱정하지 못해 아쉬움이 남아야 한다.

이로부터 우리는 자기 돌봄이 무슨 뜻인지 확실히 알 수 있다. 자기 돌봄은 자신의 안위만을 걱정하는 것이 아니다. 타인에게 잘 보여 자신의 안위만을 생각할 때, 타인은 자기의 이익을 얻기 위한 유용한 수단에 불과하다. 이때 자신과 타인은 서로 자기 이익을 위해 상대방을 유용한 도구로 삼으려 한다는 점에서 동일한 목적을 가지고 있다고 할 수 있다.

> 우리는 남들의 견해를 중요시하고, 자기에 대한 남들의 평가는 중요하게 생각한다. 자신의 의식 속에 나타나 직접 자기를 위해 존재하는 것보다도 남들의 견해가 자기에게 더욱 중요한 역할을 한다고 여기기 때문에 자연적인 질서가 뒤집어진다. 자기에게 남

의 견해가 자기 존재의 현실적인 한 부분이며 자기 자신의 것이 단지 관념적인 부분에 불과한 것으로 간주한다면, 다시 말해서 그들의 파생적인 것, 즉 부차적인 것을 중요시하여 남의 머릿속에 있는 자기 본체의 그림자에게 본체보다도 더 관심을 쏟는다면, 다시 말해 우리에게 직접적으로는 존재하지 않는 것을 이처럼 존중한다면, 이것이야말로 그 노력과 내용의 허망함을 표시하기 위해 말하는 어리석은 허영심이라고 하겠다.[155]

여기서 말한 자기 돌봄이란 이렇게 타인을 유용한 수단으로 삼아 자기의 이익을 도모하려는 것이 아니다. 그래서 우리가 말하는 자기 돌봄이란 자신의 안위보다 타자의 안위를 먼저 걱정하는 것이라고 할 수 있다.

어떻게 살든 아쉬움이 남을 수밖에 없는 삶이라면, 타자의 안위까지 걱정하지 못해 아쉬움이 남는다는 선택이 아쉬움의 폭을 좁히는 삶이지 않을까?

---

155 『삶의 예지』, p. 262.

내가 자신의 위로로 삼은 것을 이제부터 얘기하고자 하는데, 그 전에 먼저, 그것이 내 마음을 진정시키는 데 참으로 효과가 있었다는 것을 말해두겠네. 훌륭한 위안은 치료가 되고, 무엇이든 영혼을 분발시키는 것은 몸에도 도움이 된다네. 나에게는 학문이 구원이 되어주었네. 철학의 은혜를 입고 몸을 회복하여 기운을 되찾았지. 철학은 생명의 은인이었고, 게다가 그것이 가장 작은 은의(恩義)였다네.

—『세네카 인생론』, p. 518.

제6장
앎을 위해 스스로 고행을 자처한 철학자들로부터 받은 위안

엄살 피우지 말고 기꺼이 고행하라

나는 호메로스의 『오뒷세이아』에서 오뒷세우스가 트로이 전쟁 후 고향인 이타케로 귀향하기 위해 10년 동안 거친 항해와 비슷한 경험을 했다. 그것은 처음에는 수 년 간 죽음의 문제를 찾아 떠난 항해였다.

그리고 어느 순간 나도 모르게 항로를 바꿔 앎의 문제로 항해하고 있음을 알게 되었다.

> 저라면 마음의 고통을 속이고 얼버무리기보다 끝내는 쪽을 택하겠습니다. 그러므로 불운에서 달아나고자 하는 모든 사람에게 피난처가 되는 곳, 즉 자유인에 어울리는 학문으로 당신을 이

끌려고 합니다. 그것은 당신의 상처를 치유해줄 것입니다. 당신한테서 비애를 모조리 없애줄 것입니다. 학문은 설령 당신이 지금까지 한 번도 가까이 한 적이 없다 해도, 지금이야말로 거기에 의지해야 합니다.[156]

최초 항로가 급박한 죽음의 문제인 주관적이고 실존적인 나를 찾아 떠난 길이었다면 앎을 찾아 떠나는 항로는 공부를 심화하여 나를 객관화하는 항해라고 할 수 있다.

세 번째 것으로서 책과의 교제는 훨씬 더 확실하며 더 한층 우리의 차지이다. 이것은 다른 장점에서는 먼저 것들만 못하다. 그러나 그것은 제 몫으로 언제나 꾸준하며, 그 봉사를 얻기 쉽다는 장점이 있다. 이것은 언제나 내가 가는 곳에 있으며 어디서나 나를 도와준다. 그것은 노년기에, 그리고 외롭고 쓸쓸함 속에서 나를 위로해 준다. 그것은 내가 한가로울 때 권태의 무게를 덜어 준다. 그리고 어느 시간에라도 내게서 귀찮은 동무들을 떼어 준다. 또 내 번민이 극도로 심하지 않을 때에는 고통을 덜어 준다. 불쾌한 생각을 덜어 보려면 책의 도움을 청하기만 하면 된다. 책은 쉽사리 그런 생각을 흩어 주며 빼앗아 간다. 그렇지만 서적들은 그보다 더 실제적이고 생생한 자연의 쾌락인 이런 다른 편

---

156 『세네카 인생론』「헬비아에게 보내는 위로의 편지」, p. 332.

익을 얻지 못하는 때에만 그들을 찾는 것을 보고도 불평을 하지 않고 늘 같은 얼굴로 나를 맞이해 준다.[157]

이제 어느 정도 아버지와 동생의 죽음의 문제를 나 자신이 통제할 수 있었다. 그래서 나는 앎을 위해 스스로 고행을 자처한 인문 멘토들의 조언을 듣고 나를 찾아 떠나는 여행을 하고 있다. 이런 나에게 길을 밝혀준 등불 같은 멘토가 바로 데카르트였다.

그러나 니체의 말처럼 믿음은 편안하지만, 진리는 불편하다. "극도로 혐오스럽고 추할 수 있는 것"이 진리이기 때문이다. 그래서 많은 사람들은 불편한 진리 앞에서 눈을 돌려 편한 대로 믿으려 한다. 니체는 진리의 진실성을 끝까지 몰고 갔기 때문에 위대했다.

나는 인문학 공부에 매진하려 한다. 처음에 죽음의 문제에 대면해서 시작한 공부지만 지금은 앎의 문제에 도전하기 위해 공부한다. 나는 10년여 동안 인문학을 공부해 오고 있다. 앎은 시간이 걸린다. 아직 미숙하지만 인문학 공부를 하면서 깨달은 교훈은 앎에는 시간이 걸린다는 점이다. 아직 내 글은 미숙하다. 글을 쓰면서 느낀다. 그러나 10년 전에 쓴 글하고 지금 쓴 글을 비교해 보면 많은 차이가 있다. 장맛이 그냥 우러나는 것이 아니듯 글도 시간을 품는다. 어디 글뿐이랴.

라캉을 보면 알 수 있다. 청년기에는 거울단계 이론을 세우고 스

---

157 『수상록』 나는 무엇을 아는가 판, p. 949.

스로 만족했다. 라캉은 고집이 대단한 사람이었다. 그런데 그는 자기비판을 앎의 원칙으로 철저하게 고수했다. 자신의 사상을 스스로 부정하는 과정을 일생을 거쳐 계속했다. 처음에는 상상계를 중시했다. 그리고 자기비판을 통해 상징계에 천착한다. 그리고 실재계를 내세운다. 이러한 앎의 변화는 시대 조류를 반영했다는 비판을 받기도 한다. 그러나 자신의 이론에 매몰되기보다는 타자의 이론을 수용하여 받아들이는 자세야 말로 앎의 올바른 태도라고 할 수 있다.

들뢰즈는 개념을 창조하는 것이 철학이라고 했다. 그런데 개념을 창조한다는 것이 말처럼 쉬운 일이 아니다. 왜냐하면 개념을 창조하는 것은 기존 개념을 허물고 새로운 것을 창안하는 것이기 때문이다. 들뢰즈는 평생을 데카르트의 '주체' 개념을 깨뜨리는데 몰두했다. 주체라는 개념은 그야말로 철옹성과 같았다. 수백 년 동안 유지되어 온 주체 개념은 철학자는 물론 일반인도 일반명사로 사용하는 개념이다. 이런 개념에 도전하여 새로운 개념을 창조한다고 생각해 보라. 그게 보통 어려운 일이 아님을 알 수 있을 것이다.

들뢰즈의 기계 개념은 이런 배경에서 탄생했다. 주체를 허물고 기계로 대체하겠다는 들뢰즈는 아파트에서 투신해서 불꽃처럼 죽었다. 신체 없는 기관 즉 주체란 사지의 온전함 대신 인간의 몸이 부분 기계로 절단되어 사지가 사방에 널려 있다는 그의 사상을 몸소 실천하기 위해 그는 자기 몸을 스스로 허공에 내던져야 했던 것은 아닐까? 하염없이 눈물이 흐른다. 이런 점에서 들뢰즈는 소크라테스와 많이 닮아 보인다.

'너 자신을 알라'는 자기 자신에 충실해서 살라는 준엄한 명령이다

소크라테스는 자신의 앎을 지키기 위해 죽음도 불사하지 않았던가. 소크라테스는 청년들을 타락시켜 올림포스 신들을 숭배하지 말라고 가르친다는 불경죄로 고발당했다. 소크라테스는 자신이 알고 있는 앎이 국가의 안녕과 질서에 상충된다는 죄목, 오늘날로 말하면 사상범으로 몰려 체포된 것이다.

소크라테스가 아고라에서 청년들에게 설파한 사상은 "그대들의 지각없음과 어리석음, 규칙에 따라 살아가는 것, 주변 사람들의 견해에 복종하는 것이 그대들이 좀처럼 행복하지 못한 이유이다. 우리들 사상가들은 사상가이기 때문에 가장 행복한 사람들이다." 같은 것이었다. 그런데 이러한 가르침의 방법이 자신의 무지를 스스로 깨닫게 하는 논박(엘렌쿠스)이었다. 소크라테스가 가르친 것은 자신이 무지함을 모르면서 안다고 하는 것을 문답을 통해 스스로 무지함을 깨닫고 알게 하는 것이었다.

> 반면에 제가 사람에게 있어서 가장 좋은 것(最大善, megiston agathon)이기도 한 것은 이것이라고, 즉 사람의 훌륭한 상태(훌륭함, 덕, aretē)에 관해서 그리고 그 밖의 것들로서, 제가 대화를 하며 제 자신은 물론 다른 사람들을 캐물어 들어가는 중에 여러분께서 들으시는 것들에 관해서 날마다 논의를 하는 것이라고, 그러니 캐묻지 않은 삶은 사람에게는 살 가치가 없는 것이라고 말하

면, 이런 말을 하는 저에 대해서 여러분께서는 더더욱 납득하지 못할 것입니다.[158]

청년들이 소크라테스 자신의 가르침을 받아들인다면 너무 많은 고통을 느끼게 될 것이다. 소크라테스의 사고방식은 전투적 혼을, 아픔을 주려 하는 것을, 거부의 기쁨을, 견고한 피부를 요구하기 때문이다. 따라서 소크라테스의 앎의 방법을 별 내용이 없다고 생각하면 그야말로 큰 코 다친다.

"너 자신을 알라"라는 말에는 자신의 생명을 걸고 추구해야 할 앎의 지도리가 똬리를 틀고 숨어있기 때문이다. 이런 점에서 소크라테스의 사상은 위에서 말한 것처럼 형식적으로는 별 내용이 없는 것처럼 보이지만 실제로는 전혀 그렇지 않음을 알 수 있다.

옛날에 델포이에 있던 신이 우리에게 "그대 속을 보라. 그대를 알아보라. 그대 자신을 믿으라. 다른 데 가서 소모되는 그대의 정신과 의지를 그 자체에로 돌려 오라. 그대는 흘러나간다. 그대는 흩어져 간다. 그대를 집중시켜라. 그대 자신에 버텨라. 사람들은 그대를 배반하고, 그대를 낭비하고, 그대를 그대로부터 훔쳐 낸다. 그대는 이 세상이 그 온 시야를 안으로 오므리며, 눈은 그 관찰을 위해 열려져 있는 것을 보지 않는가? 그대를 위해서

158 『플라톤의 네 대화편』「소크라테스의 변론」38a, pp. 175-176.

는 안이나 밖이나 늘 허영이다. 그러나 시야를 덜 펼치면 허영이 덜하다. '그대밖에는, 오 인간이여, 사물 하나하나가 그 자체를 맨 먼저 연구한다. 그리고 자기 필요에 따라서 그의 일과 욕망에 한계를 두고 있다'고 이 신은 말하였다. 우주를 포섭한다는 그대보다 더 궁하고 더 빈 사물은 하나도 없다. 그대는 지식 없는 수집자이다. 권한 없는 관리이며, 결국은 희극 속의 떠버리이다"라고 한 말은 모순된 명령이었다.[159]

이러한 소크라테스의 앎의 문제를 심화시켜 보자. 헤겔은 『대논리학』「반성」장에서 타인으로의 시선에 대해 말한다.

3. 인간이 표상(表象, 의식 내용)하는 것, 즉 자기가 남의 표상 속에 나타나는 것, 다시 말해서 본래 자기는 남에게 어떻게 보이느냐 하는 것이다. 따라서 이것은 타인이 본 자기에 대한 견해 속에 이루어지며, 명예와 지위 및 명성 등이 포함된다.[160]

반성이란 반영을 말한다. 반영이란 빛이 대상에 투사되어 반사됨으로써 대상을 인식하는 것을 뜻한다. 따라서 빛은 그 자체로는 빛이 아니다. 빛이 대상에 비춤으로써 인간은 대상을 지각하게 된다.

---

159 『수상록』 나는 무엇을 아는가 판, p. 1152.

160 『삶의 예지』, p. 292.

즉 대상에 비추임이라는 것은 빛 자체가 아니라 반사된 이미지인 반영에 의해 지각한다는 의미이다. 따라서 빛 자체가 아니라 가상에 의해 대상이 무엇인지를 알게 된다는 것이다. 이렇게 헤겔은 "너 자신을 알라"라는 타인으로의 시선의 극복은 애초에 불가능하다고 본다. 그래서 헤겔은 "본질은 가상이다."라고 단언한다. 가상은 위에서 살펴본 대로 타인으로의 시선에 비추임에서 자기를 자기로서 안다는 뜻에서 가상이다.

니체는 이런 사태를 "모든 사람이 자기 자신에 대해 가장 먼 존재"[161]라고 표현한다. 대부분의 사람들은 자신의 존재를 자기만큼 확실히 아는 사람은 없다고 생각하면서 살아간다. 내가 좋아하는 것은 무엇이고, 싫어하는 것은 무엇인가? 내가 원하는 것은 무엇이고, 내가 이루고자 하는 것은 무엇인가? 이런 물음에 대해 자신은 잘 알고 있다고 여긴다.

> 나는 어느 시의 백성도 못 되는데, 세상에 있는 동안, 그리고 이후까지라도 가장 고귀한 도시의 시민이 된 일에 대단히 만족한다. 다른 사람들이 내가 하는 식으로 주의해서 자기를 관찰한다면, 나와 함께 허황함과 부질없음으로 충만해 있는 것을 볼 것이다. 내가 그런 부질없는 것을 벗어던지기는 나 자신을 해체하지 않고는 불가능한 일이다. 우리는 이 편이나 다른 편이나 모두가

161 니체 지음, 김정현 옮김, 『니체전집 14: 선악의 저편·도덕의 계보』(서울: 책세상, 2002), p. 338.

다 거기 절여져 있다. 그러나 그것을 느끼는 자들은 좀 나은 축일는지, 그 역시 모르겠다.

이렇게 우리와는 다른 것을 쳐다본다는 공통된 생각이나 습관은 우리의 일처리를 위해서 매우 유익하다. 우리는 불만족으로 가득 찬 대상이다. 우리는 여기 고난과 허영밖에 보지 못한다. 우리를 실망시키지 않기 위해서, 대자연은 아주 알맞게 우리 시력의 작용을 밖으로 돌려 버린 것이다. 우리는 부평초와 같이 앞으로 떠나간다. 그러나 우리의 경로를 우리에게로 거슬러 돌아오게 하기는 힘든 일이다. 바다는 그 자체로 밀려올 때에는 이 모양으로 흐트러지며 막힌다. "하늘의 운행을 보라. 사람들을 보라. 저 사람의 말다툼을, 어느 아무개의 맥박을, 이 다른 자의 유언을 보라. 결국은 늘 그대의 위나 아래를, 또는 옆이나 그렇지 않으면 뒤를 보라"하며 각자 말한다.[162]

굴뚝을 청소하고 나온 두 사람 중에서 유독 한 사람의 얼굴만 까맣게 되었다. 그런데 얼굴이 깨끗한 사람이 더러운 상대방의 얼굴을 보고 자신의 얼굴을 손으로 문지른다는 얘기에서 알 수 있듯이 자신이 그렇게 잘 안다고 하는 것이 사실은 타인으로의 시선에 비춘 가상으로부터 자신을 아는 것에 불과하다. 그래서 자신이 진정으로 원하는 것이 무엇인지 모르고 살아간다.

---

162 『수상록』 나는 무엇을 아는가 판, pp. 1151-1152.

내 식으로 자신을 훈련하는 것이 내게 달린 일이라고 한다면, 내가 한 조건에서 떨어져 나가지 않을 수 있게 거기에 매여 지내기를 원할 정도로 좋은 방식이라고는 하나도 없다. 인생은 고르지 못하고 불규칙하고, 여러 가지 형태인 움직임이다. 자기를 끊임없이 좇으며, 너무 자기 경향에만 매여서 벗어나지도 못하고 비틀어 보지도 못한다는 것은, 자신의 친구로 있는 것도 아니고 자신의 주인 노릇은 더 못 한다는 말이며, 그것은 자신의 노예가 되는 일이다.[163]

타인으로의 시선이 자신을 긍정적으로 평가해도 자신은 부정적으로 평가한다. 성형하지 않아도 될 준수한 얼굴에 칼을 대고, 뛰어난 소질도 망쳐놓는다. 사람들은 대부분 자기 자신을 바라보지 않고 남을 바라보고 산다. 남이 보는 대로, 남을 신경 쓰며 살아간다. 그렇게 그들은 스스로를 혼동한다.

자신을 상실하는 것 — 비로소 자신을 발견했을 때, 우리는 때때로 자신을 상실하고 또다시 발견하는 법을 터득해야 한다. 그가 사상가라는 것을 전제한다면 말이다. 즉 사상가에게는 하나의 인격에 묶여 있는 것은 항상 해롭기 때문이다.[164]

---

163 『수상록』 나는 무엇을 아는가 판, p. 939.

그렇다면 왜 사람들은 자기 내면보다는 타인의 시선을 보려는 것일까? 자신에 대한 두려움 때문일지도 모른다. 자신의 진짜 모습을 볼까 두려운 것이다.

자기가 타자의 비추임에 의해 드러난다면 자기를 찾기 위해서는 타자의 비추임에 의해 자기는 고정된다. 자기를 타자의 비추임으로 파악하는 타자는 비추이는 대상으로서 자기를 변화하지 않는 실체로서 파악해야 한다. 왜냐하면 비추이는 대상이 고정되지 않으면 불안하기 때문이다.

그렇다면 자기는 타자의 고정된 비추임의 가상으로부터 끊임없이 극복되어야 한다. 타자는 고정되고 변하지 않은 존재로 자기를 묶어두려고 하고, 자기는 이를 극복해야 한다.

> 세상 사람들은 늘 서로 상대편을 쳐다본다. 나는 내 눈을 내 속으로 돌리며, 시선을 거기에 처박고, 그 속을 부지런히 둘러본다. 모두들 자기 앞만 쳐다본다. 나는 내 속을 들여다본다. 나는 나밖에 일이 없다. 나는 끊임없이 나를 고찰하며 검토하며, 나를 맛본다. 다른 자들은 그들이 잘 생각해 본다면, 늘 다른 곳으로 가고 있다. 그들은 늘 앞으로 간다.
>
> 아무도 자기 속으로 들어가려고 시도하지 않는다.(페르시우스)

---

164 니체 지음, 김미기 옮김, 『니체전집 8: 인간적인 너무나 인간적인 2』(서울: 책세상, 2002), pp. 409-410.

나는 내 속에서 굴러다닌다. 내 속에 있는 진실이 무엇이건, 이 진실을 추려 내는 능력과 내 신념을 쉽사리 굽히지 않는 이 자유의사를 나는 주로 내게서 얻었다. 내가 가진 가장 견실하고 일반적인 사상들은, 말하자면 나와 함께 출생하였다. 그것은 자연스럽고 그리고 완전히 내 것이다.[165]

타자의 시선에서 벗어나기는커녕 타자가 원하는 것을 해서 인정받으려고 한다. 거기서 행복을 느낀다. 그렇다면 자기는 타자의 비추임의 가상으로부터 극복하기는커녕 그것에 매달려 살기를 원한다. 아니 그렇게 살지 못해 불안해진다. 무리에 속해야 마음이 평온하다. 무리로부터 이탈할 때 두려움을 느낀다.

니체는 타자의 비추임의 가상에서 벗어나 자기의 세계를 창조하라고 가르친다.

"나는 세상 사람들의 이목에 신경 쓰지 않고 성취된 행적이 훨씬 더 찬양할 만하다고 본다."(키케로)고 세상에서 가장 허영스런 인물은 말한다.[166]

165 『수상록』 나는 무엇을 아는가 판, pp. 766-767.

166 『수상록』 나는 무엇을 아는가 판, p. 1178.

자기 세계를 창조하려면 우선 타자의 비추임의 가상에 의해 구축된 기존 세계를 파괴해야 한다. 끊임없이 자기를 변역(變易)하려면 기존 세계의 불역(不易)을 파괴해야 한다. 타자를 비추이는 가상의 고착된 기존 세계인 불역을 파괴하기 위해서 차라투스트라의 초인은 끊임없는 자기 극복을 하라고 가르친다.

> 그러므로 외적인 사건이나 처지가 동일할지라도 사람에 따라서 전혀 다른 영향을 주며, 또 같은 환경에서도 사람들은 각각 다른 세계에 산다고 할 수 있다. 즉, 모든 사람들은 직접적으로는 그 독자적인 표상(의식)과 감정 및 의욕의 작용에 따라 행동하며, 외부 세계는 그것이 인간의 표상과 감정 및 의욕이 작용하는 데 원인이 될 경우에만 사람에게 영향을 줄 뿐이다.[167]

예전의 나 즉 타자의 비추임의 가상인 나를 죽이지 않으면 새로운 내가 태어날 수 없다. 끊임없이 자기 극복을 하는 자가 초인이다. 니체는 완전한 고독 속에서 구세계의 파괴를 마무리하고 새로운 세계를 창조하려 한다. 니체는 기존 세계에 선전 포고를 한다. 니체는 마지막 전투를 위해 철저한 고독의 진지를 구축한다. 아우렐리우스는 『명상록』에서 이렇게 쓰고 있다.

---

167 『삶의 예지』, p. 293.

> 사람들은 시골에서 해변에서 산속에서 자신을 위한 은신처를 찾는다. 너도 무엇보다 그런 것을 그리워하는 버릇이 있다. 그러나 이것이야말로 어리석기 짝이 없는 짓이다. 너는 원하기만 하면 언제든지 네 자신 속으로 은신할 수 있기 때문이다. 인간에게 자신의 영혼보다 더 조용하고 한적한 은신처는 없다. 자신의 내면을 들여다보기만 해도 당장 더없이 마음이 편안해지는 그런 것들을 갖고 있는 사람은 특히 그러하다. 마음이 편안해진다 함은 정돈된 마음가짐을 말한다. 따라서 늘 그런 은신의 기회를 가져 너 자신을 새롭게 하라.[168]

보이지 않는 것은 자기 내면이다. 보이는 것은 타자의 비추임이란 가상에 의해 자기를 아는 것이다. 타자의 비추임에 의해 비친 나라는 가상이 진정한 나라는 것은 헤겔이 『대논리학』의 「반성」 장에서 말한 가상의 논리이다. 쇼펜하우어는 표상을 내 모습이 남에게 비쳐지는 상으로 규정한다. 그래서 남에게 비친 내 모습을 좋게 보이려고 한다고 말한다. 따라서 쇼펜하우어에게 표상은 타인 중심의 허영심의 존재 방식에 다름 아니다.

어쨌든 자기의 행복을 이미 말한 첫 번째와 두 번째 표제에서

---

168 마르쿠스 아우렐리우스 지음, 천병희 옮김, 『명상록』(고양: 도서출판 숲, 2005), pp. 52-53.

찾지 않고 이 세 번째 속에서, 다시 말해 참된 자아 속에서가 아니라 자기 아닌 남의 표상 속에서 찾는 사람은 믿음직스럽지 못한 것에 의존해 있다고 하겠다.[169]

몽테뉴는 키케로를 쇼펜하우어가 말하는 표상형 인간이라고 규정한다. 몽테뉴는 키케로를 폄하하는데 왜냐하면 키케로는 야망의 실현이라는 명예욕으로 가득 차 있고, 기실 야망이란 처음부터 남들의 갈채를 받으려는 허세와 같기 때문이다. 이런 키케로의 명예는 주체성의 행위에서 비롯되는 참된 명예가 아니다. 남의 행동이나 외부의 사정에 의해 얻으려는 것은 야망을 위해 좋은 평판을 이용하려는 점에서 참된 명예인 주체성의 내적인 특성과는 거리가 너무나 먼 명예이다.

"좋은 평판에 대하여 크리시포스(BC 280~207. 그리스의 스토아 철학자)도 디오게네스와 마찬가지로 좋은 평판을 이용할 경우 이외에는 이것을 위해 손가락 하나도 움직여서는 안 된다고 말하고 있지만, 이런 견해에 나도 전적으로 동의한다."[170]

반면 몽테뉴는 세네카를 키케로의 대척에 선 인물로 보는데, 세네

---

169 『삶의 예지』, p. 260.

170 키케로 지음, 『전집』 제3권 제17장(『삶의 예지』, p. 271에서 재인용).

카는 자기 내면을 성찰하는 삶에 천착했기 때문이다. 이러한 몽테뉴의 세네카에 대한 호의적 평가는 세네카가 자살로 생을 마감한 것과 무관치 않은 것으로 보인다. 서양에서 세네카와 같은 극적인 죽음은 소크라테스로부터 시작된다.

소크라테스는 "너 자신을 알라"는 말의 진정한 의미를 청년들이 이해하지 못했다고 본다.

> 제가 돌아다니면서 하는 일이라고는, 여러분께서 젊은이들이든 나이 든 분들이든 간에, 자신들의 혼이 최선의 상태가 되도록 혼에 대해서 마음 쓰는 것에 앞서 또는 그만큼 열성적으로 몸에 대해서도 재물에 대해서도 마음 쓰는 일이 없도록 설득하는 일 이외의 아무 것도 아니기 때문입니다. '재물로 해서 사람으로서의 훌륭함(덕)이 생기는 것이 아니라, 사람으로서의 훌륭함(덕)으로 해서 재물도 그리고 그 밖의 다른 모든 것도, 사적으로나 공적으로나, 사람들을 위해 좋은 것들로 되는 것입니다.'라고 말하면서요.[171]

"너 자신을 알라"는 타인으로의 시선이 아닌 나를 찾으며 살고, 내가 원하는 것을 진정으로 알고, 내가 원하는 것을 실행하지 못할 때 주위의 탓으로 돌리지 않으며, 원하지 않는 것을 하지 않을 수 있

171 『플라톤의 네 대화편』「소크라테스의 변론」30a~30b, p. 149.

을 정도로 자유에 대한 확신을 갖는 것이기 때문이다.

> 나는 나 자신을 그만큼 더 많이 말하기 위해서밖에는 남을 말하지 않습니다. 어떻게 생각해야 할 것이라는 식으로 내놓은 것이 아니고, 내가 생각하는 것으로 내놓습니다. 나는 여기 나 자신을 드러내 보일 생각밖에 하지 않습니다. 새로운 일을 배워서 내가 변해 간다면, 나 자신은 아마도 내일쯤 달라질 것입니다. 나는 다른 사람에게 신임 받을 권한도 없고, 그것을 바라지도 않습니다. 다른 사람을 가르치기에는 나 자신의 교양이 부족하다는 것을 느끼니까요.[172]

『소유냐 존재냐』에서 에리히 프롬의 말처럼 소유로서의 삶은 타인으로의 시선에 자기를 빼앗겨 자신을 잃고 소유욕에 저당 잡혀 사는 것이라면 존재로서의 삶은 "너 자신을 알라!"처럼 자기의 자존감을 회복한 삶을 말한다. 세네카는 이렇게 말한다.

> 사람으로 태어나서 인간적인 것을 초월하는 데까지 자신을 높이는 것은 과연 가능한 일인가, 의심할 것은 없다. 고통, 피해, 곪음, 다침, 갖은 폭력이 주위에서 굉음을 울리는 상황에서도 과연 사람이 차분한 눈길로, 가혹한 상태를 온화하게 견딜 수가 있을

172 『수상록』, pp. 163-164.

까, 반대로 요행을 온화하게 받아들일 수가 있을까 하고. 그 사람은[현자는] 역경에 양보할 것도, 순결에 의존할 것도 없고, 다양한 가운데서 변함없이 한결같은 모습을 유지하며, 자신 이외에는 아무것도 자기 것으로 생각하지 않는다. 그리고 자기 자신에 대해서도 자기를 훌륭한 사람으로 만든, 그 부분에 오로지 의거하여 생각한다.[173]

따라서 존재의 삶에서는 사물들을 찬미한다. 반면 소유의 삶에서는 사물들을 소유하려고 한다. 꽃을 보고 그 자체를 즐기고 행복감을 느끼고 꽃 자체를 찬미하는 것이 존재의 삶이라면 소유의 삶은 꽃을 꺾어 화병에 담는 것이다. 꽃이 자신과 일체화되는 존재가 아니라 소유의 대상으로 존재하기 때문이다. 소유의 삶은 대상을 유용성으로 파악한다. 이익인가 손해인가의 도구로 대상을 판단한다. 인간을 좋은 차를 소유한 사람과 그렇지 않은 사람으로 구분하고 전자를 가치 있는 사람으로 평가된다. 이것은 인간을 위해 만든 물질이 도리어 인간을 지배함을 뜻한다. 이것이 물신주의이다. 루카치는 이를 '사물화'라고 한다. 에리히 프롬은 자동차 같은 죽은 사물을 사랑하는 것을 '시체애(네크로필리아)'라고 한다. 마르쿠제는 외부 시선에 붙잡혀 자기 보존에만 몰두하는 인간을 "일차원적 인간"이라고 부른다.

---

173 『세네카 인생론』「현자의 항심에 대하여」, p. 35.

> 우리의 생각이 사물에 가치를 준다는 것은 대다수의 사물을 존중하려고 거들떠보지도 않고 자기만을 생각하는 것으로도 알 수 있다. 그리고 우리는 사물들의 품질이나 그 유용성을 보는 것이 아니라, 단지 그들을 차지하기에 얼마만큼의 값을 치렀나를 보고는, 마치 그것이 사물의 실체 그 어느 부분같이 생각한다. 또 사물이 우리들에게 가져오는 것을 가치라고 하지 않고, 그 사물을 위해서 우리가 갖다 주는 것을 가치라고 한다. 이 점에서 우리는 대단한 절약가라고 본다. 돈을 치른 무게에 따라 그만큼 그 사물을 본다. 우리들의 생각은 결코 돈 쓴 값어치를 헛된 비용으로는 하지 않는다. 산 값이 금강석을 귀하게 만들고, 덕은 그 닦기의 어려움, 신앙은 그 괴로움, 약은 그 쓴맛이 그 값어치를 만든다.[174]

이제 신의 지위에 오른 물질 숭배는 습관화 되어 숭배한다는 생각까지도 망각된다. 이것을 마르크스는 "그들은 자기가 하는 일을 알지 못하나이다."라고 말한다. 그런데 요즘에는 물신주의가 비판받자 "물신주의가 인간을 물질보다 가치 없게 평가하므로 나쁘다는 것은 잘 알고 있어, 그렇지만 나는 물질이 더 좋아."라는 물질을 추구하는 삶이 잉여쾌락을 추구하기까지 이르렀는데 이를 냉소적 주체의

---

174 『수상록』, p. 71.

물신적 부인이라고 한다. 이제는 물신숭배를 필요 없다(무)고 냉소하면서도 추구한다. 이렇게 물신을 부인하는 척하면서 숭배하는 물신적 부인의 제스처는 냉소적 주체의 본질이라고 할 수 있다. 그만큼 더 물신에 결착되어 있다고 할 수 있다. 이렇게 냉소적 주체는 물신이란 옷을 겹겹이 입고 있다. "너 자신을 알라!"가 오늘날에도 유의미하다면 바로 이렇게 겹겹이 두른 물신의 옷이란 타인으로의 시선의 외부적 삶의 옷을 벗고 자기 내면을 돌보라는 명령일 것이다.

> 그것이 누구이건, 기술로건 본성으로건, 남과의 관련에 의해서 살아가는 이 조건을 우리에게 강조하여 심어 주는 자는, 우리에게 좋은 일보다도 언짢은 일을 해 주는 것이다. 우리는 사람들의 의견을 따라 볼품만 꾸미다가 자신의 이익을 사기 당한다. 우리는 우리 존재가 자신에게 어떠한가 보다도 사람들에게 어떻게 알려져 있는가에 더 신경을 쓴다. 정신의 기쁨까지도, 그리고 예지라고 우리 자신만이 누리고, 그것이 다른 사람들의 보는 눈에 드러나서 찬성을 얻지 않으면 별로 성과 없는 일같이 보인다.[175]

물신숭배가 이렇게 극단까지 이르렀다는 것은 이제 상품이 그것을 소비하는 사람들을 필요로 하지 않을 정도가 되어 상품 스스로 즐긴다는 것을 의미한다. 예를 들어 텔레비전에서 미리 녹음된 웃음

---

175 『수상록』 나는 무엇을 아는가 판, p. 1097.

소리가 시청자의 웃음을 대신하는 것처럼 상품이 소비자를 대신해서 스스로 즐긴다. 티베트의 기도하는 기계가 사람들이 해야 할 기도를 대신하듯이 말이다. 잉여쾌락까지 추구하는 이런 물신숭배는 타인의 시선에 잘 보이기 위한 처세 중심의 삶의 양식이 극에 이른 것이다.

> 그리고 어떤 사람이 가치가 있고 없음이 그가 남의 눈에 어떻게 보이느냐에 따라서 결정되는 것이라면 그야말로 하찮은 것일 것이다. 마찬가지로 비참한 존재가 영웅이나 천재가 만들어지는 생명이었다면, 만일 그들 생명의 가치가 명성에, 즉 타인의 박수갈채 속에 성립된다면 말이다. 그러나 그런 실체는 자신 속에서 자기를 위해 살고 또 존재하는 것이다. 그것이 어떤 성질과 형태의 것이건, 참된 자아는 그가 가장 우선적으로 추구하는 것으로서 이것은 자신을 위하는 길이기도 하다. 만일 그것이 자기에게 그다지 가치 없는 것이라면, 다른 사람에 대해서도 보잘것없는 것이다.[176]

잉여쾌락이란 필요 없는(무) 쾌락이라는 점에서 무를 소비하는 것을 말한다. 예를 들면 카페인 없는(무) 커피라든지 알코올 없는(무)

---

176 『삶의 예지』, p. 308.

맥주[177]처럼 반드시 필요한 요소가 없는(무) 것, 잉여(무)를 소비한다는 점에서 잉여쾌락이라고 한다. 이것은 자기가 없다는 점에서 허무주의가 극단적으로 치달은 삶의 양식이라고 할 수 있다.

> 우리가 편안히 살기 위해서 학문이 필요한 것은 아니다. 그리고 우리 속에서 학문을 찾아내는 일도, 그것을 활용하는 일도 모두가 우리들 자신 속에 있다고 소크라테스는 말한다. 우리가 본성으로 받은 것을 넘는 이 모든 능력들은 거의 다 헛되고 불필요한 능력들이다. 이 학문이라는 것은 우리에게 필요한 것이기 보다 도리어 마음에 짐을 지워서 혼란시키지나 않으면 다행이다. "현명한 정신에는 문장은 그다지 필요치 않다."(세네카) 그런 것은 정신적 과잉이며 우리의 일에 귀찮게 끼어들어 간섭하는 불안스런 도구이다.[178]

잉여는 그야말로 자아의 내면이란 본질(실체)이 빠졌다는 점에서 찌꺼기를 소비한다고 할 수 있다. 이것은 소유의 삶인 허무주의가 극단에까지 이르렀음을 의미한다.

---

177 소비자는 알코올 없는 맥주를 즐긴다는 점에서 무Nothingness를 원한다. 잉여쾌락이란 필요 없는(무) 쾌락이라는 점에서 무를 소비하는 것을 말한다. 예를 들면 카페인 없는(무) 커피라든지 알코올 없는(무) 맥주처럼 반드시 필요한 요소가 없는(무) 것, 잉여(무)를 소비한다는 점에서 잉여쾌락이라고 한다. 잉여쾌락의 추구는 극단적 허무주의를 불러온다.

178 『수상록』 나는 무엇을 아는가 판, p. 1195.

나는 얼굴빛을 희게 하려고 모래를 먹는 여자, 재를 삼키는 여자, 일부러 배탈을 내는 여자들을 보았다. 그녀들은 스페인식 맵시를 갖고 싶으면 가죽띠로 매고 죄고, 생살에 굵직한 상처를 내며 무슨 고초인들 참아 낸다. 그렇다. 어떤 때는 그 때문에 죽기까지 한다. 지금의 여러 국민들에게는 자기 몸에 일부러 상처를 내는 것은 대수롭지 않은 일로 되어 있다.[179]

이는 타인으로의 시선에 잘 보이고, 잘 보여서 자기 이익을 극대화하려는 것일 뿐이다. 그래서 자신의 내면을 가꾸어 존재를 고양시키는 존재 방식은 폄하된다. 쇼펜하우어는 이 같은 타인의 시선의 삶에서 벗어나서 살 것을 이렇게 주문한다.

자기 자신에게 만족하고 자기 안에 모든 것을 소유하여, "나는 내 전 재산을 내 몸 가까이에 갖고 다닌다. 나의 지력은 최상의 소유물이다"(키케로 『패러독스』 제1권 제1장 8절)라고 할 수 있는 것은 우리의 행복에 있어 가장 중요한 자격이다. 그러므로 아리스토텔레스의 "행복은 만족하는 자의 것이다"(『에우데모스 윤리학』 제7장 2절)라는 말을 늘 명심해야 할 것이다. (이것은 내가 이 논문의 첫머리에 인용한 샹포르의 말이 간접적으로 표현한 것과 근본

179 『수상록』, p. 68.

적으로 동일한 사상이다.) 사람들이 의지할 수 있는 것은 오직 자기 자신뿐이며, 다른 누구도 아니다. 또한 사회가 주는 고뇌와 손실, 위험과 번거로움은 수없이 많고 피할 수도 없다.[180]

델포이 신전에 새겨져 있는 "너 자신을 알라!"는 모토를 소크라테스가 화두로 삼은 것은 바로 시선을 외부에 두는 소유의 삶은 너 자신을 왜소하게 하므로 내면의 목소리에 귀를 기울여야 한다는 존재로의 삶을 말하는 것 아닌가! 세네카는 이렇게 말한다.

상대가 거만한 얼굴을 하고 있어도, 예전에는 그대에게, 그대가 어떤 사람이든 돌보아 주었고, 그대 말에 귀를 기울었으며, 그대를 측근으로 맞아들인 적도 있다. 그럼에도 그대는 진작 한 번도 자신을 되돌아보고 자기 자신에게 스스로 귀를 기울이려고 하지 않았어. 그러기 때문에 이와 같은 의무를 누구에게도 부담시킬 이유가 없다. 설사 그대가 이 의무를 이행하였다 해도, 그대는 다른 사람과 함께 있고 싶지 않았을 것이고 그렇다고 그대 자신과 함께 있을 수도 없었을 테니까.[181]

이는 바로 극단적 허무주의인 자기 없음으로 살지 말라는 것 아

---

180 『삶의 예지』, p. 331.

181 세네카 지음, 김천운 옮김, 『세네카 인생론』「인생의 짧음에 대하여」(서울: 동서문화사, 2007), p. 278.

닌가! 잉여쾌락의 무를 추구하는 것은 자기 없음의 허무주의라는 것을 소크라테스는 간파한 것이다.

> 그러므로 모든 사람은 자신에 대하여 가장 훌륭한 존재여야만 한다. 이렇게 될수록, 즉 인간이 향락을 자기 안에서 발견하는 일이 많을수록 그는 점점 행복하게 될 것이다. 아리스토텔레스는 『에우데모스 윤리학』 제7권 2장에서 "행복은 자기만족 가운데 있다."고 말하고 있는데, 이것을 독일어로 번역하면 '행복은 자기 자신에게 만족하는 사람에게 속한다.'로, 이것이야말로 최고의 경구다.[182]

내면을 가꾸어 본래의 자기를 회복하여 살 것을 주문한 몽테뉴

몽테뉴는 『수상록』에서 자기 탐구의 글을 썼는데 이것은 "너 자신을 알라!"라는 경구에서 비롯되었다. 몽테뉴의 말을 직접 들어보자.

> '네 일을 하고, 너 자신을 알라'는 위대한 교훈은 흔히 플라톤에

---

182 『삶의 예지』, p. 239.

인용된다. 이 두 가지가 저마다 대체로 우리의 의무를 포함하고 있으며, 마찬가지로 다른 편을 포함하고 있다. 자기 일을 하려는 자는 먼저 자기가 무엇인지, 그리고 자기에게 적당한 일이 무엇인지를 알아야 한다는 것을 깨달을 것이다. 그리고 자기를 아는 자는 남의 일을 자기 일로 혼동하지 않는다. 그는 먼저 자기를 사랑하고, 자기를 가꾸며, 쓸데없는 일이나 생각을 제안받기를 거절한다.[183]

오늘날 소크라테스가 의미 있게 다가오는 것은 바로 자기 내면을 가꾸어 소유의 삶을 반성하고 본래의 자기를 회복할 것을 주문하기 때문이다. 몽테뉴는 타인의 시선의 삶을 사는 것에 대해 회의하면서 다음과 같은 물음을 던진다.

그리고 감히 고백하지만, 탐욕을 거의 야심과 같이 허용하고, 고통을 치욕과 같이 회피하는, 건강을 학문과 같이 좋아하는, 부를 고귀한 신분과 같이 좋은 것이라고 생각하는 인간인지도 모른다. …… 만일 다른 사람들이 나와 마찬가지로 자신을 주의 깊게 보려 한다면, 자신이 헛됨과 어리석음에 가득 차 있다는 것을 곧 깨닫게 되리라.

183 『수상록』 1권 3장.

몽테뉴는 알아야 할 대상을 '너'(자기 돌봄)와 '너 밖의 외부'(타자의 시선)로 구분한다. 몽테뉴는 자기 돌봄에 대한 인식을 철저히 하는 사람은 예로부터 지극히 소수이고, 반대로 외부나 타인의 시선에 눈을 돌리는 것이 인간의 일반적인 경향이라고 말한다.

> 우리가 자신이 아닌 다른 곳을 쳐다본다는 이 일반적인 생각과 습관은 큰 도움이 된다. 인간은 불만으로 가득 차 있다. 우리는 거기서 비참과 헛됨밖에 보지 못한다. 그런 우리를 실망시키지 않기 위해 자연은 참으로 현명하게도 우리의 시선을 밖으로 향하게 했다. …… 누군가는 이렇게 말한다. '하늘의 운행을 보라. 대중을 보라. 저 남자의 싸움을 보라. 이 남자의 맥박을 보라. 저 남자의 유언을 보라. 요컨대 너의 위아래, 좌우, 앞뒤를 보라.'

타자로 향한 시선 때문에 자신의 '위아래, 좌우, 앞뒤' 만을 본다면, 좀처럼 자신을 돌아볼 수 없게 된다. 그래서 몽테뉴는 자기 돌봄의 가르침의 내용을 다음과 같이 말한다.

> 그대 내부를 보라. 자신을 알고, 자신에게 몰두하라. 다른 곳에서 소비하는 그대의 정신과 의지를 자신에게 되돌려라. 그대는 자신을 흘려보내고 흩어 보낸다. 그대를 집중시키고 자신에게서 버티어라. 사람들은 그대를 배반하고, 그대를 낭비하며, 그대를 그대로부터 훔쳐간다. 그대는 모르는가. 만물이 자신의 눈을 내면에 집중시켜 자신을 바라보기 위하여 그들의 눈을 그 자체의

관찰을 향해 열고 있음을.

몽테뉴는 '너 자신을 알라'는 삶을 구체적으로 다음과 같이 분석한다.

> 우리를 다른 데 매이게 하고 자신에게서 물러나게 하는 가혹한 속박에서 벗어나자. 이러한 강력한 속박에서 풀려 나와 이제부터는 이것저것 즐겨 보며, 무엇보다도 자신 외에는 위하지 말 일이다. 다시 말하면 다른 사물들이 우리 것이 되게 하자. 그러나 그것이 너무 우리의 피부에 달라붙어 살점이 떨어지거나 자신의 한쪽이 무너져 내리지 않고는 떼어 버리지 못하게 되지는 말게 하자. 세상에 가장 중요한 일은 자기 자신으로 있을 줄 아는 일이다.[184]

몽테뉴는 자신을 안다는 것이 지극히 어려운 일이라는 것을 잘 알았다. 몽테뉴는 어떻게 자신 돌봄의 삶을 살아야 하는가를 『수상록』에서 보여주고 있다. 몽테뉴는 『수상록』을 몽테뉴 성에 칩거한 1572년부터 그가 죽는 1592년까지 20년간 쓰면서 자기 돌봄의 삶을 구체적으로 실천했다. 따라서 『수상록』은 자기 돌봄의 삶을 실천하는 '시도' 자체라고 할 수 있다.

---

184 『수상록』, pp. 264-265.

고전이 우리에게 일깨우는 삶의 지혜는 저자들이 혀를 내두를 정도로 방대한 양의 독서를 했다는 데에 있다. 몽테뉴는 『수상록』에서 약 200권 정도의 책을 인용하고 있다. 라틴 문학에서 1,264개, 기타 격언이나 유사한 소재에서 약 800개를 인용한다. 라틴 문학 중에서는 9명의 로마인과 2명의 그리스인의 인용이 가장 많다. 그가 좋아하는 인물들을 순서대로 보면 플루타르코스, 세네카, 키케로, 루크레티우스, 호라티우스, 디오게네스 라에르티오스, 우에르기리우스, 카이사르, 타키투스, 오비디우스였다. 특히 플루타르코스는 400회나 인용할 정도였다. 몽테뉴뿐만 아니라 키케로와 세네카의 많은 책들이 인용되었다.

필자는 직장 생활 초기에 책을 멀리 했다. 회사 일이 바쁘기 때문에 책을 멀리하는 순간 삶은 나락으로 떨어진다. 내면을 성찰하지 않는 순간 파멸이 당신 앞에 시커먼 입을 벌리고 있다. 하루에 몇 분이라도 책을 읽어야 한다. 필자가 독서의 중요성을 깨닫는 데는 그리 시간이 오래 걸리지 않았다. 책을 멀리한 직장생활 처음 몇 년 간 내면이 망가진 흉측한 내 모습을 보았기 때문이다. 그 후 정신을 차리고 책을 손에서 놓지 않았다. 나는 평온을 되찾았다. 나는 직장 생활에서 오는 스트레스와 불안을 극복하는 데 독서에서 많은 도움을 받았다. 독서의 중요성은 아무리 강조해도 지나치지 않다. 이 점을 반드시 명심하길 바란다.

생물학적 삶 대신 상징적 죽음을 택한 소크라테스

소크라테스는 청년들을 타락시키지 않았는데 타락시켰다는 죄목으로 감옥에 갇힌 것을 애석해 했다. 앎의 지도리를 깨우치게 하려는 소크라테스의 진의를 청년들이 알지 못했기 때문이다. "너 자신을 알라"는 철저한 앎의 방법은 기존의 앎에 대해 회의를 갖게 했다. 그래서 기득권자들은 기존 체계가 허물어질 것을 두려워한 나머지 에둘러 소크라테스에게 국가 반역죄 혐의를 뒤집어씌우지 않았을까?

국가가 뒤집어씌운 반역죄에 저항해 소크라테스는 감옥에서 탈옥하여 죽음을 면할 수도 있었을 것이다. 그러나 그는 그렇게 하지 않았다. 이렇게 자신의 죄를 인정하지 못하고 죽음으로써 소크라테스의 사상은 정당성을 인정받게 되었던 것이다. 죽음에 맞서 신념을 가지고 지켜낸 사상인데 어찌 꽃을 피우지 않을 수 있을까?

> 그리고 두뇌가 다소라도 철학으로 물든 자라면, 소크라테스가 처단을 받아 쇠사슬에 얽매여 투옥당한 사건에서, 그가 공포와 정신적 타격을 받은 일이 없었다고 생각한 것만으로 만족할 수 있을 것인가? 그에게는 확고한 신념과 지조뿐 아니라(이런 것은 그에게는 예사로운 일이었다), 그 밖에도 무엇인지 모르는 새로운 만족과 유쾌한 즐거움이 그의 마지막 말과 태도에 있었음을 누가 알아보지 못할 것인가? 쇠사슬이 벗겨졌을 때에 자기 다

리를 긁으며 느끼는 쾌감으로 부르르 떨며, 지난날의 모든 고통스런 고생을 벗어던지고 장차 오려는 일을 알게 된다는 것만으로도 그의 마음은 한결같이 상냥한 기쁨을 내보이는 것이 아닌가? 카토는 나를 용서해 주기 바란다. 그의 죽음은 더 비극적이며 긴장된 것이었다. 그러나 소크라테스의 죽음은 어째서인지 모르지만 한층 더 아름답다.[185]

소크라테스는 중우정치(衆愚政治)에 의해 민의가 왜곡될 수 있다고 보았다. 과반수가 다수 의사를 대표하면 소수 의사는 배제된다. 사회적 소수자의 의사는 늘 배제될 수밖에 없는 것이다. 또한 다수 의사가 항상 합리적이지 않다. 특히 님비와 같은 지역 이기주의가 여기에 속한다고 할 수 있다.

소크라테스의 '엘렌쿠스'라는 문답에 의한 대화정치도 민주정치에서 다수의 전횡을 막기 위한 심의정치의 일종이다. 엘렌쿠스는 소피스트들의 변론술이나 웅변술과는 의미가 다르다. 변론술과 웅변술이 재판에서 변론을 듣는 제3자를 설득하는 것이라면 엘렌쿠스는 당사자와 일대일 문답을 통해 설득하는 방법이다. 따라서 엘렌쿠스는 토론 과정을 중시하는 심의민주주의를 지향한다. 이는 토론 과정 없이 투표에 의해 찬반을 묻는 결집 민주주의와는 다르다. 결정이 이루어지기 전에 충분히 심의하고 토론하여 오류와 편견을 줄이

---

185 『수상록』, p. 449.

고 자신과 다른 의견을 이해할 수 있다는 장점이 있다.

그렇다면 소크라테스의 엘렌쿠스는 집단결정을 하는 공적 장에서의 토론과 심의제도인 기존 법질서에 정면으로 부딪친 것이라고 할 수 있다. 그래서 시장인 아고라라는 제도권 밖에서 행하였던 것이다. 소크라테스는 공적 장인 기존 법체계에서 심의와 토론이 이루어지면 다수의 의견을 깰 수 없다는 것을 잘 알고 있었다. 그래서 소크라테스는 공론의 장이 아닌 사적 영역인 아고라(시장)에서 심의를 통한 합의 가능성을 찾았던 것이다. 일대일 대화는 지식을 가진 사람이 설득하기 쉽기 때문이다. 따라서 소크라테스의 엘렌쿠스는 공적인 집단 심의가 지배적인 가치체계를 강화하고 잘못된 믿음을 올바른 믿음으로 왜곡할 수 있음을 비판하는 것이다.

칼리클레스 : '뮈시아인'이라고 불러야 당신이 더 즐거우시다면, 소크라테스, 왜냐하면 당신이 그렇게 하지 않으면, ……

소크라테스 : 자네가 여러 차례 했던 말, 누구든 원하기만 하면 나를 죽일 거라는 그 말은 하지 말게. 그것은 몹쓸 자가 훌륭한 자를 죽이는 거라고 재차 내가 말하지 않도록. 누구라도 원하기만 하면 내가 가진 것을 빼앗을 거라고 말하지도 말게. 빼앗더라도 그는 그것을 어떻게 사용할지 모를 것이고, 그것을 가진다 해도 나한테서 부당하게 빼앗았던 것처럼 역시 부당하게 사용할 것이며, 부당하게 사용한다면 부끄럽게 사용하는 것이고, 부끄럽게 사용한다면 나쁘게 사용하는 것이라고 내가 다시 말하지 않도록 말이네.[186]

오이디푸스의 딸 안티고네와 크레온 왕 사이의 논쟁은 공적 영역과 사적 영역 간의 갈등을 극명하게 보여주는 사례다. 테베의 왕 오이디푸스의 딸인 안티고네에게는 에테오클레스와 폴리네이케스라는 두 오빠와 여동생 이스메네가 있었다. 안티고네는 장님이 된 아버지 오이디푸스와 함께 여러 나라를 방황하다가 아버지가 죽은 뒤 다시 테베로 돌아왔다. 그의 두 아들 에테오클레스와 폴리네이케스는 서로 한 해씩 번갈아 테베를 통치키로 한다. 그러나 폴리네이케스의 차례가 되었는데도 에테오클레스가 약속을 지키지 않자, 폴리네이케스는 아르고스의 왕 아드라스토스에게 망명하여 그 딸과 혼인한 다음 군사를 모아 테베를 공격한다. 이를 사전에 탐지한 에테오클레스는 일곱 성문으로 쳐들어오는 적군과 맞붙어 싸우되, 자신은 일곱째 문에서 폴리네이케스를 상대해 싸운다. 그러나 둘은 서로 상대의 손에 죽는다. 이처럼 서로 파멸로 끝나는 승리는 피해야 할 것이라는 의미에서 카드모스식 교육Kadmeia paideia이라고 일컫는다.

카드모스는 페니키아의 왕 아게노르의 아들이었는데, 아게노르는 딸 에우로페가 유괴되자 아들들을 시켜 에우로페를 찾으라고 명령하고 찾지 못하면 돌아오지 말라고 하자 카드모스는 귀국하지 않고 대신 테베를 세운다. 테베를 세우기 위해 아테네 여신에게 제를 올리려고 샘에서 물을 떠오게 했는데, 샘을 지키고 있던 아레스 신의 뱀들에게 물려 죽는다. 카드모스는 뱀을 죽이고 아테네 여신의

---

186 『고르기아스』, pp. 204-205.

명에 따라 뱀의 이빨들의 반을 땅에 뿌렸다가 나중에 땅을 간다. 이 땅에서 무장한 사람들('뿌려진 자들'이라 해서 이들을 스파르토이Spartoi라 부른다.)이 튀어나오자 그들 한가운데 돌을 던졌더니 그들끼리 싸우며 서로 죽었다. 서로 다투다가 큰 희생을 치르고서야 가까스로 싸움을 그치게 된 스파르토이(뿌려진 자들)처럼 어느 한쪽이 이겼다고도 할 수 없는 승리 곧 진 것과 다를 바 없는 승리를 '카드모스식의 승리'라 한다. 따라서 카드모스식 승리는 교육적으로 바람직하지 않기 때문에 카드모스식 교육은 반드시 피해야 한다고 할 수 있다.

왕이 된 숙부 크레온은 에테오클레스를 애국자로, 폴리네이케스를 역적으로 취급하여 폴리네이케스의 매장을 허락하지 않았을 뿐만 아니라 그의 시체를 새와 짐승의 밥이 되게 하였다. 그러나 안티고네는 명령을 거역하면 사형에 처한다는 포고에도 불구하고 폴리네이케스의 시체를 매장하였다. 이에 진노한 크레온은 안티고네를 지하감옥에 가두었다. 그러자 그녀는 거기서 목을 매어 죽었고 그 뒤 그녀의 약혼자인 크레온의 아들 하이몬도 목숨을 끊었으며, 크레온의 아내 에우리디케도 자해(自害)를 했고, 크레온도 스스로 목숨을 끊었다는 이야기다. 소크라테스의 신 다이몬은 크레온 왕의 입장인 지배 체제에서 자행하는 매장 불허와 같은 왜곡과 편견을 문제시 삼는 것이라고 할 수 있다.

당시 아테네는 제우스신을 경배하는 것을 공적 영역에서 인정하였지만 소크라테스는 사적 영역의 신인 다이몬을 추구했다. 따라서 소크라테스는 크레온이 적용하는 공적 영역의 법체계가 편견과 오류를 모르는 '무지의 죄악'이라고 비판했다. 소크라테스는 크레온 왕의 매장 불허를 공적 영역의 정당한 권력 행사라고 인정하기보다 공적 영역에 비판을 제기하는 안티고네와 같은 시민성을 강조하였다. 소크라테스는 그리스 민주주의에서 수많은 대중 선동가들을 보았다. 소크라테스는 어떤 가치나 지식을 세우려고 하지 않았다. 다만 기존 지배 가치에 대해 비판적 질문을 던짐으로써 반성을 촉구하는 데 목적이 있었다.

> 그러고 보니 나를 제외하고는 아테네인 모두가 그들을 훌륭하디 훌륭하게끔 만들지만, 나 혼자만 그들을 타락시키는 것 같소. 그런 말이오?
> "전적으로 그런 말입니다."
> 어쨌든 그대가 보는 바로는 나의 불운이 대단하오. 그러면 내게 대답해 주오. 그래, 말(馬)들의 경우에도 그게 그런 것으로 그대에겐 생각되오? 이것들을 더 훌륭한 것들로 만드는 자들은 모든 사람이지만, 이것들을 망쳐놓는 자는 어떤 한 사람이오? 아니면 이와는 전혀 반대로, 이것들을 더 훌륭한 것들로 만들 수 있는 자는 어떤 한 사람(97. 전문가ho epaiōn를 지칭하여 하는 말이다. 모든 전문 분야에는 전문가들이 있겠는데, 당시의 아테네가 민주 정치라는 기치 아래 모든 것을 맹목적인 다수결로 결정해 버리는 극단적인 경향으로 흐르는 데 대해 소크라테스는 끊임없이 경종을 울린 사람이다.) 이나 아주 소수, 즉 조마사(調馬師)들이지, 많은 사람은, 정작 말들과 함께 지내거나 말들을 이용할 경우에, 오히려 말들을 망쳐놓겠죠? 멜레토스, 말들의 경우에도 그리고 다른 동물들

모두의 경우에도 그런 게 아니겠소?[187]

소크라테스는 이러한 반성적 시민사회에서는 적어도 반인륜적인 인성의 몰락을 부채질하는 정치는 없을 것이라고 본 것이다. 인종 편견에서 발생한 유대인 학살이나 성에 대한 차별, 지역 편견이 발생할 가능성이 줄어들기 때문이다. 부분을 소외시킨 전체 즉 다수라는 보편은 언제나 소수 즉 부분을 배제하고 일방적 가치를 강요한다. 소크라테스가 말하려는 비판적 시민사회란 전체와 부분이 서로 긴장 관계를 유지하는 사회라고 할 수 있다.

저 선량한 루카누스는 극악무도한 네로에게 처단을 받아 생명의 마지막 순간에, 바로 죽으려고 의사에게 끊게 한 팔뚝의 혈관에서 피가 대부분 흘러 나와 사지의 끝은 이미 싸늘해져 가고 찬 기운이 생명의 심장부에 접근해 오기 시작하자, 그의 뇌리에 마지막으로 떠오르는 파르살리아 전쟁에 관한 자기 작품의 시 몇 구절을 낭독했습니다. 그리고 이 시구를 마지막으로 소리쳐 읊으며 숨을 거두었습니다. 이것은 그가 자기 아이들에게 주는 애정에 찬 정다운 작별 인사였으며, 죽어 가면서도 자기 가족에게 주는 굳은 포옹과 고별이었고, 이 최후의 순간에 살아 있는 동안 가장 친하게 지내던 사물들을 회상케 하는 타고난 경향에

187 『플라톤의 네 대화편』「소크라테스의 변론」25a~25b, p. 131.

서 나온 것이 아니고 무엇이겠습니까?[188]

스승의 이러한 정신은 제자인 플라톤 등에 계승되어 서양의 중심 사상으로 우뚝 설 수 있었다. 소크라테스가 죽음을 당당하게 받아들일 수 있었던 것도 여기에 생각이 미쳤기 때문이다. 자신이 국가의 불의에 굴복하여 살아나면 그의 사상은 그야말로 평범한 아종(亞種)으로 사라졌을 것이다.

그리고 이 무능함으로 인해 죽게 된다면 나는 원통하겠지. 그러나 아첨하는 연설술을 가지고 있지 않아서 삶을 마감하게 된다면, 내가 확신하거니와 자네는 내가 그 죽음을 쉽게 감내하는 것을 보게 될 거네. 사실, 완전히 무분별하고 비겁한 자가 아니라면 누구나 죽는 것 자체는 두려워하지 않고 불의를 저지르는 것을 두려워하네. 혼이 여러 부정한 행위들로 가득 차서 하데스에 이르는 것은 모든 나쁜 것들 중에서도 가장 극단적인 것이니까. 원한다면 이것이 어째서 그런지 자네에게 이야기해 주었으면 하네.[189]

그러므로 칼리클레스, 나는 이 이야기를 믿고 있네. 그래서 나

---

188 『수상록』, pp. 425-426.

189 『고르기아스』, p. 207.

는 어떻게 하면 심판관에게 되도록 가장 건강한 혼을 보여 줄 수 있을지 살피고 있다네. 나는 많은 사람들로부터 얻는 명예들과는 작별하고, 진리를 연마하면서 내가 할 수 있는 한 참으로 가장 훌륭한 자로 살고 죽을 때도 그렇게 죽으려고 노력할 거네. 그리고 나는 내 능력이 닿는 데까지 다른 모든 사람에게도 이 삶과 이 경쟁을 권하며, 무엇보다도 자네에게 자네가 권한 것에 대한 대답으로서 권하는 바이네. 나는 그것이 이승의 어떤 경쟁보다도 가치 있다고 주장하네.[190]

소크라테스는 생물학적으로는 생명을 지속할 수 있지만 상징적으로는 죽은 것과 마찬가지가 되리라고 예상했다. 명예를 잃는 것은 곧 자신의 사상이 사형 선고를 당하는 것이다. 그래서 소크라테스는 사상의 사형 선고를 당하느니 차라리 생물학적으로 죽음의 길을 선택했던 것이다.

그러나 저는 그때에도 위험 때문에 자유인답지 못한aneleutheron 어떤 짓도 해서는 아니 된다고 생각했었지만, 지금도 그렇게 변론한 것을 저는 후회하지 않습니다. 그러기는커녕 오히려 저는 그렇게 하고서 사느니보다는 이런 식으로 변론하고서 죽는 쪽을 택합니다. 법정에서든 싸움터에서든, 저든 또는 다른 누구든 간

---

190 『고르기아스』, p. 213.

에 온갖 짓거리를 다하며 죽음을 피하려 꾀해서는 아니 되겠기 때문입니다. (…) 하지만 여러분! 이것이, 즉 죽음을 피하는 것이 어려운 게 아니라, 비천함을 피하는 것이 훨씬 더 어려울 것입니다. 이것이 죽음보다도 더 빨리 내닫기 때문입니다. 저 또한 지금은 굼뜨고 늙어서 한결 굼뜬 것한테 붙잡혔지만, 저의 고소인들은 영리하고 민첩한 탓으로 한결 잽싼 것, 즉 못됨kakia한테 붙들렸습니다. 그래서 저는 지금 여러분에 의해 죽음의 판결을 받고 떠납니다만, 저들은 진리에 의하여 사악과 불의의 심판을 받았습니다. 그리고 저는 그 처벌에 따를 것이고, 저들은 저들의 것에 따를 것입니다. 어쩌면 이 일은 이렇게 되도록 되어 있었던 것이고, 또한 제대로 된 것으로 저는 생각합니다.[191]

이렇게 해서 소크라테스의 사상은 상징적으로 죽지 않고 살아남아 면면(綿綿)할 수 있었던 것이다. 나는 늘 책을 읽는다. 알려고 하는 것은 생각을 소유한 인간의 본질이다.

"생명은 운동에서 비롯된다"는 아리스토텔레스의 말은 옳다. 우리의 육체적인 생명이 단지 끊임없는 운동에 의해 이루어지는 것처럼 우리의 내적인, 정신적인 생명도 계속 일을 할 것과 행위 또는 사고에 의해 어떤 목적을 갖고 일할 것을 요구하고 있다.

---

191 『플라톤의 네 대화편』「소크라테스의 변론」38d~39b, pp. 178-179.

이것은 일이 없고 지각이 없는 사람들이 손으로 혹은 가까이에 있는 어떤 도구로 물건을 두드리며 북을 치는 듯한 소리를 내는 것으로도 입증된다. 우리의 생존은 본질적으로 휴식 없는 존재이며, 아무 일도 하지 않으면 참지 못하고 곧 권태를 느끼게 된다. 이 충동을 만족시키기 위해서는 이를 잘 통제해야 한다. 즉, 활동을 계속할 것, 무엇이든지 할 것, 가능하면 어떤 것이든지 만들 것, 적어도 무엇이든 배우는 것이 인간의 행복에 필수적이다. 인간의 힘은 쓰기를 요구하고 그 성과를 알아보고자 한다.[192]

앎은 또 다른 앎을 불러온다. 앎이란 브레이크 없는 기관차와 같아서 나는 책에 집착하는 걸까? 멈출 수가 없다.

니체는 몸이 아파서 언제 죽음의 그림자가 자신을 덮칠지 모른다는 강박증에 시달렸다. 그러나 니체는 그림자가 멈추는 시간이 정오였기에 정오를 긍정하지 않았다. 정오의 순간은 그림자를 잉태하기 때문에 최고의 긍정인 것이다.

이 고통을 치른 뒤에, 그렇게도 신속하게 몸이 회복되는 쾌감에 견주어 볼 것이 또 무엇이 있는가? 이 건강은 병에 아주 가깝게, 아주 일정하게 찾아오는 까닭에, 마치 둘이 서로 머리를 맞대어 대항하고 있는 모습으로 양편의 가장 두드러진 특징을 앞에 놓

192 『삶의 예지』, p. 352.

고 비교해서 알아볼 수 있을 때에, 병을 치르고 난 뒤의 건강은 얼마나 더 아름답게 보이는가! 스토아학파가 악덕이 도덕을 거들어 그 가치를 올려 주기 위해서 세상에 들여온 유용한 것이라고 말하듯, 우리는 그만큼 더 지당한 이치로, 자연은 쾌락과 평안과 건강에 봉사하여 영광을 주기 위해서 우리에게 고통을 빌려 준 것이라고 말할 수 있다.[193]

니체는 "죽음이 삶에 대립되는 것"[194]이라는 말을 경계했다. "삶은 죽음의 한 형태일 뿐이며, 그것도 매우 희귀한 형태"[195]라고 말한다. 그림자 없는 정오의 순간을 최고로 긍정한 것은 정오의 순간이 그림자를 잉태하고 있기 때문 아닐까?

그리고 탐락의 기호자로 불리는 자들은 사실 "미의 기호자요 정의의 기호자들이며, 모두가 도덕을 애중하고 실천한다."(키케로) 되풀이해서 말하지만, 이 스토아학파와 에피쿠로스학파의 철학자들 중에는, 마음을 도덕에 맞게 잘 조절하여 착한 상태로 두는 것만으로는 충분하지 않다고 판단하는 자들이 많이 있다. 그들은 고통과 궁핍과 경멸을 싸워 이기며, 그들의 심령을 긴장시키기 위해 이런 것을 찾아 가지려고 한다. "도덕은 투쟁 속에

---

193 『수상록』 나는 무엇을 아는가 판, p. 1260.

194 『니체 전집 12: 즐거운 학문』, p. 185.

195 『니체 전집 12: 즐거운 학문』, p. 185.

서 크게 성장한다."(세네카)

이것은 그들과는 다른 학파인 에파미논다스가 지극히 합법적으로 운이 그의 손에 겪어 주는 재물도 거절해 가며, 빈궁과 싸워 나가야 한다고 말하고, 항상 극도의 궁핍 생활을 지켜 가던 이유 가운데 하나이다. 소크라테스는 흉악한 아내를 참아 내는 고역으로, 그보다 더 심한 시련을 받은 것으로 보인다. 그것은 새파랗게 날선 칼만큼 독한 시련이다.[196]

최고의 긍정인 위대한 정오의 순간이 내게도 올까? 최고의 긍정인 위대한 정오의 순간을 붙잡기 위해 멈출 수 없는 것일까? 지금 이 순간의 내 생을 사랑하고 감사하자.

자신의 피를 본 적이 있는 자, 맞아서 이가 부서져 나간 경험이 있는 자, 다리후리기를 당하여 상대에게 완전히 깔려 몸은 굴복했지만 마음은 굴복하지 않았던 자, 쓰러질 때마다 오직 투지 하나로 일어선 자, 그러한 자가 가슴에 위대한 희망을 품고 싸움터로 향한다네. 그러므로 운명이 자네보다 우세했던 적은 이미 여러 번 있었으나, 자네는 그래도 굽히지 않고 벌떡 일어나 더욱 정신을 가다듬고 버텨냈지. 실제로 용기는 도전을 받으면 더 큰

196 『수상록』, p. 446.

힘을 얻는 법이니까.[197]

197 『세네카 인생론』「삶을 생각하며 쓰는 편지」, p. 399.

제3부

삶이 흔들릴 때 잠자는 인문 본능을 깨워 살아라

배의 경우, 물이 새더라도 균열이 한두 군데라면 대처할 수 있지만,
많은 곳이 낡아서 더 이상 버틸 수 없게 되면 구멍 뚫린 선체를 구할 수가 없다네.
그것과 마찬가지로, 늙은 몸의 경우도 어느 정도까지는 허약함을 유지하면서
지탱할 수는 있네. 그런데 낡은 건물처럼 모든 이음새가 헐거워지고,
하나를 원상 복구하는 동안 또 하나가 끊어져버리는 상태가 되면, 어떻게
최후를 맞이할 것인가를 생각해야 하네. 그래도 우리의 벗 바수스 아우피디우스
〔저명한 역사가〕의 영혼에는 활력이 있네. 그것은 철학의 힘이라네.
죽음을 눈앞에 두고 쾌활하게, 몸이 어떤 상태에 있든지 용기와 밝음을
유지하고 있어. 몸의 힘은 다했지만 영혼의 힘은 스러지지 않고 있다네.
—『세네카 인생론』, 「II. 삶을 생각하며 쓰는 편지」, 제4권 영혼 속에서 완성되는 이성, 서간 30, p. 430.

'불쾌감으로부터의 해방'이 쾌락이다

스토아학파는 육체적인(물질) 것에 감각(물질)과 이성이란 두 요소가 작용한다고 본다. 이 학파의 유물론을 잘 나타내는 유명한 예를 들어보자. 우선 인간은 태어날 때 빈 서판tabula rasa과 같다고 본다. 거기에 감각으로 주어진 것들이 상상을 통하여 채워진다. 상상으로 들어온 이 감각 재료는 완전히 물질적으로, 마치 '밀랍에 찍힌 어떤 자국'과 같은 것으로 생각된다. 밀랍에 찍히는 인상은 물질인 감각 재료에서 이루어진다. 이는 아리스토텔레스의 인식론과 비슷하다. 아리스토텔레스는 금으로 된 도장과 같은 질료는 배제되고 그 형상만을 받아들여 인식이 성립한다고 보았다. 이와 비슷하게 스토아학파의 인식(인상)도 감각 재료(Hyle)에서 비롯한다. 그런데 스토아학파를 단순한 유물론자로 치부하는 것은 오산이다. 스토아학파에게는

'감각'을 통해 경험하는 것들이 바로 '형상'에 의거한 합리적인 것이다. 왜냐하면 모든 것이 원천적으로 이성에 의해 각인된 존재들이기 때문이다. 물질 이외에 이성도 작용하기 때문이다. 감각 재료의 인상만으로 인식이 가능하지 않고 이성적인 요소로서 선(先) 이해 즉 개념을 선험적으로 가지고 있다고 본다. 따라서 스토아학파의 유물론적 자연관은 궁극적으로 이성주의 윤리학을 정초하기 위해서 존재한다. 즉 이성주의 윤리학을 옹호하기 위해 자연학에서 유물론을 실재 요소로 정초한다. 이는 칸트가 순수이성비판에서 경험론의 입장을 옹호하는 것이 실천이성비판을 정초하기 위한 목적이었다는 점에서 동일한 구조를 지닌다.

스토아학파의 윤리는 물질(충동)을 이성으로 억제하는 데 있다. 충동(물질)을 받아들이지만 그것은 비합리적인 존재일 뿐이다. 따라서 스토아학파에게 감정(느낌) 즉 쾌락은 비합리적인 충동으로 이성으로 억제해야 할 대상이다. 스토아학파가 금욕주의인 것은 이 때문이다. 그런데 스토아학파가 배제하는 감정은 슬픔과 분노와 불안과 같은 부정적인 감정이다. 이런 점에서 스토아학파는 쾌락을 행복의 원천으로 보는 에피쿠로스학파와 지향하는 지점이 같다고 할 수 있다. 스토아학파의 윤리학도 행복을 목표로 하는 행복주의다. 스토아학파의 행복은 그 무엇에도 흔들림 없는 마음의 평정심에 있다. 슬픔과 분노와 걱정과 공포 같은 고통 즉 부정적인 상태에서 벗어나 흔들림 없는 마음의 상태를 평정심이라고 한다. 이처럼 스토아학파는 기존 질서를 바꾸기보다는 자기 욕망을 바꾸면서 외부로부터 자기에게 가해지는 고통으로부터 마음의 평정을 얻는데서 행복을 찾는다.

에피쿠로스는 쾌락과 불쾌감 같은 감정은 외부에서 주어지는 것으로서 인간의 의지와 같은 자발적인 능력이 아니라고 보았다. 감각이 외부 사물에 의한 수동적인 인식인 것처럼 쾌락과 불쾌감과 같은 감정(느낌)도 수동적인 사태라는 것이다.

이러한 에피쿠로스의 수동적인 본래적 쾌락은 아리스토텔레스가 『니코마코스 윤리학』에서 "현자는 슬픔이 없기를 요구하되 기쁨을 원하지 않는다."고 말한 것과 같다. 이 명제를 쇼펜하우어는 다음과 같이 해석한다.

> 나는 처세의 최고 기준이라고 생각하는 것은 아리스토텔레스가 『니코마코스 윤리학』(제7권 12장)에서 말한, "현자는 슬픔이 없기를 요구하되 기쁨을 원하지 않는다."라는 명제다(라틴어 번역은 '참으로 지각 있는 사람이 원하는 것은 즐거운 일이 아니라 고통이 없는 일이다'). 차라리 이 구절은 독일어로 이렇게 번역해 두기로 하자. '이성이 있는 사람은 고통이 없기를 바라되 향락은 원하지 않는다.' 이 구절의 의미는 모든 향락과 행복은 소극적인 것이지만, 고통은 적극적인 것이라는 뜻이다.[198]

그런데 쇼펜하우어와 에피쿠로스는 결정적으로 갈라진다. 왜냐하

---

198 쇼펜하우어 지음, 권기철 옮김, 『세상을 보는 지혜』「삶의 예지」(서울: 동서문화사, 2007), p. 315.

면 에피쿠로스에겐 "불쾌감으로부터의 해방이다."가 쾌락이기 때문이다. 치통과 같은 불쾌감은 아프지 말아야 한다고 내가 자발적으로 의지한다고 사라지지 않는다. 우리는 통증(고통) 앞에 속수무책으로 수동적인 상태이다. 그런데 치통(불쾌감)이 낫는 순간 치통으로부터 벗어나면서 쾌락을 느낀다. 이런 면에서 쾌락주의자인 에피쿠로스는 삶이 고통이므로 고통을 극복하고 쾌락을 추구하는 대신 체념하라는 염세주의자인 쇼펜하우어와 분명히 구별된다. 쇼펜하우어는 인간은 불쾌감(고통)으로부터 해방될 수 없다고 본다. 왜냐하면 행복과 쾌락은 느끼지 못하기에 소극적이며 고통과 걱정과 두려움은 느끼므로 적극적이기 때문이다. 따라서 쇼펜하우어는 인간의 삶을 불쾌(고통)의 연속으로 본다는 점에서 에피쿠로스와 다르다. 쇼펜하우어는 다음과 같이 말한다.

> 행복한 나날을 보낼 때는 행복을 그리 의식하지 못하고 있다가, 그것이 과거의 일이 되고 대신 불행이 찾아오면 그제야 행복을 상기하게 되는 것이다. 그리고 쾌락을 누릴수록 그에 대한 감각은 약해지고, 어떤 쾌락도 익숙해지면 아무것도 아니게 될뿐더러 그 쾌락 때문에 오히려 고통을 더욱 뚜렷이 느끼게 된다. 그리고 쾌락에 젖어 살던 습관이 없어지면 남는 것은 괴로움뿐이다. 시간은 즐겁고 재미있게 지낼수록 빨리 지나가버리고, 슬픔에 빠져 있으면 더디게 가는 법이다. 능동적인 것은 환락이 아니라 고통이다. 고통이 생길 때에만 직접적인 실감을 느끼기 때문이다.[199]

삶에 대한 강렬한 의지를 갖는다 해도 세상은 자기 의지대로 되지 않는다. 그래서 자기 의지를 부정하고 체념해야 한다는 것이 쇼펜하우어 인생론의 핵심이다. 쇼펜하우어는 모든 것을 내려놓는 체념의 순간에 영혼의 평온함이 찾아온다는 침묵의 깨달음을 전하고 있다.

> 전체에 대한 인식, 즉 물자체의 본질에 대한 인식은 모든 의욕의 '진정제'가 된다. 이렇게 되면 의지는 생을 떠난다. 이제 의지는 자기의 긍정이라고 여기는 생의 쾌락들이 무서워진다. 그래서 사람은 자발적인 단념·체념, 참된 평정과 완전한 무의지의 상태에 도달하게 된다.[200]

자기 사상에 대한 확신에 찬 의지의 소유자인 쇼펜하우어는 현실의 벽 앞에서 좌절해야 했다. 헤겔과의 대결에서 패하고 출간한 책들마다 인기를 얻지 못했다. 그러나 쇼펜하우어는 마음이 찢어지는 고통을 감내하면서 글을 썼고 포기하지 않고 출판했다. 쇼펜하우어에게 삶은 고통일 수밖에 없었다.

> 고통은 적극적으로 우리에게 작용하는 데 비해 행복과 쾌락은 소극적으로 작용한다. 그러므로 어떤 사람의 생애가 행복했다

199 『세상을 보는 지혜』「인생을 생각한다」, p. 92.

200 『세상을 보는 방법』「의지와 표상으로서의 세계」, p. 970.

는 것은 기쁨과 즐거움을 얼마나 누렸는가를 계산할 게 아니라, 적극적인 고통을 얼마나 적게 느꼈느냐 하는 게 척도가 되어야 할 것이다.[201]

그래서 쇼펜하우어는 자기 뜻대로 굴러가지 않는 세상에 대해 체념했다. 그런데 이 체념이 수동적인 것이 아니라 달관에서 오는 적극적인 삶의 태도였다. 자기와 타자는 일체로서 존재할 수 없기에 삶은 고통이다. 자기도 의지를 갖지만 타자도 의지를 갖는다. 이 의지의 부딪침에서 서로에게 상처를 입힐 수밖에 없다. 쾌락은 타자의 고통으로부터 얻어진다. 이렇게 얻어진 쾌락은 순간적인 만족이다. 그래서 고통에 처한다. 이러한 고통의 악순환을 피하려면 쾌락을 포기해야 한다. 따라서 의지를 부정하고 체념해야 한다.

이런 점에서 쇼펜하우어는 자살은 고통을 스스로 짊어지는 삶의 의지의 부정이 아니라 쾌락의 추구가 좌절한데서 오는 삶의 포기일 뿐이라고 단언한다. 채워지지 않는 쾌락인 삶의 의지의 긍정이 좌절될 때 생을 포기하는 것이 자살이라는 것이다. 자살은 생을 원하지만 생이 놓여 있는 조건들에 만족하지 못하는 것뿐이다. 자살은 살고자 하지만 즉 쾌를 원하지만 쾌를 얻지 못하는 세상에 좌절하여 삶을 포기하는 것이다. 자살은 살기 위해 죽음을 택한다는 점에서 삶의 의지의 연장이다. 이런 점에서 자살이라는 무의 의지는 삶의

201 『세상을 보는 지혜』「인생을 생각한다」, p. 97.

의지라고 할 수 있다. 따라서 우리는 체념에서 영혼의 평온이 찾아든다는 쇼펜하우어의 인생관은 자살과 같은 삶의 소극적인 포기와는 전혀 다른 삶의 태도임을 알 수 있다. 고통이 두려워서 체념하는 것이 아니라 쾌락이 두려워서 체념하기 때문이다. 모든 것을 내려놓는 순간 평온하다!

> 큰 불행과 구원에 대한 절망으로 초래된 이러한 의지의 부정에 대해서는 괴테가 불후의 걸작인 『파우스트』에 나오는 그레트헨의 수난 이야기 속에서 명확하고도 직관적으로 보여주고 있는데, 나는 문학작품 가운데 이것에 필적할 만한 것을 찾지 못했다. 그 이야기는 의지의 부정에 도달하기 위한 제2의 길을 보여주는 완전한 전형이다. 즉 제1의 길처럼 전 세계의 고통을 단순히 인식하고 이것을 자신의 것으로 만듦으로써가 아니라, 자기의 한없는 고통을 스스로 느낌으로써 의지의 부정에 도달하는 길이다. 많은 비극들이 의욕이 강한 주인공에게 이러한 완전한 체념의 경지에 이르게 하고, 그러고 나서 생에 대한 의지와 함께 그 현상도 끝나게 하는 것이 보통이다. 그러나 내가 아는 한, 지금 말한 『파우스트』에서의 묘사처럼, 그 변화의 본질적인 것을 부수적인 것을 없애고 명백하게 보여주는 작품은 본 적이 없다.[202]

---

202 『세상을 보는 방법』「의지와 표상으로서의 세계」, p. 986.

삶이 고통이므로 고통을 극복하는 대신 체념하라는 염세주의자인 쇼펜하우어와 쾌락주의자인 에피쿠로스는 분명히 구별된다.

> 그러나 외적인 계기나 내적인 기분이 우리를 갑자기 의욕의 끝없는 흐름에서 벗어나게 하고, 인식이 의지에 노역하는 것에서 빠져나오게 하고, 이제 의욕의 동기에는 더 이상 주의를 기울이지 않고, 사물을 의지에 대한 관계로부터 자유롭게 파악하고, 그러므로 관심도 없고, 주관성도 없이, 그것이 동기인 한에서가 아니라 단순히 표상인 한, 사물에 전적으로 몰두하여 그것을 순전히 객관적으로 고찰하게 되면, 처음에 말한 의욕의 길에서 항상 찾았지만, 언제나 달아나버린 마음의 안정이 단번에 저절로 나타나게 되어, 우리는 완전히 행복하게 된다. 그것이 에피쿠로스가 최고선이자 신들의 상태로 찬양한 고통이 없는 상태이다. 우리는 그 순간 수치스런 의지의 충동에서 벗어나게 되고, 의욕의 강제 노동의 안식일을 지키며, 익시온의 바퀴도 멈추기 때문이다.[203]

그러나 쾌락주의자인 에피쿠로스가 말하는 쾌락은 통속적인 쾌락이 아니다. 에피쿠로스에게 쾌락이란 형이상학에서 말하는 실재(實在) 즉 근본 원리이기 때문이다.

---

203 쇼펜하우어 지음, 홍성광 옮김, 『의지와 표상으로서의 세계』(서울: 을유문화사, 2009), p. 333.

그런데 에피쿠로스에게 쾌락과 불쾌감은 인간 자신의 결정에 놓여 있는 것을 놓쳐서는 안 된다. 왜냐하면 에피쿠로스는 인간이 그때마다의 쾌락을 실현하고, 그때마다의 고통을 물리치는 데 노력할 것인지, 더욱 큰 쾌락을 바라는 가운데 어떤 작은 향유를 포기하고 고통을 감내할 것인지 혹은 어떻게든 쾌락 하나만을 줄곧 겨냥하고 그 이외의 미덕을 좇지 않을 것인지는 모두 인간 자신이 각자 결정해야 한다고 보는데, 그것이 바로 인간에게 주어진 자유이기 때문이다. 이렇게 인간의 자유재량에 쾌락이 걸려 있다 해도 에피쿠로스의 쾌락과 불쾌감은 감각(물질)주의에 확고한 기초를 두고 있음을 잊어서는 안 될 것이다.

에피쿠로스는 무절제한 향락 추구를 쾌락으로 삼지 않았다. 에피쿠로스가 극단적인 향락추구자로 후대에 알려진 것은 그의 인기를 시기하던 반대자들이 악의적으로 매도했기 때문이었다.

> 그러므로 쾌락이 인생의 목적이라고 우리가 말할 경우, 그 쾌락이란 일부의 사람들이 우리의 주장에 무지했거나 또 이에 동의하지 않았거나, 또는 오해하거나 해서 생각하고 있는 것처럼 방탕자들의 쾌락이나 성적인 향락 속에 있는 쾌락을 말하는 것은 아니고 몸에 괴로움이 없는 것과 혼에 동요가 없는 것에 다름 아닌 것이다.
>
> (132) 그것은 쾌적한 생활을 가져오는 것이 주연이나 마시고 노래하는 소동을 계속 벌이는 것도 아니고, 소년이나 소녀들과의 (성적인) 교제를 즐기는 것도 아니고 또 생선이나 그 밖에 사치스

런 음식을 맛보는 것도 아니고 오히려 모든 선택과 기피의 원인을 찾아내거나, 또 극도의 동요가 혼을 파악하게 되는 여러 가지 사고를 몰아내는 각성한 분별이야말로 쾌적한 생활을 가져오는 것이다.[204]

스토아학파인 세네카도 에피쿠로스를 오해한다. 왜냐하면 스토아학파는 인간을 공통의 선을 위해 태어난 사회적인 동물로 간주하는 데 비해 에피쿠로스파는 인간을 쾌락을 위해 자기 자신의 이익을 지향한다고 단언하기 때문이다. '불쾌감으로부터의 해방'을 에피쿠로스는 쾌락 원칙으로 삼았는데, 여기서의 쾌락은 향락 추구와는 전혀 관계없음을 알 수 있다. 예를 들어 불쾌감으로부터의 해방을 굶주림에 적용시켜 보자. 굶주림은 불쾌감이다. 에피쿠로스는 굶주림을 해소하기 위해서 맛있는 음식에서 쾌락을 얻으라고 하지 않았다. 그는 소박하고 검소한 음식을 먹는데서 만족하라고 했다. 현대인들이 더 맛있는 음식을 추구하는 것을 쾌락으로 여기는 것과 에피쿠로스의 쾌락은 전혀 상관이 없다. 오히려 에피쿠로스는 현대인의 쾌락을 경멸했다. 에피쿠로스가 말하는 쾌락은 쇼펜하우어가 말하는 쾌락에 가깝다.

우리는 스스로 느낀 것이든 다른 사람이 느낀 것이든, 고통이

---

204 디오게네스 라에르티오스 지음, 전양범 옮김, 『그리스철학자 열전』(서울: 동서문화사, 2008), pp. 719~720.

> 덕과 성스러운 경지에 가까이 가는 것이 적어도 가능하기는 하고, 그 반대로 향락이나 세속적인 만족은 거기에서 멀어져가는 것이라고 보지 않을 수 없다. 이러한 까닭으로 커다란 육체적인 고통이나 무거운 정신적인 고뇌를 짊어진 사람들, 뿐만 아니라 큰 노력을 요구하는 육체적 노동을 얼굴에 땀을 흘리고 뚜렷한 피로의 기색을 보이며 수행하면서 모든 것을 꾹 참고 불평하지 않는 사람, 이러한 사람은 깊이 주의해 보면, 괴로운 치료를 받으면서도 자기가 괴로우면 괴로울수록 병독도 파괴되고, 현재의 고통은 자기 치료의 척도라는 것을 알기 때문에, 그 치료로 인해 생기는 고통은 기쁘게 참고 만족하기까지 하는 병자 같다.[205]

그래서 항상 새롭고 더 사치스러운 향유를 좇는다는 것은 무의미한 행위요, 그럼에도 그렇게 행동하는 자들은 자기감정을 오해한 데 지나지 않는다. 왜냐하면 쾌락의 본성에 관해 제대로 통찰하지 못한 까닭이다. 에피쿠로스는 미식가들의 요리 레시피나 욕정적인 쾌락이론, 향락을 말하지 않았다. 아무데나 오줌을 누거나 아무데서나 잠을 자는 것과 같은 쾌락이 아니다. 쾌락은 무제한적으로 허용되는 것이 아니라 사회 규범에 의해서 제한된다. 자기 돌봄이란 의미에서의 불쾌감으로부터의 해방이 에피쿠로스가 말하는 쾌락이다. 에피쿠로스는 타인에게 잘 보이기 위한 허영을 쾌락으로 보지 않았다.

---

205 『세상을 보는 방법』「의지와 표상으로서의 세계」, p. 990.

에피쿠로스는 내면의 행복을 추구했는데 다음의 글은 이를 잘 보여준다.

> 그는[에피쿠로스는] 임종을 앞두고 『이도메네우스Idomeneus에게 보낸 편지』에서 강조하길, '가장 커다란 고통에도 불구하고 행복하다'고 했는데, 그것은 그 죽음의 시련이 앞서 가졌던 즐거운 일들에 대한 기억을 통하여 해소되기 때문이라는 것이다. "내 인생의 복된 순간이며 동시에 최후의 이날을 보내면서 나는 이렇게 그대에게 글을 씁니다. 나는 지금 방광과 요도가 더 이상 자리할 수 없는 커다란 통증에 쫓기고 있습니다. 그러나 이 모든 고통에 대면하여 '영혼의 기쁨'이 우리들 사이에서 벌어졌던 지난날의 대화에 대한 기억을 좇아 우뚝 서 있답니다."[206]

방광염과 요도염 때문에 육체가 극심한 고통에 있지만 내면은 행복했다는 것이다. 이는 달리 말해 건강한 삶이란 비록 그것이 전제되는 요건이지만, 행복을 위한 충분조건이 아니라 그것을 넘어선 영혼의 안정(부동요)에 귀속하는 것이다. 이는 에피쿠로스가 살았던 헬레니즘 당시의 사람들의 생각에도 분명히 나타난다. 에피쿠로스는 고통이 쾌락을 준다고 말한다. 이러한 에피쿠로스의 쾌락은 프로이트가 말하는 쾌락에 가깝다. 프로이트에게 쾌락은 흥분(고통)의 감

---

206 『헬레니즘 철학사』, p. 279.

소이기 때문이다. 잠을 자지 못해서 오는 고통(불쾌)을 줄이는 것이 쾌락이다. 흥분량(고통량)의 감소가 쾌락이라는 프로이트의 쾌락은 불쾌감으로부터의 해방이라는 에피쿠로스의 쾌락과 유사하다. 프로이트에게 쾌락은 무제한적으로 추구될 수 없다. 오줌은 화장실에서 해결해야지 길거리에서 해서는 안 된다. 이렇게 쾌락을 금하는 것을 프로이트는 현실원칙이라고 한다. 에피쿠로스의 쾌락 원칙을 몽테뉴는 다음과 같이 반복한다.

> 그뿐더러 이런 극단적인 고통을 겪다가 담석을 비워 내고 나면, 담석통이 더 급격하고 심하게 아플 때에 그렇지만, 마치 번갯불처럼 아주 자유롭고 충만한 건강이라는 아름다운 광명을 회복하게 될 때의 갑작스런 변화에 비겨서 더 감미로운 일이 또 무엇이 있을 것인가? 이 고통을 치른 뒤에, 그렇게도 신속하게 몸이 회복되는 쾌감에 견주어 볼 것이 또 무엇이 있는가? 이 건강은 병에 아주 가깝게, 아주 일정하게 찾아오는 까닭에, 마치 둘이 서로 머리를 맞대어 대항하고 있는 모습으로 양편의 가장 두드러진 특징을 앞에 놓고 비교해서 알아볼 수 있을 때에, 병을 치르고 난 뒤의 건강은 얼마나 더 아름답게 보이는가![207]

이처럼 에피쿠로스의 행복(쾌락)은 단순하지 않다. 오랜 시간 책

---

207 『수상록』 나는 무엇을 아는가 판.

을 읽느라 다리에 통증이 올 때 책에 집중하면 내면의 안정을 찾아 고통을 느낄 수 없다는 필자의 경험과 에피쿠로스가 말하는 쾌락은 같지 않을까? 에피쿠로스의 쾌락은 스토아학파의 금욕과 같다. 고된 독서 끝에 낙(樂)이 온다. 고진감래(苦盡甘來)는 참고 견디는 고통스런 인내에서 오는 쾌락이다. 오딧세우스가 세이렌의 아름다운 목소리를 들으려는 욕망을 고통스럽게 견뎠으므로 귀향이라는 더 큰 쾌락을 얻을 수 있었듯이 말이다.

> 그들이〔세이렌이〕 고운 목소리로 이렇게 노래하자 내 마음은 듣고 싶어 했소.
> 그래서 나는 전우들에게 눈짓으로 풀어달라고 명령했으나
> 그들은 몸을 앞으로 구부리며 힘껏 노를 저었소.
> 그리고 페리메데스와 에우륄로코스가 당장 일어서더니
> 더 많은 밧줄로 나를 더욱 꽁꽁 묶었소.
> 우리가 배를 몰아 세이렌 자매 옆을 지나가고
> 그들의 목소리와 노랫소리가 더 이상 들리지 않자
> 내 사랑하는 전우들은 지체 없이 내가 그들의 귀에다
> 발라준 밀랍을 떼고 나도 밧줄에서 풀어주었소.[208]

이처럼 금욕에서 쾌락을 얻는 것은 무절제한 쾌락을 금지하는 현

---

208 『오뒷세이아』, pp. 272-273.

실원칙을 준수하는 것에서 얻는 쾌락과 같은 것 아닐까? 오줌을 아무데서나 눈다면 쾌락은 아주 작을 것이다. 가득 찬 오줌보를 참고서 화장실에서 방뇨할 때 느끼는 쾌락은 아주 크다. 스토아학파인 세네카는 금욕에서 행복을 찾는다.

> 몸이 필요로 하는 것은 얼마 되지 않습니다. 추위를 막고 굶주림과 목마름을 음식으로 달래는 것, 그것이 몸이 원하는 것입니다. 무엇이든 그 이외의 욕망을 품는다면, 악덕 때문에 기를 쓰는 것이지 (자연의) 필요성 때문이 아닙니다. 모든 바다를 섭렵하는 것은 필요 없는 일이고, 동물의 사체를 배 속에 가득 채워 넣거나, 낯선 바닷가에서 이 세상 끝에 있는 바다의 조개를 캐는 것도 필요 없는 일입니다.[209]

세네카는 외적인 사물이 가진 영향력은 미미한 것이며, 행복과 불행 어디에도 그다지 큰 힘을 미치지 않는다고 단언한다. 스토아학파의 행복관은 순조로운 환경이라고 기뻐하지도, 역경이라고 의기소침하지도 않는다. 왜냐하면 행복은 자기 내부에 있고, 자신에게서 기쁨을 얻으려고 노력하는 데 행복이 있기 때문이다. 세네카는 말한다.

---

209 『세네카 인생론』「헬비아에게 보내는 위로의 편지」, p. 319.

> 그러므로 저는 모든 사람이 얻고 싶어서 간구하는 모든 것 가운데 진실한 것은 한 조각도 내재하지 않는다고 생각해 왔고, 사실 그런 것은 모두 허망한 것이며, 사람의 눈을 속이는 화장을 하여 겉으로는 그럴 듯해 보이지만, 속에는 겉모습과 비슷한 것은 털끝만큼도 없는 것임을 알았습니다.[210]

세네카는 인간이 가난하다면, 그것은 자연의 결함 때문이 아니라 자기 정신의 결함 때문이라고 단언한다. 그런 인간에게 그가 잃은 것을 아무리 돌려줘도 소용없는 일이기 때문이다. 아무리 금은보화를 산더미처럼 쌓아도 만족할 줄 모르는 정신을 채울 수 없다. 결핍이 아니라 정신의 결함에서 생기는 욕구는 끝이 없다. 그래서 세네카는 자연이 필수로 한 것에 만족하는 삶을 살 것을 주문한다. 스토아학파에서 말하는 금욕은 배고픔을 충족하기 위해서는 음식을 먹어야 한다. 그런데 사치스런 음식으로 허영을 부리지 말고 검소한 식사를 하라는 것이다. 검소한 식사를 하는 것이 금욕이다.

> 비를 가리는 지붕도 몸에 걸치는 옷도 그에게 부족한 일은 없습니다. 몸은 부양하는 것과 마찬가지로 가리는 데도 조금의 것으로 충분하기 때문입니다. 자연이 필수로 한 것 가운데, 인간에게

210 『세네카 인생론』「헬비아에게 보내는 위로의 편지」, p. 311.

성가신 것이 되게 한 것은 아무것도 없습니다. 그런데도 사람들은 많은 조개에서 염료(조개에서 채취되는 보라색 염료)를 채취하여 물을 들이고, 금실을 넣어, 온갖 빛깔과 기술을 부린 무늬로 장식된 보랏빛 옷을 갖고 싶어 합니다. 그런 인간이 가난하다고 한다면, 그것은 자연의 결함 때문이 아니라 자기 정신의 결함 때문입니다. 그런 인간에게 그가 잃은 것을 아무리 돌려줘도 소용없는 일입니다.[211]

인간은 아무리 산더미처럼 부를 쌓아도 욕망이 끝나지 않는다. 그러므로 자연이 정한 한도 내에 자기를 억제하는 금욕적인 삶이 요청된다. 금욕주의자는 가난을 느끼지 않는다. 자연의 한도를 넘어서서 욕망을 추구하는 자는 아무리 부자라도 언제나 가난하다. 세네카는 사람을 부자로 만드는 것은 정신이라고 단언한다. 그렇지만 자연이 정해준 운명에 순응해서 살아야 하는 것이 굴욕적인 것도 참으면서 산다는 말은 아니다. 세네카는 말한다.

단련 자체가 고행이라네. 그러니 우리도 모든 것을 헤쳐 나가야 하네. 그 대가는 승자의 영광스러운 종려관도 아니요, 우리의 이름을 선언하기 위해 정숙을 요구하는 나팔수도 아니네. 바로 미덕과 굳건한 영혼과 평화라네. 평화를 앞으로 영원히 확보해 두

---

211 『세네카 인생론』「헬비아에게 보내는 위로의 편지」.

려면, 싸움터에 임하여 운명을 타파해버리면 되는 것이네.[212]

여기서 스토아학파의 운명론이 운명을 타파하기 위해 분투하는 것임을 알 수 있다. 운명에 체념하여 사는 것이 아니라 운명에 도전하는 적극적 삶의 태도가 스토아학파의 운명애이다. 역경을 극복하려는 도전적인 스토아학파의 운명애는 조금만 어렵고 힘든 일이 닥치면 포기하려는 나약한 현대인들이 가슴에 새겨 실천해야 할 지침이다.

세네카는 시끄러운 소음에도 상관하지 않고 마음의 평정을 유지했다고 한다. 외부는 마음의 평온을 유지하는 데 아무 상관이 없다는 것이다. 그런데 몽테뉴는 이러한 세네카와 달리 파리 소리에도 참지 못했다고 한다. 세네카는 공중목욕탕 옆에 살았는데 온갖 사람들이 드나들면서 소리를 꽥꽥 질러댔다. 목욕물 내리는 소리, 물바가지 던지는 소리, 웅성거리는 소리, 싸우는 소리 등에도 상관없이 마음을 평온하게 유지했다고 한다.

나는[세네카는] 목욕탕의 바로 위에서 살고 있다. 약간 힘깨나 있어 보이는 사나이가 운동으로 납으로 된 추를 손에 들고 내두르면서 맹렬히 연습을 하고 있다든지, 혹은 운동을 하고 있는 체할 때 들려오는 구령 소리, 배에 힘을 주고 숨을 내쉴 때마

---

212 『세네카 인생론』, p. 521.

다 숨이 차서 헐떡거리는 외마디 소리. 그런가 하면 게으름뱅이가 싸구려 안마를 받으며 만족스러운 기쁨을 느낄 때마다 찰싹찰싹 어깨를 두드리는 소리가 들리는 것이다. (…) 그밖에도 과자 장수들이 외쳐 대는 갖가지 외마디 소리며, 소시지 장수들이 지르는 소리, 빵 장수 소리, 그 외의 먹을 것을 팔고 다니는 사람들이 모두 다 저마다의 물건을 제각기 독특한 목소리로 외쳐대는 소리들이 뒤범벅이 되어 온통 요란하게 되는 것이다. (…) 나는 그 같은 잡음은 파도 소리나 흘러 떨어지는 물소리 정도로밖엔 여겨지지 않는다고 단언할 수 있다.[213]

그런데 몽테뉴는 이런 소란은 고사하고 파리가 날아가는 소리에도 마음을 빼앗겼다고 한다.

소크라테스는 그의 아내가 쉴 새 없이 바가지를 긁는 속에서 어떻게 견디어 내는가 하고 놀라며 묻는 알키비아데스에게 대답했다. "여느 때 물 길어 올리는 바퀴소리에 길든 사람과 같다." 나는 완전히 그 반대이다. 내 정신은 너무 약해서 날아가 버리기 쉽다. 외따로 생각 속에 몰두해 있을 때에, 파리 한 마리만 '왱' 해도 내 생각은 사라져 버린다.[214]

---

213 세네카 지음, 장경룡 옮김, 『산다는 것과 죽는다는 것』(서울: 혜원출판사, 1999) 「도덕서간」 56, pp. 177-178.

214 『수상록』 나는 무엇을 아는가 판.

몽테뉴의 참지 못하는 성질은 쇼펜하우어도 마찬가지였다. 쇼펜하우어의 옆집에 수다쟁이인 재봉사 카롤리네 루이제 마르케라는 여자가 살았다. 어느 날 밤 그녀는 쇼펜하우어 집 앞에서 다른 두 여자와 목소리를 높여 수다를 떨기 시작했다. 처음에는 시끄러운 그녀들을 조용히 타일렀으나 듣지 않자 쇼펜하우어도 마침내 분노가 폭발해 그녀와 몸싸움을 하던 중에 마르케가 바닥에 나동그라지고 말았다. 마르케는 부상을 입었다며 떠들고 다녔고 소송을 걸었다. 쇼펜하우어는 패소하였고, 소송비용의 6분의 5를 지불했을 뿐 아니라 치료비 전액 및 그녀가 살아 있는 동안 해마다 상당액의 위로금과 연금을 지급하라는 판결을 받게 되었다. 쇼펜하우어는 마르케가 바느질에서 손 떼고 평생 자기 돈으로 호위 호식할 것을 생각하면 피가 거꾸로 솟았다고 한다.

여기서 몽테뉴의 쾌락과 에피쿠로스의 쾌락의 차이를 알 수 있다. 몽테뉴는 다음과 같이 말한다.

> 나는〔몽테뉴는〕 젊었을 적부터 가끔 식사를 걸렀다. 그것은 다음날의 입맛을 돋우기 위한 것이었다. 에피쿠로스가 풍성하게 차리는 음식 없이 넘기도록 식욕을 길들이기 위해서 식사를 거르거나 식사를 간조하게 하던 식으로, 나는 그 반대로 풍부한 음식을 즐기며 내 탐락을 돋우기 위해서 검소하게 식사하는 것이며, 또 내 신체나 정신의 어떤 행동을 위해서 정력을 보존하려고 단식하는 것이었다. 포식은 정신이나 신체를 모두 다 심히 게을러지게 하기 때문이다.[215]

에피쿠로스가 불쾌감으로부터의 해방에서 행복을 찾았다고 하는 데서 완전한 불쾌감에서 벗어날 수 있는 것인가에 대한 물음을 던져야 한다. 에피쿠로스는 완전한 행복은 없음을 알고 있었다. 완전한 행복은 유토피아다. 유토피아는 없는 장소를 말한다. 그래서 언제나 연기된다. 완전한 행복 상태가 항존 한다면 행복이란 감정이 존재할까? 이때 행복은 존재하지 않는다. 이런 행복이 존재한다는 것은 자기모순이다. 그래서 행복을 추구하고 얻으려는 것이다. 붙잡을 수 없으니까 목적으로 설정하는 것이다.

이런 행복의 역설 때문에 에피쿠로스는 감각적 쾌락을 포기하지 말고 추구하라고 한다. 이런 점에서 독서는 눈을 즐겁게 하는 쾌락이다.

"나는[에피쿠로스는] 어떤 경우에도 내가 만일 맛에 따른 쾌락, 사랑에 따른 쾌락, 경청에 따른 쾌락, 나아가 쾌락적인 모든 움직임, 예컨대 어떤 형상을 보고 느끼는 쾌락이나 그밖에 그 어떤 감각을 통해서든 인간의 삶 속에 나타나는 쾌락들을 부정적인 의미에서 기피한다면, 실제 선으로서 무엇을 행해야할지 나는 모르겠다."고 했다면, 우리는 그의 "모든 선의 원천과 뿌리는 배(腹)의 쾌락이요, 현명하고 심사숙고한 행동은 모두 이 쾌락과

---

215 『수상록』 나는 무엇을 아는가 판.

직결된다."[216]

그런데 에피쿠로스는 감각적 쾌락은 '이성적인 활동'을 통해 가능하다고 말한다.

"쾌락으로 가득 찬 삶을 이끄는 것"은 방탕한 생활이나 사치스러운 삶이 아니라, "이성적으로 절제하는 추스름이다. 이성적으로 절제하는 추스름은 모든 취사선택의 토대로 간주되고, 또한 영혼을 가장 크게 흥분시키는 착각의 오류에서 벗어나게 한다."고 에피쿠로스는 말한다(Men. 132). 이와 같은 〔방법론적〕 이성의 역할에 대한 신뢰에서만큼은 분명 에피쿠로스학파와 스토아학파가 서로 일치한다. 그 두 학파에게 이성적인 통찰이란 행복을 향한 참되고 유일한 길(여정)이다. 그러므로 '프로네시스'(지혜)는 이 두 학파에게 동일한 미덕으로 받아들여진다. 그러나 이 신뢰의 근거는 서로 다른 데에서 기초한다. 에피쿠로스에게서 이성은 '아주 뛰어난 자연적인 원칙'이 아니라, '그 자체로 비합리적인 자연세계' 안에서 인간에게 살아갈 방향을 안내하는 보조수단일 뿐이다.[217]

---

216 『헬레니즘 철학사』, p. 260.

217 『헬레니즘 철학사』, p. 265.

에피쿠로스는 인간의 구원이 내면의 통제에 있다고 보았다. 따라서 구원은 '외적인 가치로서의 재화' 축적이 아니라, '쾌락에 대한 올바른 내면적인 마음가짐'에 달려있다. 그런데 에피쿠로스에게 이성은 자연 안에 붙박여 있는 고유한 힘으로 규정되는 스토아학파의 이성과 달리 "불쾌감으로부터의 해방"이라는 등가적 쾌락원리 즉 쾌락의 평등성에 파생하는 보조수단이다. 에피쿠로스에게 이성은 스토아학파와 달리 제한적이다. 에피쿠로스에게 본질적인 윤리적 가치는 자기 돌봄 즉 자기 만족이다. 타자와의 비교는 의미가 없다. 일방적으로 금욕적인 삶을 독촉하지도 않았다. 이런 점에서 쇼펜하우어와 다르다.

그는 의지를 억제하는 것처럼 의지의 가시성, 객관성, 즉 육체까지도 억제한다. 그는 자기 육체가 지나치게 생기 있고 강건하게 되어서, 단순히 표상과 반영에 불과한 의지를 다시 활기 있고 더욱 강하게 자극하는 일이 없도록, 육체에 영향도 조금만 공급한다. 그래서 그는 단식하고, 나아가 금욕과 고행도 하고, 끊임없는 결핍과 고통을 통해 자기는 세계에서 고통스러운 존재의 원천이라고 인식하고, 또 혐오하는 의지를 점점 더 좌절시키고 죽인다.[218]

218 쇼펜하우어 지음, 권기철 옮김, 『세상을 보는 방법』「의지와 표상으로서의 세계」(서울: 동서문화사, 2005), p. 974.

또한 에피쿠로스는 사치스런 삶을 강박적으로 거부하지도 않았다. 이 모두는 불쾌감으로부터의 해방의 쾌락 원칙에서 나온다. 왜냐하면 이 원칙을 넘어선 다른 욕망에 빠지는 일이나 새로운 즐거움을 계속 뒤쫓는 일은 무의미할 뿐 아니라 행복을 침해하는 행위이기 때문이다. 이런 것들은 자기만족이 아니라 타자의 시선에 매몰되는 삶에 불과할 뿐이다.

에피쿠로스가 진정으로 원한 것은 인간을 물질적, 외형적 재화로부터 독립시키고 본질적인 것을 인간 내면에 심어주는 것이었다. 쇼펜하우어는 에피쿠로스에 대해 다음과 같이 말한다.

> 에피쿠로스(BC 342?~271?. 고대 그리스 철학자. 그의 실천철학은 올바른 인식에서 정신의 쾌락을 말한 쾌락주의자)가 찬양한 최대의 선, 즉 여러 신의 최고 행복도 고통을 초월한 이런 상태를 가리키는 것이다. 우리는 그동안 의지의 무거운 압력에서 벗어나, 의욕이라는 강제적인 부역을 면하고 안식을 즐길 수 있으며, 이숀의 불 수레는 회전을 멈추게 된다. 이때 궁전 들 창가에서 저물어가는 태양을 바라보거나 감옥의 철창에서 바라보거나 느낌은 마찬가지다. 마음의 조화를 이루고 순수한 사상이 의지를 능가하는 것은 어느 곳에서나 가능한 일이다.[219]

---

219 『세상을 보는 지혜』「인생을 생각한다」, p. 176.

이것이 가능하려면 외적으로 존재하는 것들에게 마음을 빼앗기지 않아야 한다. 인간은 스스로를 위해서 고유한 쾌락을 얻고자 한다. 이것은 당시 헬레니즘 시대가 개별주의 패러다임에 지배되고 있었기 때문이다. 따라서 개별주의 패러다임에서 각자의 내면적인 생각에 의해서 행운과 불행이 결정되는 것은 당연한 귀결이라고 하겠다. 마음먹기에 따라서 행복하기도 불행하기도 하니까 말이다.

에피쿠로스는 내면의 성찰 즉 지혜를 추구하는 것이야말로 진정한 쾌락이라고 단언한다.

> 그러므로 "이성 없이 행복한 것보다는 이성을 가진 채 불행한 것이 훨씬 더 낫다. 왜냐하면 올바른 판단이 〔성공을 이루지 못하더라도, 잘못된 판단을 통해〕 우연히 성공하는 것보다는 훨씬 더 아름답기 때문이다."
>
> (…)
>
> 우리는 다시금 에피쿠로스의 중심사상을 엿보게 된다. 쾌락과 불쾌감에 관한 올바른 개념을 터득한 자에게는 외적인 실패가 결코 중요한 것이 아니다. 그런 사람은 행복을 위해 필요한 모든 것이 언제나 뒤따르고 있음을 확신하기 때문이다. 이에 반해 잘못된 상상에 의존하는 사람은 외적인 성공조차 십분 활용하지 못한다. 그는 또다시 상실할 것에 대해 두려워하고, 더욱 많은 것을 얻기 위한 욕심으로 고통스러워하기 때문이다. 그러므로 지혜를 통해서만, 그리고 에피쿠로스가 가르치는 바를 지치지 않고 연구함으로써만 〔근본적으로〕 행복해질 수 있다.

지혜를 위해 애쓰는 자는 완전히 내적인 평화를 얻을 것이다. "마치 인간들 사이에 살아가는 신처럼 말이다. 왜냐하면 그렇듯 썩지 않는 재화[지혜]를 가지고 사는 자란 어떤 사멸할 존재와도 비교가 되지 않기 때문이다."[220]

아메리카노와 행복

"한번 뿐인 인생인데 [아메리카노를 마시는 것과 같은] 이런 소소한 즐거움조차 누릴 수 없다면 좀 슬프지 않을까"라는 유시민의 독백은 에피쿠로스의 "모든 선과 악은 느낌 속에 자리한다."는 말과 일맥상통하는 행복관이다.

이 말은 유시민이 자신의 소소한 행복을 "아메리카노 커피를 먹어야 회의를 할 수 있는 분들을 보면서 노동자 민중과 무슨 인연이 있는지 의아할 뿐"이라는 공격에 대한 반박인데, 유시민을 공격하는 편의 주장을 가만히 들여다보면 행복이 이념적 합목적성과 '객관적' 관계에 의해서 결정된다는 사고방식을 갖고 있음을 알 수 있다. 반면 "누가 '부르주아적 취향'이라 욕해도 어쩔 수 없다."며 "한번 뿐인 인생인데 이런 소소한 즐거움조차 누릴 수 없다면 좀 슬프지 않을까"

---

220 『헬레니즘 철학사』, pp. 293-294.

라는 유시민의 입장에서 행복이란 개인적인 것이며 자신만이 행복한지 아닌지 알 수 있을 뿐, 누구도 개인적인 판단에 대해 왈가왈부할 수 없으며, 이것은 각자의 고유한 자각이 행복의 최종적이고 절대 자율적인 시금석이라는 입장을 취하고 있음을 알 수 있다.

유시민을 공격하는 쪽은 아리스토텔레스의 행복론이라고 할 수 있다. 아리스토텔레스에게 인간의 영혼은 전체 우주의 일부이므로 당연히 행복도 이러한 외적 질서의 목적에 개인적 행복이 규정되어야 한다고 본다. 이것은 누구나 행복할 수는 있지만 그 행복을 스스로 의식할 수 없으며, 오히려 다른 누군가가 나의 행복에 대하여 앞서 제대로 더 잘 알 수 있다는 것을 가리킨다.

반면 유시민의 행복관은 행복이란 외부질서에 의해 이해될 수 있는 것이 아니라는 입장이다. 달리 말해 행복이란 개인적인 일이나 주관적인 느낌으로 인식될 수 있다는 것이다. 이러한 행복론을 개별주의 행복론이라고 한다. 따라서 우리는 유시민의 행복론을 개별주의 행복론, 이를 반박하는 입장을 공동체주의 행복론이라고 규정할 수 있다.

공동체주의는 국가와 사회공동체와 같은 타자에 의해 행복이 결정되는 것을 말한다. 자연 질서에 의해 인간의 운명이 결정되므로 이에 순응해서 사는 태도도 여기에 속한다. 이러한 결정론에서 인간의 자유는 공동체의 뜻에 얽매이게 된다. 따라서 내면의 성찰인 자기돌봄에서 행복을 추구하기 보다는 공동체가 원하는 바에 따라 살아야 한다. 규범에서 벗어나면 응분의 대가를 치러야 한다. 그래서 공동체주의에서 개인들은 늘 두려움과 불안에 떤다. 공동체주의는 목표를 정해 놓고 그것에 따르기를 강요하는 삶의 방식이다. 결코 도달할 수 없는 선망의 대상이 목표이다. 소유할 수 없는 이상향을 정해서 얽매이게 하고 개인의 행복을 제약한다.

고대에는 이성이 인간 모두가 소유한 인간 고유의 본성이 아니었다. 인간 중에서 일부 귀족만이 소유하는 능력이었다. 이런 세계관에서 일반 민중의 행복은 고려되지 않았다. 귀족층은 일반 민중들에게 절제를 강요했다. 인간의 운명은 우주 질서의 일부로 이미 결정되었으니 사회 질서에 맞춰 살아야 한다. 개별적 정체성은 국가와 사회공동체에 맞춰야 한다. 개별적 관심사는 뒷전이다. 도시국가에서는 개별적 정체성이 도시국가와 일체화 되었다. 그런데 도시국가가 쇠퇴하고 등장한 알렉산더 제국에서 국민은 국가와 느슨한 관계를 유지하게 되었다. 국가와 일체화됨으로써 맛보던 행복은 가능하지 않게 되었다.

이제는 개별적인 내면에서 행복을 찾아야 한다. 국가와 운명공동체가 되는 데서 행복을 찾을 수 없다. 일체감이 사라진 뒤에 인간은 스스로 행복을 찾아 나섰다. 개인적 관심사로 행복의 관점이 변했다. 그런데 러셀은 이러한 개인의 행복을 추구하는 철학을 고독의 철학이라고 신랄하게 비판한다.

> 이 세상에는 시대마다 갖가지 고독의 철학이 존재했다. 그 중에는 매우 고상한 종류도 있었고, 그렇지 못한 것도 있었다. 스토아학파의 철학자들과 초기 기독교도들은 인간은 자기 자신의 의지만으로, 또는 다른 '인간의' 도움을 전혀 받지 않고도 인간의 삶이 도달할 수 있는 최고선(最高善)을 실현할 수 있다고 믿

었다. 또한 권력을 삶의 목표라고 보는 사람들도 있었고, 단순한 개인적 쾌락을 삶의 목표로 여기는 사람들도 있었다. 사람들이 모인 크고 작은 사회 속에서가 아니라, 각기 개별적인 한 사람 한 사람에 의해서 선이 실현될 수 있다고 여겼다는 점에서 앞에서 소개한 철학들은 모두 고독의 철학이다. 내가 보기에 이러한 철학들은 모두 그릇된 것이다. 그것들은 그릇된 윤리학일 뿐만 아니라, 인간 본성이 가진 보다 우월한 부분을 표현하는 데 있어서도 부정확하다. 인간은 협력하지 않으면 살 수 없다.[221]

이러한 러셀의 비판은 헬레니즘 당시의 시대 상황을 무시하고 있다는 점에서 정당한 비판은 아닌 것 같다. 러셀은 내면의 평온을 추구하는 것이 행복과는 무관하다고 『행복의 정복』에서 말한다. 러셀은 공동체와 관계하는 삶을 살아야만 행복할 수 있다고 한다. 공동체와 관계하는 삶은 외부로 향하는 삶을 말한다. 러셀의 말을 들어보자.

글을 쓰려는 생각을 버려라. 그 대신 글을 쓰지 않으려고 노력해보라. 세상으로 나가라. 해적도 되어보고, 보르네오의 왕도 되어보고, 소련의 노동자도 되어보라. 기본적인 신체적 욕구를 충족시키기 위해서 모든 에너지를 쏟아야 하는 생활을 해라.[222]

---

221 『행복의 정복』, pp. 44-45.

러셀에게는 공동체와 관계하는 삶이 선이고 자기 자신에게 몰입하는 삶, 곧 내면의 안정과 평온을 추구하는 삶은 병적인 삶이다. 러셀은 자기 자신에게 몰입하는 삶을 죄인, 자기도취에 빠진 사람, 과대망상에 걸린 사람이라는 세 가지 유형으로 구분한다.

러셀이 말하는 죄인이란 실제로 범죄를 저지른 사람이 아니라 끊임없이 자기 자신을 탓하면서 죄의식에 사로잡힌 사람을 말한다. 이런 사람은 행복할 수 없다고 단언하는 러셀에게서 내면을 성찰하는 삶의 양식 자체를 비난하려는 그의 의도를 읽을 수 있다. 개별적 인간의 내면 성찰에 긍정적인 면이 있음에도 이를 부인하고 부정적인 면만 부각시키려는 그의 의도가 무엇인지는 분명히 알 수 있다.

자아도취에 빠진 사람과 과대망상에 걸린 사람의 구분 또한 죄인처럼 내면적, 성찰적 삶에 대해 부정적인 면만 부각하려는 것임을 알 수 있다. 자아도취에 빠진 자는 죄의식과 정반대로 자신을 찬미하며 남들에게 찬미를 받고 싶어 하는 사람이고, 과대망상은 권력을 갖기를 원하는 사람과 남들이 두려워하는 사람이 되기를 원하는 사람이므로 많은 정신병자들과 역사상 위인들의 대부분이 이 부류에 속한다고 러셀은 말한다. 러셀은 자신에 몰두하는 세 가지 사람들은 모두 행복할 수 없다고 단언한다. 이런 러셀의 생각은 내면의 평온을 얻으려는 개인적인 삶에서는 행복을 얻을 수 없다는 선입견을 은연중에 줄 수 있다. 러셀은 일반화의 오류를 범하고 있다. 일부 사실을

---

222 『행복의 정복』, p. 49.

가지고 전체를 매도하는 것은 합당하지 않기 때문이다.

헬레니즘 당시 사회상이 세상은 개인과 하등 관계가 없다는 분위기였기 때문에 공동체에 무엇을 기대할 수 없어서 체념했을 뿐이다. 따라서 그들은 체념을 통해서 내면의 안정과 평온을 유지하려고 했던 것이다. 그래서 수면(水面)처럼 평평하게 흐르는 내면이 무엇보다도 강조된다.

> 만일 행복이 '내면적인 마음가짐'과 통하고, 외적인 세상은 단지 행복이란 의미를 사람들이 나름대로의 노력과 관련하여 활동의 대상으로 삼을 경우에만 중요한 것처럼 대두되기에, 세상은 행복에 그저 중립적인(혹은 부차적인) 의미를 지닌다고 본다면, 이제 행복은 세상 자체에 의해서가 아니라, 인간이 내면적으로 마음을 가다듬는 행위를 통해 성취될 수 있다는 사실을 이해하게 될 것이다. 세상의 외적인 상황은 행복과 관련하여 상대적인 것에 지나지 않으며 실상 균등한 의미 이상으로 다가오지는 않는다. 왜냐하면 인간이 각자 고유한 내면적 태도를 조절함으로써 ─ 그가 노예이든 자유인이든, 가난하든 혹은 부유하든, 아니면 병들든 건강하든, 그 밖의 어떤 모습으로 이 세상이 재현해내는 상황에서든 ─ 그 어떤 외적 여건 속에서도 얼마든지 행복할 수 있겠기 때문이다.[223]

러셀의 공동체주의 행복관은 그의 예술관에서도 드러난다. 러셀은 말한다.

> 일반인들은 그림이나 시를 이해할 수 없으면 나쁜 그림, 나쁜 시라고 결론을 내린다. 하지만 상대성 이론을 이해하지 못하는 사람들은 자신이 지식이 부족하다고 결론을 내린다(사실이다). 결국 최고 실력의 화가들이 다락방 안에서 굶주리고 있는 동안 아인슈타인은 만인의 존경을 받는다. 화가들이 괴로워하고 있는 동안 아인슈타인은 행복을 누린다. 대부분의 인간들이 보이는 회의적인 태도에 맞서서 끊임없이 자기주장을 되새겨야 하는 생활을 하면서, 진정한 행복을 느낄 수 있는 사람은 거의 없을 것이다. 그렇기 때문에 대부분의 예술가들은 뜻을 같이하는 동아리 속에 파묻힌 채 냉혹한 바깥 세계를 잊고 사는 경향이 있다. 과학자는 뜻을 같이 할 동아리가 필요하지 않다. 같은 과학자들을 제외하면 모든 사람들로부터 존경을 받기 때문이다. 하지만 예술가는 멸시당하며 살 것인가 아니면 비굴하게 살 것인가 이 둘 중 하나를 선택해야 하는 고통스런 상황에 놓여 있다. 일류급의 재능을 가진 예술가라면 이 두 가지 불행 중 어느 하나와 마주쳐야 한다. 자기의 재능을 끝까지 발휘하려고 한다면 멸시당하며 살 것이고, 그것을 포기한다면 비굴한 삶을 살게 될 것이다.[224]

---

223 『헬레니즘 철학사』, pp. 76-77.

러셀은 행복의 기준을 공리(功利)에 둔다. 공리란 삶에 얼마나 유용한가를 척도로 삼는 행복관이다. 그래서 과학자는 더 좋은 삶을 위해 노력하므로 타인으로부터 존경을 받는다. 그래서 과학자는 행복하다는 것이다. 반면 예술가는 개별주의 행복관을 갖고 살기 때문에 불행하다. 러셀에게 행복과 불행의 기준은 다름 아닌 공동체의 복리에 얼마나 기여하는가에 달려 있고 이러한 삶이 행복하다는 것이다. 러셀에게 자아의 내면 성찰은 행복에서 철저히 배제된다.

이와 달리 쇼펜하우어는 예술을 높은 경지의 행복 조건으로 삼는다. 쇼펜하우어는 예술의 탄생을 이데아라는 '변함없는 형상'을 인식하는 예술가들이 '본래 의지에 봉사하기 위해서만 존재하는 인식'을 자유롭고 순수하게 하여 '세계의 본질을 비추는 거울'을 창조하려는 데 있다고 본다. 미적인 관조 속에서 깨달음을 찾는 것이 높은 수준의 행복한 삶인 것이다. 따라서 미적 관조 속에서 깨달음을 찾은 사람은 '의지의 진정제', 즉 체념이 일어나며 '참된 체념'으로 고통이 '덕과 성스러운 경지'에 다가가 '해탈'에 이른다고 본다.

> 우리가 무의지의 순수한 인식의 주관[이데아의 상관태]으로서 미적 관조에 몰두한 경우에 생기는 의욕의 순간적인 침묵이, 바로 미에 대한 기쁨을 이루고 있는 주요 성분이다.[225]

---

224 『행복의 정복』, pp. 159-160.

쇼펜하우어는 의지의 욕구로부터 벗어나 사물의 이데아를 정관할 수 있는 순간은 바로 예술작품의 창작과 향수에 있다고 생각했다. 사물의 이데아를 정관할 수 있는 순간, 곧 관조는 비록 구름 사이로 잠깐 햇살이 비추듯 지속적이지는 않지만 인생의 고통을 잊게 해주는 순간을 의미한다. 의지를 밖으로 향하는 데서 행복을 찾는 러셀과 달리 쇼펜하우어는 의지를 안으로 조용히 가라앉히는 내면을 가꾸는 예술에서 행복을 찾으려고 한다.

런던 올림픽의 생생함을 전하는 방송 화면은 환희에 찬 승자의 모습과 일그러진 패자의 표정을 극적으로 보여 주었다. 승리자는 감격에 겨워 눈물을 흘리면서 승리의 쾌감을 마음껏 표현한다. 신아람 선수는 1초 때문에 분노의 불쾌감에 몸을 떨면서 울었다. 기뻐서 우는 것은 쾌락이고 이때 신체는 팽팽한 긴장 상태에 놓인다. 슬퍼서 우는 것은 불쾌이고 이때 신체는 움 추린 상태에 놓인다. 기필코 이겨야 한다는 욕망은 영혼의 간절함이요, 패배하면 어쩌나 하는 두려움은 영혼의 기죽음이다. 현대는 이러한 쾌락과 불쾌감 그리고 욕망과 두려움을 마음껏 표출한다. 오히려 숨기면 나쁜 것으로 치부된다.

이러한 극단적인 감정을 표출하는 현대인을 고대 스토아 사상가들이 보았다면 질겁했을 것이다. 스토아에서 쾌락은 만족스러운 느낌이고, 충동을 따라 설정한 목표에 도달했을 때 얻는 감정이었다. 반면에 불쾌감은 목표에 이르지 못할 경우 갖는 느낌이다. 스토아학

---

225 『세상을 보는 방법』「의지와 표상으로서의 세계」, p. 952.

파는 쾌락을 비합리적인 감정으로 파악했다. 즉 쾌락이란 감정은 애초에 이성의 잘못된 판단을 따라 생겨난 것으로 보았다. 그래서 쾌락은 만족스러운 충동이고 불쾌감은 불만족스러운 충동에 대한 의식이었다. 이렇게 쾌락과 불쾌감, 욕망과 두려움은 비이성적인 느낌으로 규정되었고, 불행한 감정이며, 병적인 충동이었다. 그래서 스토아 사상가들은 감정을 병적인 증세라고 했다. 이성에서 분리된 잘못된 결단 안에 감추어진 것으로 감정을 바라보았다. 이런 비이성적인 느낌으로서 불행한 감정을 인간은 근본적으로 피할 수 없지만 착한 사람은 이성이 강직하기 때문에 비합리적인 감정인 쾌락으로부터 자유로울 수 있고 악한 사람은 거기에 사로잡혀 있다고 보았다. 고대 스토아 사상가들이 이 같은 현대인들의 비합리적인 감정인 쾌락의 극단을 보고 어찌 비명을 내지르지 않을 수 있을 것인가?

시장(市場)에서 자위행위를 하면서 철학한 반(反)철학자 디오게네스[226]

디오게네스는 많은 일화로 유명하다. 알렉산더 대왕이 몸으로 빛을 가리자 햇볕을 가리니 비키라고 한 것은 유명한 일화다. 그러나

226 디오게네스(Diogenes, BC 412~323): 흑해 연안 시노페 태생의 고대 그리스 철학자. 키니코스학파(견유(犬儒學派)를 대표한다.

이런 냉소가 디오게네스의 전부일까? 그의 이면에 감춰진 무엇이 있어서 그의 이름이 지금도 잊히지 않고 회자되는 것일까?

디오게네스는 인간의 신체(물질) 영역을 중요하다고 여긴 선구자이다. 신체가 외설스런 충동의 찌꺼기를 산출한다면서 소크라테스와 플라톤에 의해 폄하되던 당시 디오게네스는 지성(누스)에 똥물을 뒤집어씌운다. 그리고는 신체(물질)야말로 귀하게 대접해야 한다고 일갈한다.

> 그래서 디오게네스는 술통을 굴리고 혼자서 어슬렁대며 알렉산드로스를 코웃음 쳤고, 인간들을 바람이 가득 찬 오줌보로 보고 있었으니, 그는 내가 보기에는 인간의 증오자라는 별명을 가진 티몬보다도 한층 더 신랄하고 예리했으며, 한층 더 공정한 심판자였다. 왜냐하면 사람이 미워한다는 것은 마음에 걸리는 것이 있기 때문이다. 이 티몬은 우리가 불행하기를 바랐고, 우리의 파멸을 열망하였고, 사람들과의 교섭을 위험하고 흉악하고 타락된 것으로 보고 피했다. 디오게네스는 우리를 너무 무시했기 때문에, 우리에게 감동해서 동요되거나 변질되는 일 없이, 우리와의 교제를 두려워 하는 것이 아니라 그것을 경멸해서 우리를 제쳐놓고 있었다. 그는 우리를 좋은 일도 나쁜 일도 할 수 있는 존재로 보지 않았다.[227]

---

227 『수상록』, p. 326.

역사는 반복된다고 하던가? 계몽주의 이성의 합리주의가 지배하던 근대와 소크라테스의 이성(로고스, logos)과 플라톤의 지성(누스, nous)[228]이 지배하던 고대는 닮았다. 근대 이성에 대해 반기를 들었던 것이 프로이트였다면 소크라테스의 이성과 플라톤의 지성(누스)에 침을 뱉은 이가 디오게네스였다. 2000년 이상의 시차(時差)를 두고 디오게네스는 프로이트에 의해 다시 무덤에서 나온다고 할 수 있다.

신체(물질)와 지성(누스)의 대립은 철학의 기원에서부터 계속되었다. 이성과 지성의 정신을 소유한 인간이 동물의 신체와 똑같은 육체적 충동을 갖는다는 것은 이성중심주의 사상가들에겐 참을 수 없는 치욕이었다. 어떻게 감히 우주의 조화와 질서를 닮은 이성적 인간이 길가에서 개와 똑같이 거시기를 할 수 있는 존재란 말인가?

고대 그리스가 동성애를 고귀한 사랑으로 인정한 것도 이러한 배경에서 이해할 수 있지 않을까? 플라토닉 러브라는 정신적 사랑이야말로 인간의 지성에 알맞은 사랑이다. 남녀 사이의 육체적 결합은 아이를 낳는 생식에 한정하고, 사랑은 고귀한 정신의 소유자인 남자들끼리 나누어야 한다는 주장이었다. 소크라테스도 동성애를 했다고 하니 당시의 분위기를 짐작할 수 있다. 아직 성징(性徵)이 나타나지 않는 미모의 소년들과의 사랑을 하는 성인 남자들이 고귀한 대접

---

228 누스nous는 '지성에 의해서[라야] 알 수 있는 부류, 즉 이데아 또는 형상이다. 감각(아이스테시스)에 의해 알 수 있는 것인 지각과 구별되는 '지성에 의한 앎(이해)' 또는 '직관'이나 '사유'를 지성(누스)이라 한다. 플라톤은 지성과 지각을 날카롭게 구분하여 지성을 실재로 규정한다.

을 받았다고 하니 당대에 얼마나 지성이 육체(물질)를 폄하했는지 알 수 있는 대목이다.

알키비아데스라는 미소년과 귀족들과의 사랑은 유명한데 알키비아데스는 훗날 아테네를 멸망으로 이끈 간첩이 된 인물이었다. 디오게네스를 '견유주의자'라고 한 것은 시사하는 바가 크다. 이성(理性)주의자들은 그 짓을 하는 신체를 하찮게 여긴 반면 디오게네스는 신체(물질)적 본능을 거리에서 아무렇지도 않은 듯이 과시하는 개와 같은 신체를 중시했기 때문이다. 그래서 디오니소스는 가장 사람들이 많이 모이는 아테네의 시장에서 오줌을 갈겼다고 한다. 그리고 보란 듯이 개처럼 자위행위를 했다고 한다. 디오게네스에게 견유주의자란 딱지를 붙인 것은 바로 이러한 신체(물질)를 몸소 실천한데서 연유한다.

디오게네스는 신체(물질)를 냉소했던 이성주의자들에게 도리어 신체(물질)로 되돌려준 반(反)철학자였다. 그야말로 진정한 냉소주의자였던 셈이다. 냉소주의는 흔히 반대를 위한 반대만을 일삼는다고 알려져 있지만 원래 냉소주의는 디오게네스에게서 보듯 전복적이고 도발적인 사상이다. 그것은 현실을 비아냥거리는 태도가 아니라 잘못된 현실을 바로 잡으려 한다는 점에서 혁명적이다.

오늘날의 정부 정책이나 기득권에 보내는 냉소는 디오게네스의 냉소주의와는 본질적으로 다르다. 왜냐하면 오늘날의 냉소주의는 전복의 정신보다는 현실부정의 자기 폄하이기 때문이다. 냉소는 냉소하는 이에게 다시 돌아오기 때문이다. 디오니게스의 냉소주의를 이런 냉소주의로 생각한다면 큰 오산이다.

위에서 보았듯이 디오게네스는 자신과 반대편에 있던 이성주의자들을 인격적으로 비난하지 않았다. 비난하기보다는 너그럽게 웃으면서 대했다. 적대하지 않았다는 것이다. 그래서 플라톤과도 농담을 하는 사이였다.

한번은 그가 말린 무화과를 먹고 있을 때, 플라톤이 지나가자 함께 먹자고 했다. 플라톤이 손을 내밀자 '함께 먹자고 했지 준다고 한 것이 아니다.'라고 말했다. 또 그는 플라톤에게 술을 좀 달라고 요청했다. 플라톤이 몇 리터의 술을 보내주자, 술 좀 달랬더니 그렇게 조금 보낸 것으로 보아 플라톤은 "둘에 둘을 곱하면 스물"이라고 대답할 사람이라고 빈정댔다. 이러한 일화에서 디오게네스의 냉소주의는 오늘날 상대방을 인격적으로 비하하는 냉소주의와는 차원이 다르다는 점을 알 수 있다.

아리스티포스는 폭군 디오니시우스에게 아부하며 비굴하게 살았다. 플라톤은 폭군 디오니시우스가 값비싼 페르시아 의복을 선사했는데 거절하였다. 그러나 아리스티포스는 디오니시우스가 선물한 옷을 받으면서 친구들이 그에게 '디오니시우스가 그의 얼굴에 침을 뱉어도 대수롭게 여기지 않을 것'이라고 그의 비굴성을 나무랐다. 그러자 그는 "어부들은 망둥이 한 마리 잡으려고 머리에서 발끝까지 바닷물에 담그는 일도 참아내지요."라고 하였다. 디오게네스는 폭군 디오니시우스에 비굴하게 빌붙어 사는 아리스티포스를 준엄하게 꾸짖는다.

> 디오게네스는 양배추를 씻고 있다가 그가[아리스티포스가] 지

나가는 것을 보고, "자네, 양배추로 살아 갈 줄 알면 폭군한테 굽실거릴 필요가 없지" 하였다. 그러자 아리스티포스는 이에 대꾸하며 "자네가 사람들과 같이 살 줄 알면 양배추를 씻지 않아도 좋지"라고 하였다. 사람의 이성이 다양한 행동에 그럴듯한 겉모습을 꾸며 놓는꼴은 이런 식이다. 그것은 손잡이가 양쪽으로 둘 달린 항아리이다. 왼쪽을 잡아도 좋고 오른쪽을 잡아도 좋다.[229]

디오게네스는 신체(물질)의 충동을 긍정했다는 점에서 프로이트나 라캉의 선조이다. 이들은 인간을 폄하하기 위해 신체(물질)를 중시한 것이 아니라 인간의 근원을 밝히는데 신체(물질)의 탐구가 필요하다고 생각했다. 그런 점에서 이들은 누구보다도 인간을 포함한 자연을 사랑한 휴머니스트들이라고 할 수 있다. 그런 점에서 프로이트가 성욕의 존재로 인간을 규정함으로써 인간을 폄하했다는 주장은 맞지 않다. 인간에 대한 사랑의 마음이 없는데 감추고 싶은 외설적인 부분을 들여다볼 수 있겠는가? 겉으로 드러난 좋은 부분만 보려고 하지 않을까? 그런 점에서 프로이트와 디오게네스는 누구보다도 더 만물을 사랑했다고 할 수 있다.

프로이트는 누구보다도 절제된 삶을 살았고 자기관리에 철저했다. 마찬가지로 디오게네스도 90세까지 장수하면서 살았다 하니 얼

---

229 『수상록』.

마나 자기관리에 철저한 삶을 살았겠는가? 이들은 오늘날 타인으로의 시선에 사로잡혀 외양 가꾸기를 자기관리로 아는 우리들에게 진정한 자기 돌봄이 무엇인지를 깨닫게 해준다. 디오게네스를 견유학파라고 업신여겼다간 큰 코 다친다. 허름한 행색을 했다고 무시했다간 큰 코 다친다는 것을 깨달을 수밖에 없다. 그는 비록 행색은 남루하지만 탁월한 지성을 갖춘 뛰어난 정신력의 소유자였다. '연탄재 함부로 차지 마라. 언제 그처럼 뜨거운 적이 있었던가.' 이런 것을 디오게네스는 우리에게 가르쳐 준다.

디오게네스는 이성주의자와는 달리 누구보다도 치열하게 철학을 했던 시대를 앞서간 반(反)철학자였다고 할 수 있다. 그리고 디오게네스는 누구보다도 인간과 동물 모두를 사랑했던 휴머니스트였다. 이것이 디오게네스가 필자를 매료시킨 진짜 이유라고 할 수 있다.

호메로스 『일리아스』, 세네카 『인생론』, 몽테뉴 『수상록』과 분노에 대하여

누군가에게 미행당할 때는 공포를 느낀다. 안개 낀 아침에 제주도 올레길을 걷다가 무참히 살해당한 여성은 누군가 자기 뒤를 따라 오고 있음을 의식했을 때 극도의 공포감이 엄습했을 것이다. 요르단에서는 TV 토론을 하던 중 상대편 국회의원의 반박에 격분하여 권총을 꺼내서 위협한 사건이 있었는데, 이때 위협을 받은 이 또한 죽음의 공포에 휩싸였을 것이다. 무라드는 '요르단 정치와 시리아 사태'란 주제로 진행된 프로그램에 바샤르 알 아사드 시리아 대통령을 지지하는 입장으로 출연했다. 그 사건은 샤와브카가 무라드를 공격하면서 시작됐다. 샤와브카가 무라드를 '아사드의 첩자'라고 비난하자 무라드는 "당신은 모사드(이스라엘 정보기관) 요원"이라고 맞받아쳤다. 샤와브카는 토론자의 중재에도 불구하고 오른쪽 신발을 벗어 무라드에게 던졌고, 허리춤에서 은색 권총을 꺼내 무라드를 향해 들어올렸다. 샤와브카가 무라드 쪽으로 움직이자 진행자는 황급히 프로그램을 끝냈다. 총탄은 발사되지 않았다.

서구 문명을 정초한 텍스트라 할 수 있는 『일리아스』는 '분노'란 단어로 시작한다.

> 노래하소서, 여신[무사 여신]이여! 펠레우스의 아들 아킬레우스의 분노를.
> 아카이오이족에게 헤아릴 수 없이 많은 고통을 가져다주었으며
> 숱한 영웅들의 굳센 혼백들을 하데스에게 보내고
> 그들 자신은 개들과 온갖 새들의 먹이가 되게 한
> 그 잔혹한 분노를! 인간들의 왕인 아트레우스의 아들과
> 고귀한 아킬레우스가 처음에 서로 다투고 갈라선 그날부터
> 이렇듯 제우스의 뜻은 이루어졌도다.[230]

---

230 호메로스 지음, 천병희 옮김, 『일리아스』(고양: 숲, 2007), p. 25.

호메로스는 아킬레우스의 분노와 그 무서운 결과를 노래할 수 있도록 해달라고 여신에게 호소한다. 비록 아킬레우스와 아가멤논 사이의 다툼이 여자 문제로 벌어진 것이었지만(아가멤논이 아킬레우스의 애첩인 노예 브리세이스를 데려간다) 브리세이스는 강렬한 에로스적 대상이 아니었다. 그 다툼에서 브리세이스는 전혀 상관이 없는 존재였던 것이다. 문제는 성적 욕망의 좌절이 아니라 상처받은 자존심이었다.

나 역시 비록 창으로 노획한 여인[브리세이스]이긴 하지만
내 아내를 진심으로 사랑했소.
그런데 그자는 지금 내 품속에서 명예의 선물을 빼앗고 나를 속였소.
그자를 너무나 잘 알고 있는 나를 시험하지 마시오. 나를 설득하지
못할 테니까.
(…)
모래나 먼지만큼 많은 선물을 준다 해도
마음 아프게 하는 모욕의 대가를 다 치르기 전에는
아가멤논은 결코 내 마음을 설득하지 못할 것이오.
그리고 나는 아트레우스의 아들 아가멤논의 딸을 아내로 삼지
않겠소. 설사 그녀가 황금의 아프로디테와 아름다움을 다투고
빛나는 눈의 아테네와 솜씨를 겨룬다 해도. 그래도 나는 그녀를

아내로 삼지 않을 것이오.[231]

『일리아스』에서는 신들 또한 분노에서 자유롭지 못하다.

여신 이리스여! 그대의 그 말은 진실로 도리에 맞소.
사자(使者)가 분별력이 있다는 것은 진실로 좋은 일이오.
그러나 그[제우스]와 동등한 몫을 운명으로부터 나누어 받은 나[포세이돈]를
그가 노기를 띠고 꾸짖으려 할 때마다
나는 마음에 심한 모욕감을 느낀다오.
내 몹시 분하기는 하나 이번에는 일단 그에게 양보하겠소.
하나 내 그대에게 말하고 또 마음속으로 이 위협을 다짐하거니와,
그가 만일 나와 전리품을 실어다주는 아테네와 헤라와 헤르메스와
헤파이스토스 왕의 뜻에 반해서 험준한 일리오스를 아껴
이를 파괴하려 하지 않고 아르고스인들에게
위대한 승리의 힘을 주려 하지 않는다면, 그때는 우리도
참을 수 없는 분노에 사로잡힐 것임을 그[제우스]가 알아야 할 것이오.[232]

---

231 『일리아스』, pp. 246-248.

포세이돈과 아테네가 앗티케 지방에 대한 영유권을 놓고 다툴 때, 포세이돈은 아크로폴리스에서 짠물이 솟아나게 해주었으나 아테네는 올리브나무를 주어 아테나이인들에 의해 승리자로 판정되자 격분한다. 또한 포세이돈은 헤라와 아르고스에 대한 영유권을 놓고 다투다가 헤라가 원래부터 그 도시의 보호자였다는 이유에서 더 높은 평가를 받자 격분하여 그곳의 강들을 모두 말리고 나라에 해일이 일어나게 했다고 한다.

또 다른 격분의 사례를 보자. 바다의 여신 테티스를 사랑한 제우스는 그녀가 아버지보다 더 강한 아들(아킬레우스)을 낳을 것이라는 예언에 놀라서 그녀를 아이아코스의 아들 펠레우스(아킬레우스의 아버지)와 결혼시킨다. 이 결혼식에 다른 신들은 모두 초대 받았으나 불화의 여신 에리스만이 초대 받지 못하자, 그녀는 격분하여 결혼식에 참석한 신들 사이에 '가장 아름다운 이에게'라는 글자를 새겨 넣은 황금 사과를 던진다. 그러자 헤라, 아테네, 아프로디테는 황금 사과가 자기 것이라고 주장한다. 여신들은 결국 트로이아 왕 프리아모스의 아들로 그때 트로이아 근처의 이데 산에서 목동 생활을 하던, 인간들 중에 제일 미남인 파리스(일명 알렉산드로스)에게 심판을 받기로 하고 그를 찾아가 사과를 자기에게 주면 헤라는 '아시아에 대한 통치권'을, 아테네는 '전쟁에서의 승리'를, 아프로디테는 절세미인을 아내(헬레네)로 주겠다고 약속한다.

---

232 『일리아스』, p. 407.

그러자 파리스는 사과를 아프로디테에게 준다. 그리하여 그는 아프로디테의 도움으로 아트레우스의 아들 아가멤논의 아우인 메넬라오스의 아내 헬레네를 데려가 트로이아를 전쟁과 파멸 속으로 끌어들이고, 헤라와 아테네는 이에 분노하여 트로이아를 미워하게 된다. 그리스군 장수로서 50척의 함선들과 수많은 뮈르미도네스족을 이끌고 전쟁에 참가하여 용맹을 떨쳤던 아킬레우스가 마지막 10년째 되던 해에 막사에 틀어박힌 채 전투를 거부한 것도 총사령관 아가멤논과의 말다툼 끝에 일어난 격분 때문이었다. 그리스의 신들이나 영웅 그리고 평범한 인간 모두 격분에서 자유로울 수 없는 모양이다.

분노하면 둘째가라면 서러워할 이가 바로 제우스의 정처(正妻) 헤라다. 헤라는 남편 제우스의 바람기에 분노했는데 그 분노가 극에 달한 것이 바로 제우스가 세멜레와 동침하여 디오니소스를 잉태했을 때였다. 세멜레는 테베의 왕 카드모스와 딸인데 헤라는 이 사실을 알고 사람의 모습으로 세멜레 앞에 나타나 세멜레에게 제우스의 본모습을 보여 달라는 청을 하도록 설득했다. 세멜레의 청에 따라 제우스가 번갯불과 함께 모습을 드러내는 순간 세멜레는 번갯불에 타서 재가 되어 버린다. 그러나 헤라의 분노는 여기서 멈추지 않는다. 제우스의 넓적다리에서 달이 차서 태어난 디오니소스는 세멜레의 자매인 이노에게 맡겨지는데 헤라의 분노는 멈출 줄 몰라, 이노와 그녀의 남편인 아타마스를 미치게 만든다.

미친 아타마스는 제 아들을 죽이고 이노 또한 다른 아들과 함께 바다에 뛰어들었다가 바다의 여신 레우코테아가 되었다고 한다. 천애 고아가 된 디오니소스는 요정들에 맡겨져 자란다. 또한 제우스와 알크메네Alkmēnē에게 분노하여 둘 사이에서 태어난 헤라클레스를 해치기 위해 미치게 한 것도 헤라였다. 이 때문에 헤라클레스는 제 아내와 자식들을 환각 속에서 적들로 알고 살해했고 이에 대한 속죄가 바로 그 유명한 헤라클레스의 12노역이다. 끔찍한 살인을 저지른 헤라클레스는 살인죄에 대한 정화를 위해 델피의 신탁을 구했는데, 그 신탁의 내용은 에우리스테우스 왕에게 12년 동안 왕이 부과하는 12가지 노역들을 치르는 것이었다.

> 어떤 자는 사랑에 미쳐, 트로이를 치려고 바다를 건넌다.
> 다른 자의 운명은 법률을 편찬함에 있고, 여기서는 자식이 어버이를,
> 저기서는 부모가 자식을 살해하며,
> 여기서는 형제에 대항하여 무기를 들고 서로 학살한다.
> 이 살육의 책임은 우리에게 있지 않다.
> 운명이 그들을 강요하며, 이렇게 모두를 교란시켜
> 그들의 손으로 서로 징벌하며 서로 해치게 한다 ……
> 그리고 내가 이렇게 운명에 관해서 말하는 것도
> 운명에 의해서 하는 것이다. (마닐리우스)[233]

『수상록』에는 부인의 질투에 머리가 돌아버린 사내의 이야기가

---

233 『수상록』, p. 519.

나온다. 일터에서 돌아온 사내에게 부인은 버릇인 고함을 치는데 사내는 격분하여 손에 들고 있던 낫으로 부인이 그렇게 열에 들떠 야단치는 물건을 싹둑 잘라서 부인의 콧대에 휙 던져 버렸다. 이러한 격분의 감정 상태를 '파토스'라고 한다. 파토스는 감정에 점점 자극을 가해 스스로를 흥분하게 함으로써 자신의 거시기를 스스로 자르게 함으로써 자신을 불행하게 만드는 것이다. 따라서 이 사내는 거시기를 자르기 전에 감정을 가라앉혀야 했다. 이런 격분에서 평온을 찾는 것을 아파테이아, 곧 '무감정'이라고 한다. 또 다른 파토스의 예를 들어 보자.

그나에우스 피소는, 내 기억에는 많은 악덕과는 인연이 없었지만 편협하며, 일관된 태도라기보다 완고한 것이 통하는 것을 좋아했다. 어느 때 그는 휴가에서 동료를 버리고 돌아온 병사에게 화를 내어 사형을 명하였다. 데리고 오지 않은 동료를 살해한 것으로 단정하고, 그가 찾아서 데려오도록 시간의 유예를 달라는 애원을 받아들이지 않은 것이다. 단죄가 내려진 병사가 방책 밖으로 끌려 나가 목을 내밀고 있을 때, 죽음을 당했다고 여겼던 동료가 갑자기 모습을 나타냈다. 그 순간에 처형을 감독하고 있던 백인대장이 부하에게 검을 거두라고 명하고, 수형자를 피소한데 돌려보내 무고(無辜 잘못이나 허물이 없음)로 방면이 되도록 하려고 했다. 운이 병사에게 돌아왔기 때문이다. 대세도 그렇게 돌아가고 진영이 모두 기쁨에 들끓고 있는 가운데 서로 껴안은 두 사람의 병사를 데리고 갔다. 피소는 분노의 형상도 무시무시하게 심판석에 올라가기가 무섭게 두 사람에게 사형을 명하였다. 아직 죽이지 않았던 병사와 죽지 않았던 병사에게도.

이보다 이해할 수 없는 일이 또 어디에 있겠는가. 한 사람의 무고가 밝혀진 탓으로 두 사람이 죽게 된 것이다. 피소는 세 번째 사람을 추가하였다. 즉 수형자를 도로 데리고 온 백인대장에게도 사형을 내린 것이다.[234]

몽테뉴 또한 이 에피소드의 결론부분을 이렇게 적고 있다.

피소는 수치와 울분으로 아직도 속에서 치밀어 오르던 화가 배로 터지며, 그의 격정이 갑자기 꾸며 댄 궤변으로, 홧김에 이 셋에게 죄를 씌우며 모두 형장으로 보내게 하였다. 첫 번째 병사는 그가 선고를 받았으니 유죄이고, 길을 잃었던 두 번째 병사는 그의 동료의 죽음의 원인이 되었으니 그렇고, 사형 집행인은 그가 받은 명령에 복종하지 않은 까닭에 죄가 있다는 것이었다.[235]

쇼펜하우어는 격분 때문에 어머니와 의절했고 바이런과의 소중한 만남의 기회를 놓치고 말았다. 어머니 요한나에게 격분하여 의절하게 된 동기는 이전부터 사이가 좋지 않았는데, 쌓인 것이 결국 폭

---

234 『세네카 인생론』「분노에 대하여」, pp. 71-72.

235 『수상록』 나는 무엇을 아는가 판 , p. 827.

발한 데 있었다. 그런데 결정적으로 쇼펜하우어의 박사학위 논문인 『충족이유율의 네 가지 근원에 대하여』를 책으로 발간하여 어머니에게 건네주었을 때 적대감이 극으로 치솟았다. 어머니는 그 책을 보고 "약사들을 위한 책인가 보구나?"하고 조롱했다. 왜냐하면 독일어로 '근본, 근원'을 나타내는 단어가 약초류 등의 뿌리를 뜻하는 단어로 쓰였기 때문이었다. 이 말에 쇼펜하우어는 격분해서 집을 나가버렸고 이것이 두 사람이 서로 얼굴을 맞대고 이야기한 마지막이었다고 한다. 어머니 요한나는 쇼펜하우어에게 상속하지 않겠다고 세 번이나 되풀이 말했다고 한다. 두 사람의 불화는 끝내 풀리지 않았다.

쇼펜하우어가 바이런과의 만남의 기회를 놓친 것도 격분 때문이었다. 거리에서 연인과 데이트를 하고 있던 쇼펜하우어 앞으로 바이런이 말을 타고 지나갔다. 이때 쇼펜하우어의 애인은 바이런의 모습에 반해 버렸다. 이에 격분한 쇼펜하우어는 괴테가 바이런을 방문하라고 정성스럽게 써 준 편지를 사용하지 않기로 결심했다. 연인의 마음이 바이런에게 기울까봐 두려워서였다. 그래서 쇼펜하우어는 바이런과 친분을 쌓을 수 있는 기회를 결국 놓치고 말았다. 쇼펜하우어는 그 일을 두고두고 후회했다고 한다. 대통령의 형이 저축은행 비리조사를 받으러 검찰에 출두하면서 청와대에 할 말이 있느냐는 기자들의 질문에 "가슴이 아프다."고 자책했다. 감옥 생활에 대한 두려움 때문에 출두하기 전 밤잠을 설쳤을 것이다. 공포와 격분 그리고 자책은 파토스들이다. 감정은 이성과 달리 합리적이지 않다. 자신에게 이익이 되는지와 무관하게 표출된다. 민감한 현안을 두고 논쟁할 때

막말과 모욕적인 언사를 주고받는 것은 자신의 의지로 제어하지 못하고 외부 환경에 무의식적으로 반응한데서 비롯된다.

페르시아 건국의 시조 키루스 황제는 격분의 훌륭한 사례를 보여주고 있다. 바빌론을 공격하려면 긴데스강을 건너야 하는데, 강폭이 넓게 흐르고 있어 얕은 쪽 여울을 지나 건너려고 시도하였다. 한여름에 강이 가장 좁아질 때에도 안전하게 건널 수 없었다. 그때 키루스 황제의 전차를 끄는 역할을 하는 백마 한 마리가 강물에 떠내려가 버렸다. 황제는 격분하여 왕의 길동무를 앗아간 그 강을 여자라도 쉽게 걸어서 건너갈 수 있도록 하겠다고 맹세하였다. 그래서 180개의 수로를 360개로 배분하여 강물을 사방으로 흘러가도록 함으로써 바싹 말라붙게 하여 실제로 여자 무릎 높이로 수심을 낮추었다. 무익한 노동으로 병사들은 탈진하여 사기는 땅에 떨어졌다. 또 적에게 포고한 전쟁을 강을 상대로 벌이고 있는 동안에 경계를 하지 않은 상대를 공격할 좋은 기회도 놓쳐 버리고 회군했다.

참주(僭主) 히피아스는 자신을 암살하려는 시해자(弑害者)에게 분노하여 심문하는 중에 암살자가 그 배후로 자신의 심복들을 지목하자 진위를 따져보지도 않고 모두 처형했다.

> 그래서 히피아스는 그 한 사람 한 사람을 거명할 때마다 죽이라고 명령한 다음, 아직 누가 남아 있느냐고 물었을 때, 그는 말했다. "그대 한 명뿐이다. 그대를 소중히 하고 있던 자는 따로 한 명도 남겨 두지 않았다." 분노가 참주로 하여금 참주 살해자의 손을 빌려, 자기의 방호를 자기의 칼로 쓰러뜨리는 사태를 가져

온 것이다.[236]

참주 캄뷰세스는 술을 마시면 악행을 일삼았다. 플레이크사스페이스는 왕에게 음주를 삼가라고 충언을 했다. 왕은 분노하여 그에게 자신은 술을 마셔도 정신이 온전하다고 하면서 술에 취해도 눈과 손이 정확하게 움직이는 것을 보여 주겠다고 했다. 취기가 완전히 돌자 그는 플레이크사스페이스의 아들에게 왼손을 머리 위로 올리고 서라고 명하고는 활을 당겨 심장을 명중시켰다. 자신은 술에 취해도 정신이 멀쩡하다는 것을 보여 주었던 것이다.

하르파고스는 왕에게 훈계했는데 분노한 왕은 하르파고스의 아들을 조리하여 식탁에 늘어놓고 하르파고스에게 음식 맛이 입에 맞느냐고 물었다. 자기 아들의 인육을 배불리 먹은 것을 보자 아이들 목을 가지고 오게 했다. 아들의 내장으로 하르파고스를 배불리 먹이고 대접이 괜찮았느냐고 물었다.

다레이오스 왕은 귀족인 오이오바조스의 아들 셋을 볼모로 삼으려고 하자 두 명만 볼모로 삼고 한 명은 봉양을 위해 아비에게 남게 하여 달라고 간청하였다. 다레이오스는 분노하여 세 아들 모두를 아비 앞에서 죽여 내버렸다. 만일 오이오바조스가 세 아들 모두 남게 해 달라고 간청했으면 더 참혹하게 죽였을 것이라고 하면서 말이다.

크세르크세스는 아들 5명의 아버지인 퓨티오스가 한 명의 유예

236 『세네카 인생론』「분노에 대하여」, p. 95.

를 청하자 분노하여 한 명만 고르는 것을 허락하고는 뽑힌 아들을 찢어 양쪽으로 갈라 길에 뿌렸다. 알렉산더 대왕은 벗인 로도스인(人) 테레스포로스의 몸 끝 부분을 모두 잘라 내고 귀와 코도 베어 없애고 뭔가 익숙하지 않은 신기한 동물처럼 만들어서 우리 속에 넣어 길렀다. 루키우스 술라는 마르쿠스 마리우스의 정강이를 꺾고, 눈을 도려내고, 혀와 손을 끊어 버렸다. 그리고 서서히 몸의 각 부분을 하나씩 파손시켰다.

철학자 피론은 어느 날 배를 타고 가다가 위험에 빠졌을 때 배에 타고 있던 사람들이 공포에 질려 있는 것을 보고 돼지를 보여 주었다. 돼지는 폭풍우에도 미동도 하지 않았다.

> 우리가 대단한 자랑으로 여기는 이성, 그것으로 해서 우리가 만물의 영장이며 제왕으로 자처하고 있지만, 그 이성의 장점이 겨우 우리에게 고통을 주는 일이었던가? 사물에 관한 지식을 가졌다고 해서 우리가 안식과 평정을 잃는다고 하면, 그것이 우리를 피론의 돼지만도 못한 조건에 놓아 두니, 무슨 소용이 있단 말인가? 우리가 가장 소중한 보배로 받들고 있는 지성을 가지고 우리는 대자연의 의도, 즉 각자는 자기 편익을 위해서 연장이나 방법을 사용하도록 되어 있는 사물들의 이 보편적 질서와 싸우며, 우리를 파멸시키는 일에 이 지성을 사용해서야 될 말인가?[237]

돼지가 평온을 유지할 수 있는 것과는 반대로 인간이 그렇지 못한 것은 동물과 달리 인간은 온전히 현재에만 매여 있지 않기 때문이다. 피론이 말하는 돼지에서 보듯이 동물은 현재가 구체화된 모습으로 살아간다. 쇼펜하우어는 아무 걱정 없이 즐겁게 시간을 보내는 동물에게 배울 점이 있다고 말한다. 대체로 인간은 자기 생각에 사로잡혀 아무 걱정 없이 즐거운 시간을 보내지 못하므로 현재에 만족하여 즐겁게 보내는 동물에게서 배울 점이 매우 많다는 것이다. 세네카는 이렇게 말한다.

> 아울러 선으로 간주되기 쉬운 것은 인간보다 동물에게 더욱 풍부하게 주어져 있네. 동물이 인간보다 더 먹을 것을 탐하고, 애욕에 지치는 일도 적네. 완력 면에서도 동물이 강하고 일정하네. 따라서 동물이 인간보다 훨씬 풍부하게 가지고 있는 셈이지. 그래서 동물은 방종하지도 않고, 속임수도 쓰지 않으며, 쾌락을 즐기는 방법도 더 많고 또한 쉽게 얻으며, 치욕이나 후회가 없고 걱정도 하지 않는 것이네.[238]

공격과 격분이 현재가 즐겁지 않기 때문에 생기는 감정임을 감안할 때 그러한 감정으로부터 벗어나 마음의 평온을 유지하기 위해서는 현재를 즐거운 시간으로 보내는 것이 하나의 해결책이 될 수

---

237 『수상록』, pp. 62-63.

238 『세네카 인생론』, p. 512.

있다.

> 사람은 은혜를 베풂으로써 잔학한 것까지도 길들게 만든다. 보라, 멍에가 걸린 코끼리의 목을. 뛰어오른 소년·소녀들의 발에 짓밟혀도 가만히 있는 수소의 등을. 잔과 옷 주름 사이를 해를 끼치지 않고 미끄러져 가는 뱀을. 집 안에서 곰과 사자가 조련사를 보고 있는 얌전한 얼굴을. 주인에게 착 달라붙어 장난을 치는 짐승들을. 성격을 동물과 교환해 버린 것이 부끄러워질 것이다.[239]

분노는 치열한 사회에서 경쟁에서 뒤쳐졌다는 생각이 들 때, 다른 사람들은 행복하게 사는데 자기의 삶만 재미가 없다고 느껴질 때, 스트레스를 견디지 못해서 짜증이 날 때, 나보다 실력이 한참 딸리는 동료가 대박을 터뜨렸다고 기세 등등 할 때, 다른 사람들이 나를 깎아 내린다고 느낄 때 생긴다. 다른 사람들은 일이 잘 풀리는데 나만 안 풀리느냐고 생각하는 것도 분노의 원인이다. 다른 사람들은 같은 행동을 해도 귀여움을 받는데 똑같은 행동을 해도 자신의 행동은 괴팍한 성격 때문으로 매도당할 때 여론에 대한 두려움을 갖는데 이것도 분노의 원인이 된다.

---

239 『세네카 인생론』「분노에 대하여」, p. 103.

> 자기가 업신여김을 당했다고 생각하는 사람이 있다. 같은 말들이 어떤 기수의 말은 잘 듣는데, 다른 기수에게는 분연히 반항하는 경우, 어떤 것이 어떤 자에게 좀 더 순종하는 것은 판단에 근거한 것으로 받아들이고, 익숙하게 다루는 솜씨의 차이라고는 생각하지 않는다. 그렇다 하더라도 이런 것에 화를 내는 것은 어리석다.[240]

세네카는 분노가 자신이 다른 사람으로부터 부정을 당했다고 여기는 데 원인이 있다고 한다. 부정이란 다른 사람들의 해코지 때문에 불행하다고 생각하는 것을 말한다. 따라서 부정은 모든 외부의 대상이 자신에게 해코지하는 원인이 된다. 그러나 부정은 자신이 그럴싸한 구실을 만들어 낸다고 할 수 있다. 그런 줄 모르면서 그렇게 한다. 모욕이 아닌데도 모욕을 당한다고 느낀다. 다른 사람 기분을 상하게 하려고 하는 것이 아닌데도 모욕을 당한다고 느껴 분노하는 것이다. 이처럼 분노는 상대방이 해코지를 한다고 생각하는데 모조리 털어놓을 만큼 마음을 빼앗긴 이성을 잃은 행동이다. 이런 집에서 태어나 분노하는 것도 운명에 해코지를 당했기 때문이다. 그래서 운명에 분노한다.

---

240 『세네카 인생론』「분노에 대하여」, pp. 96-97.

운명은 누구든지 많은 데 손을 대고 있는 자에게 어디에서나 응해줄 만큼 호락호락하지 않다. 그 결과, 예정하고 있던 것과는 반대의 일이 생기면 그는 인간이나 일에나 참지 못하고 매우 사소한 원인으로 때로는 사람에게, 때로는 일에, 때로는 장소에, 때로는 운명에, 때로는 자기 자신에 대하여 분노를 일으키게 된다.[241]

자신을 부정하면 할수록 즉 자신이 해코지 당한다는 느낌이 강할수록 분노는 커진다. 그래서 세네카는 이렇게 단언한다.

어떤 것은 해를 가하지도 못하고, 유익하고 건전한 힘밖에 아무것도 없다. 불사신들이 그런 것이다. 저해가 되는 것을 바라지 않고 할 수도 없다. 그들의 본성은 온화하고 평온하며, 다른 사람의 부정으로부터는 자신에 대한 부정과 마찬가지일 정도로 멀리 떨어져 있다. 그래서 바다의 무정, 엄청난 호우, 겨울이 오래 지속되는 것을 그들 탓으로 돌리는 것은 미친 짓이고, 진리를 알지 못한다. 우리를 해롭게 하든가 이롭게 하든가 그런 것은 어느 하나도 원래 우리 쪽으로 두르고 있지 않았다. 그들에게는 그들 자신의 법칙이 있고, 신적인 것은 그 법칙에 따라 작용하고

241 『세네카 인생론』「분노에 대하여」, p. 116.

> 있다. 만일 우리가 그렇게 위대한 것의 운동이 자기를 위해서 있다고, 자기의 가치를 그렇게 생각한다면 정도를 넘은 후한 자기 평가가 되는 것이다. 따라서 이런 어느 하나도 우리에게 부정을 입히려고 생긴 것은 아니다. 그와는 반대로 건전하도록 도움이 안 되는 것은 하나도 없다.[242]

세네카는 부정을 믿어서는 안 된다고 말한다. 명백하게 드러난 경우에도 받아들여서는 안 된다는 것이다. 거짓말 중에는 진실의 모습으로 위장한 것도 있다고 말이다. 그래서 언제나 시간의 여유를 가지라고 한다. 시간이 지나가면 진리가 밝혀지기 때문이다. 세네카는 분노의 처방에 대해 다음과 같이 말한다.

> 중상하는 사람에게 쉽게 귀를 기울이면 안 된다. 이 인간본성의 결함, 아니 그런 터무니없는 말을 믿었다가, 판단하기 전에 화를 내는 잘못을, 우리는 스스로 명심하고 조심하지 않으면 안 된다. 중상은 그만두고 시기심까지 발동하여 남의 시선과 웃음거리가 되고, 아무 악의도 없는 사람에게 분통을 터뜨린다면 어떻게 되겠는가. 그러므로 자기 자신에게 대항하여 결석자를 변호하고 분노는 미결상태로 보류해야 한다. 벌은 연기되어도 과할 수가 있지만 집행 후에는 취소할 수가 없다.[243]

---

242 『세네카 인생론』「분노에 대하여」, p. 98.

세네카는 누군가의 기침이나 재채기, 제멋대로 쫓아버린 파리, 서성거리는 개, 차분하지 못한 노예가 떨어뜨린 자물쇠 같은 사소한 일에도 참지 못하고 화를 낸다면 여름 한더위의 행군에서 배고픔과 갈증에 처하면 죽일 듯이 눈을 부라리며 몸을 떨며 광분할 것이라고 말한다. 분노는 자기에 대한 과대평가에서 생긴다. 자기의 부정에만 분노하고 상대방의 부정에는 귀를 막기 때문이다. 그래서 분노는 아무리 패기에 넘친 듯이 보여도 소심하고 도량이 좁은 것이다. 분수를 모르고 참을 줄 모르는 사치만큼 분노를 키우는 것은 없다. 분노를 다스리기 위해서는 마음을 거칠게 다루고 혹독하게 단련해서 견뎌야 한다. 분노하기 전에 "내 자신도 이런 잘못을 저지른 적이 있다."라고 조용히 자기를 되돌아보아야 한다. 세네카는 말한다.

> 우리에게는 벌〔분노〕이 과해졌다. 무엇을 당하는가와 함께 무엇을 행하였는가를 생각해 보라. 〔분노를 다스리기 위해서〕 자기 삶에 대하여 성찰해 보라. 스스로 자신에게 진리를 말하고 싶어지기만 한다면, 우리는 벌금의 액수를 훨씬 높이 평가할 것이다.[244]

자기는 상대로 인해 부정당했다고 분노하면서 상대방이 나로 인

---

243 『세네카 인생론』「분노에 대하여」, p. 95.

244 『세네카 인생론』「분노에 대하여」, p. 98.

해 부정당해서 분노할 수 있다는 것은 생각하지 않는가! 자신에 대한 성찰은 상대방이 나의 부정으로 인해 분노할 수 있다는 것을 아는 것이다. 상대방을 헤아리는 사람은 화를 내지 않는다. 그래서 세네카는 말한다.

> 우리는 자기가 적에게도 피해를 입어서는 안 된다고 생각한다. 누구나 자기 안에 왕의 마음을 간직하고 있다. 자기는 제멋대로 할 수 있는 전횡을 바라고 자기가 당하는 것은 바라지 않는다. 그래서 우리에게 화를 잘 내게 하는 것은 무지가 아니면 오만, '사물에 대한 무지'인 것이다.[245]

상대방도 나처럼 분노할 수 있음을 아는 것은 자기 성찰로부터 온다. 무지에 대한 깨우침이 분노를 불식시킨다. 세네카의 말에 조용히 귀를 기울여 보자.

> 조국을 해치는 것은 도리에 어긋난다. 그러므로 국민을 해치는 것도 당치 않다. 그들은 조국의 일부이기 때문이다. 모두가 외경해야 될 만한 일이라면 부분도 신성하다. 때문에 인간을 해치는 것도 도리에 어긋난다. 왜냐하면 인간은 큰 도시국가에 있어서 그대의 동포시민이기 때문이다. 혹시 손이 발을, 눈이 손을 해치

245 『세네카 인생론』「분노에 대하여」, p. 102.

기를 바란다면 어떻게 될까. 몸의 모든 부분에는 서로 간에 긴밀한 협조가 있다. 각 부분의 유지는 전체에 있어 중요하기 때문이다. 마찬가지로 인간은 공동을 위해서 태어났기 때문에 각각의 사람을 허용해야 한다. 공동체도 각 부분에 대한 방호와 애정 없이는 불가능하다.[246]

소크라테스는 주먹으로 뺨을 맞았을 때 분노하지 않고 대수롭지 않게 넘김으로써 사태가 크게 확대되는 것을 막았다. 주먹을 막기 위해 "투구를 매일 쓰고 나올 수는 없지 않느냐"고 하면서 주먹으로 맞은 일을 대수롭지 않은 일로 넘겼다. 운이 나빠 투구를 쓰지 않은 날 맞았다는 것이다.

소(小) 카토는 렌툴루스가 자신의 얼굴에 침을 뱉자 침착하게 얼굴에 묻은 침을 닦아내고는 "렌툴루스, 내 장담하는데 누가 자네더러 입을 못 놀린다고 말한다면 전혀 잘못 알고 있는 걸세!"라고 말했다고 한다. 이처럼 유머는 우리에게 닥치는 나쁜 일들을 재미있는 일이라고 생각하고, 우리를 분노하게 할지도 모르는 일들을 즐거움의 원천이 될 수 있다고 낙천적으로 생각하는 데서 생기는 것이다. 사실 소 카토와 소크라테스가 자신들이 당한 모욕에 대해 화를 내지 않고 웃음을 유발한 것은 순간적으로 치미는 분노를 누그러뜨리기 위한 지혜로운 대처라고 볼 수 있다.

---

246 『세네카 인생론』「분노에 대하여」, p. 103.

플라톤은 잘못한 노예의 웃통을 벗겨 때리려다 자신이 화를 내고 있는 것을 깨닫고 때리려는 자신의 모습을 보고 민망해 하는데 마침 그때 친구가 찾아 왔다. 왜 그런 자세를 취하고 있냐고 친구가 묻자 플라톤은 걸핏하면 화를 내는 나 자신에게 벌을 주고 있다고 했다. 그리고 불같이 화난 순간에서 벗어나기 위해 머리를 썼는데 자기 대신 친구에게 노예를 때리라고 하면서 분을 삭이기 위해 시간을 벌었다. 자신은 화를 내고 있으니까 화가 나지 않은 친구에게 대신 때리라고 하면서 분을 가라앉혔다. 물론 친구도 노예를 때리지 않았다.

플라톤은 자기가 가진 힘을 잘못한 노예에게 분노로 표출하지 않았다. 화가 난 상태에서는 필요 이상으로 혹독한 매질을 할 것을 잘 알고 있었기 때문이다. 플라톤은 화를 내고 있을 때 자신에게 아무것도 허락해서는 안 된다는 것을 알았다. 왜냐하면 격분을 허락한다면 물불 가리지 않고 노예를 두들겨 팰 것이고 그러면 사태는 걷잡을 수 없게 커질 것을 너무나 잘 알았기 때문이다. 『일리아스』에서 펠레우스는 아들 아킬레우스에게 아래와 같이 당부한다.

> 친구여! 그대의 부친 펠레우스께서 그대를 프티아에서
> 아가멤논에게 보내시던 날 신신당부를 했소이다.
> '내 아들아! 힘은 아테네와 헤라가 그럴 마음만 있다면
> 네게 내려주실 것이다. 하나 너는 거만한 마음을 가슴속에서
> 억누르도록 하라. 상냥한 마음씨가 더 나은 법이니까.
> 그리고 재앙을 꾀하는 말다툼을 피하도록 하라.
> 그러면 아르고스인들이 노소불문하고 너를 더욱 존경하게 되리

라.'[247]

자신이 분노하지 않도록 친구에게 부탁하는 것도 분노를 피하는 한 가지 방법이다. 술버릇이 나빠 주정을 심하게 하는 사람은 음주 전에 과도한 음주를 하려고 할 때 말려달라고 부탁하고 술자리를 갖는다. 또한 병이 나서 컨디션이 나쁠 때 자신이 무엇을 결정하더라도 자기의 말을 따르지 않도록 미리 부탁한다.

분노를 가슴 깊이 간직하고 자기 고통을 밖으로 나타내지 않는 것이 최선이다. 분노의 조짐은 모조리 꺾어 버리자. 표정은 좀 더 부드럽게, 소리는 좀 더 조용히, 발걸음은 좀 더 천천히 말이다. 분노를 이기기 위해서는 자신과 싸워야 하지 않을까. 알렉산드로스의 할아버지인 안티고노스는 자기 천막에 기대어 험담을 늘어놓는 병사들에게 분노하지 않았다. 왕과 병사들의 거리는 엷은 천 한 장이었기 때문에 그는 그들이 지껄이는 소리를 다 듣고 있었다. 그러나 왕은 화를 내지 않고 천을 툭툭 치면서 "좀 더 떨어져 말하지 않겠느냐. 너희들 말이 왕에게 들려오면 안 되지 않아."라고 말했다.

알렉산더 대왕의 아버지 필리포스 또한 모욕에 대한 인내력에서 둘째가라면 서러울 정도로 대단했다.

후안무치하기 짝이 없는 독설 때문에 '직언거사(直言居士)'라는

---

247 『일리아스』, p. 243.

별명이 붙은 데모카레스가 아테네에서 사절에 끼어 그를 방문하였다. 필리포스는 이 사절의 말에 호의를 가지고 귀를 기울인 다음 이런 말을 하였다. "내가 아테네 사람들에게 기쁨을 줄 수 있는 것이 무엇인지 가르쳐 달라." 그러자 데모카레스가 말했다. "왕이 목을 매는 것이요." 이 무뚝뚝한 대답에 주위 사람들은 격분하였다. 그러나 필리포스는 그들에게 입을 다물게 하고, 테르시테스를 탈 없이 무사하게 방면하도록 명하였다. 그리고 그는 이렇게 말했다. "그러나 여러분 사절의 다른 사람들은 이런 말을 하는 사람이 말없이 듣기만 한 자보다 훨씬 오만하였다고 아테네인에게 보고하여 주게나."[248]

이 글을 쓰는 중에 강남 주택가와 술집에서 시비가 붙어 칼로 찔러 죽었다는 소식을 연이어 접한다. 사소한 다툼이 돌이킬 수 없는 화를 불러온다. 분노는 백해무익하다. 참자. 또 참자. 그래도 참자.

남에게 상처를 입고, 부정을 당하여도 더욱 침착한 마음으로 참는 것이다. 더없이 아주 사려 깊은 사람도 잘못이 있는 이상, 잘못에 대한 그 나름의 변명이 누구에게나 있지 않겠는가. 자기의 청춘시대를 돌아보자. 대체 몇 번이나 의무를 소홀히 한 적이, 말의 신중함을 잊은 적이, 음주의 정도가 지나친 적이 있었을

248 『세네카 인생론』「분노에 대하여」, p. 132.

> 것이다. 혹시 그가 화를 내고 있다면, 그에게 유예를 주어 자기가 무엇을 했는가 확실히 알도록 하면 된다. 스스로 자기를 꾸짖을 것이다. (…)
> 우리는 우리의 것을 비교하지 말고 기뻐하자. 보다 행복한 사람에게 괴로움을 당하는 자는 행복해질 수 없기 때문이다. 나의 몫은 희망보다 적다. 나는 너무 많은 것을 희망한 것이다.[249]

남의 것을 바라보면 누구나 자기 것이 마음에 들지 않게 된다. 그래서 우리는 분노한다. 자기보다 앞서 가는 사람이 있기 때문에 분노한다. 그러나 우리는 뒤에 얼마나 많은 사람이 있는지, 몇 안 되는 사람을 시기하는 자가 얼마나 큰 질투에 뒤를 밟히고 있는지를 모르고 있다. 아무리 많은 것을 받고 있어도 더 받았어야 하는 건데 세상으로부터 해코지 당해서 더 받지 못하였다고 분노한다.

분노와 단절하려면 받은 것에 감사해야 한다. 아직 만족으로 가득차지 않은 것에 기뻐해야 한다. 나는 화가 나거나 마음이 어지러울 때 숨 막혀 죽을 것 같아서 분노조차 마음에서 일지 않았던 축사 생활을 떠올린다. 돌이켜 보면 만사에 대한 무력감 곧 무의 의지는 참혹한 현실을 견디어 내겠다는 삶의 신호였다. 그때도 견디어 냈었는데 그리고 살아났는데 지금쯤이야 하는 생각을 하면 금세 마음이 평안해진다. 세네카의 말로 끝맺는다.

---

249 『세네카 인생론』「분노에 대하여」, p. 134, 139.

마음에 평화를 누리도록 하지 않겠는가. 그것을 가져다주는 것은 건전한 권고와 끊임없는 성찰, 선한 행동과 실천, 오직 고결함을 추구하는 진지한 마음이다. 자기만족을 만족시키도록 하고, 세평(世評)을 목표로 애쓰는 것은 그만두자.[250]

250 『세네카 인생론』「분노에 대하여」, pp. 147-148.

인문학으로 인해 나는 내 영혼의 상처를 위로 받으며 다시 살아났다. 나에게 인문학은 필요할 때만 찾고 필요 없으면 팽개치는 임시방편이 아니다. 인문학은 내가 생을 마칠 때까지 나와 함께 할 삶의 동반자다. 바람 앞의 등불처럼 내 영혼이 위태로웠을 때 나를 구한 것이 바로 인문학이었다. 인문학은 나의 삶 자체이다.

인문학은 나에게 길의 삶이 무엇인지 가르쳐주었다. 길의 삶은 도로의 삶과 다르다. 도로는 속도이며 길은 느림이다. 길은 강과 같다. 강은 유유히 흐른다. 강은 넉넉하다. 도로가 직선이라면 길은 곡선이다. 도로는 뻗어 나가기 위해 잠시 머무는 이정이요, 길은 포용한다. 도로는 멈출 수 없지만 길은 어디서든 멈춰서 쉬어갈 수 있다. 길은 길가에 난 꽃을 보고 멈추어서 볼 수 있다. 도로는 삶을 소외시킨다. 도로의 시간에 맞춰진 삶은 각박하다. 조금이라도 시간을 어기면 가차 없다. 삶의 시간은 주인이 된 도로에 맞춰진다. 길의 삶에서는 주인이 나인데 도로에서는 기물(器物)이 주인이다.

본성이 자기를 나타내고 계발하기 위해서는 운수 따위는 상대할 거리도 안 된다. 본성은 모든 층계에서 똑같이, 마치 장막이 없는 것처럼 그 뒷면까지도 나타내 보인다. 계략을 꾸밀 것이 아니라, 행동 습관을 꾸미는 것이 우리가 할 업무이다. 전쟁에 승리하여 영토를 얻는 것이 아니라, 우리 행실에 질서와 안정을 얻는 것이 우리의 일이다. 우리의 영광스럽고 위대한 걸작은 우리가 적당하게 살아가는 일이다. 지배한다, 재물을 모은다, 건설한다는 따위의 모든 일들은 기껏 부수적이며 부차적인 데 지나지 않는다.[251]

도로는 빠름을 향해 치달린다. 도로는 탐욕의 거리를 무한히 넓히는 기물(器物)이다. 인문학은 나에게 삶의 깊이와 폭을 넓히면서 천천히 가는 길의 삶이 무엇인지 깨닫게 해주었다. 그래서 나의 인문학 공부는 느리다.

나는 새벽에 글을 쓴다. 감당하기 힘들 정도로 많은 생각들이 한꺼번에 물밀듯이 떠오른다. 나는 그 생각들이 행여 달아날까봐 자리에서 박차고 일어나 파편처럼 흩어진 생각들을 순식간에 글로 꿰맨다. 이렇게 쓴 글을 퇴근하고 돌아온 아내에게 털어놓는다. 아내는 환하게 웃으면서 "어구 그랬구나! 우리 자영이가"하고 남이 들으면

251 『수상록』 나는 무엇을 아는가 편, p. 1278.

낯간지러운 코맹맹이 소리를 내면서 말한다. 나는 이런 아내가 좋다. 아내는 내 편이다. 언제나 나의 기를 북돋아준다. 그래서 '선똑'이다. 나에게는 아내가 이 세상에서 그 누구보다도 똑똑하고 현명하기에 그렇다.

나는 지금 어느 때보다 영혼의 충만함과 몸의 건강함 속에서 살고 있다. 앞으로도 그럴 것이다. 나는 인문 멘토들이 주는 삶의 위로를 받으며 살 것이다.

> 산다는 것의 최대의 장애는 기대를 갖는다는 것이지만, 그것은 내일에 의존하여 오늘을 잃는 일이다. 운명의 손아귀 속에 있는 것을 늘어놓고 현재 자기의 수중에 있는 것은 내버린다. 당신은 어디를 바라보고 있는가? 어디를 향해서 나아가려고 하는가? 장래의 일은 모두 불확실한 상태 속에 있다. 지금 당장 살지 않으면 안 되는 것이다.
>
> —세네카, 「인생의 짧음에 대하여」

참고문헌

탈레스 외 지음, 김인곤 외 옮김, 『소크라테스 이전 철학자들의 단편 선집』(서울: 아카넷, 2005)

호메로스 지음, 천병희 옮김, 『일리아스』(고양: 숲, 2007)

호메로스 지음, 천병희 옮김, 『오뒷세이아』(고양: 숲, 2006)

헤시오도스 지음, 천병희 옮김, 『신들의 계보』(고양: 숲, 2009)

플라톤 지음, 박종현 옮김, 『국가·정체(政體)』(파주: 서광사, 2008)

플라톤 지음, 김주일·정준영 옮김, 『알키비아데스 I·II 』(서울: 이제이북스, 2007)

플라톤 지음, 박종현 옮김, 『법률』(파주: 서광사, 2009)

플라톤 지음, 김태경 옮김, 『소피스테스』(파주: 한길사, 2000)

플라톤 지음, 강철웅 옮김, 『향연』(서울: 이제이북스, 2010)

플라톤 지음, 김인곤·이기백 옮김, 『크라튈로스』(서울: 이제이북스, 2007)

플라톤 지음, 김인곤 옮김, 『고르기아스』(서울: 이제이북스, 2011)

플라톤 지음, 김태경 옮김, 『소피스테스』(파주: 한길사, 2000)

플라톤 지음, 강철웅 옮김, 『뤼시스』(서울: 이제이북스, 2007)

플라톤 지음, 박종현 옮김, 『플라톤의 네 대화편 』(파주: 서광사, 2003)

플라톤 지음, 조대호 옮김, 『파이드로스』(서울: 문예출판사, 2009)

에피쿠로스 지음, 오유석 옮김, 『쾌락』(서울: 문학과지성사, 1998)

아리스토텔레스 지음, 김진성 옮김, 『형이상학』 (서울: 이제이북스, 2007)

아리스토텔레스 지음, 천병희 옮김, 『니코마코스 윤리학』(고양: 숲, 2013)

라에르티오스 지음, 전양범 옮김, 『그리스철학자 열전』(서울: 동서문화사, 2008)

베르길리우스 지음, 천병희 옮김, 『아이네이스』(고양: 숲, 2007)

아우구스티누스 지음, 정은주 옮김, 『고백록』(서울: 풀빛, 2006)

세네카 지음, 김천운 옮김, 『세네카 인생론』(서울: 동서문화사, 2007)

세네카 지음, 장경룡 옮김, 『산다는 것과 죽는다는 것』(서울: 혜원출판사,

1999)
아우렐리우스 지음, 천병희 옮김, 『명상록』(고양: 숲, 2005)
몽테뉴 지음, 손우성 옮김, 『수상록』(서울: 동서문화사, 2007)
데카르트 지음, 이현복 옮김, 『방법서설』(서울: 문예출판사, 1997)
스피노자 지음, 강영계 옮김, 『에티카』(파주: 서광사, 2007)
로슈푸코 지음, 정병희 옮김, 『바보예찬/잠언과 성찰/인간성격론』(서울: 동서문화사, 2008)
루소 지음, 최 현 옮김, 『인간불평등 기원론·사회계약론』(서울: 집문당, 1989)
루소 지음, 김중현 옮김, 『고독한 산책자의 몽상』(파주: 한길사, 2000)
칸트 지음, 백종현 옮김, 『순수이성비판』1·2 (서울: 아카넷, 2006)
칸트 지음, 백종현 옮김, 『실천이성비판』(서울: 아카넷, 2006)
헤겔 지음, 임석진 옮김, 『정신현상학 1·2』(파주: 한길사, 2005)
헤겔 지음, 두행숙 옮김, 『헤겔의 미학강의 1』(서울: 은행나무, 2010)
헤겔 지음, 임석진 옮김, 『법철학』(파주: 한길사, 2008)
괴테 지음, 두행숙 옮김, 『젊은 베르테르의 슬픔』(서울: 부북스, 2010)
실러 지음, 안인희 옮김, 『미학편지』(서울: 휴먼아트, 2012)
쇼펜하우어 지음, 홍성광 옮김, 『의지와 표상으로서의 세계』(서울: 을유문화사, 2009)
쇼펜하우어 지음, 권기철 옮김, 『세상을 보는 방법』(서울: 동서문화사, 2005)
쇼펜하우어 지음, 권기철 옮김, 『세상을 보는 지혜』(서울: 동서문화사, 2007)
스탕달 지음, 권지현 옮김, 『스탕달의 연애론』(서울: 삼성출판사, 2007)
보들레르 지음, 윤영애 옮김, 『악의 꽃』(서울: 문학과지성사, 2004)
보들레르 지음, 박철화 옮김, 『악의 꽃/파리의 우울』(서울: 동서문화사, 2013)
키르케고르 지음, 임규정 옮김, 『죽음에 이르는 병』(파주: 한길사, 2007)
브램 스토커 지음, 이세욱 옮김, 『드라큘라상·하』 (파주: 열린책들, 2009)
니체 지음, 정동호 옮김, 『차라투스트라는 이렇게 말했다』(서울: 책세상, 2002)
니체 지음, 이진우 옮김, 『니체전집 19: 유고(1885년 가을~1887년 가을)』(서울: 책세상, 2000)
니체 지음, 김정현 옮김, 『니체전집 14: 선악의 저편·도덕의 계보』(서울: 책세

상, 2002)
니체 지음, 김미기 옮김, 『니체전집 8: 인간적인 너무나 인간적인 2』(서울: 책세상, 2002)
니체 지음, 안성찬 옮김, 『니체 전집12: 즐거운 학문』 (서울: 책세상, 2005)
프로이트 지음, 김석희 옮김, 『문명 속의 불만』(파주: 열린책들, 1998)
하이데거 지음, 이기상 옮김, 『존재와 시간』(서울: 까치, 1998)
비트켄슈타인 지음, 이영철 옮김, 『논리-철학논고』(서울: 책세상, 2006)
러셀 지음, 이순희 옮김, 『행복의 정복』(서울: 사회평론, 2009)
러셀 지음, 김영철 옮김, 『결혼과 성(性)』(서울: 간디서원, 2004)
사르트르 지음, 방곤 옮김, 『구토』(서울: 문예출판사, 1999)
사르트르 지음, 변광배 옮김, 『존재와 무』(서울: 살림출판사, 2005)
사르트르 지음, 박정태 옮김, 『실존주의는 휴머니즘이다』(서울: 이학사, 2008)
생텍쥐페리 지음, 박성창 옮김, 『어린왕자』(서울: 비룡소, 2005)
프롬 지음, 황문수 옮김, 『사랑의 기술』(서울: 문예출판사, 2006)
프롬 지음, 차경아 옮김, 『소유냐 존재냐』(서울: 까치, 2007)
마르쿠제 지음, 김인환 옮김, 『에로스와 문명』(파주: 나남출판, 2004)
하르트만 지음, 이강조 옮김, 『독일 관념론 철학』(파주: 서광사, 2008)
하우저 지음, 염무웅·반성완 옮김, 『문학과 예술의 사회사 3』(파주: 창비, 2008)
하우저 지음, 백낙청·염무웅 옮김, 『문학과 예술의 사회사 4』(파주: 창비, 2007)
벌린 지음, 강유원·나현영 옮김, 『낭만주의의 뿌리』(서울: 이제이북스, 2005)
바르트 지음, 김희영 옮김, 『사랑의 단상』(서울: 동문선, 2004)
푸코 지음, 심세광 옮김, 『주체의 해석학』(서울: 동문선, 2007)
데리다 지음, 김보현 옮김, 『해체』(서울: 문예출판사, 2010)
데리다 지음, 김상록 옮김, 『목소리와 현상』(고양: 인간사랑, 2006)
스튜어트 지음, 석기용 옮김, 『스피노자는 왜 라이프니츠를 몰래 만났나』(서울: 교양인, 2011)
호센펠더 지음, 뢰트 엮음, 조규홍 옮김, 『헬레니즘 철학사』(파주: 한길사, 2011)

벤사이드 지음, 김은주 옮김, 『저항』(서울: 이후, 2003)
지젝 지음, 이수련 옮김, 『이데올로기라는 숭고한 대상』(고양: 인간사랑, 2002)
지젝 지음, 박정수 옮김, 『그들은 자기가 하는 일을 알지 못하나이다』(고양: 인간사랑, 2004)
지젝 지음, 김희진·정일권·이현우 옮김, 『폭력이란 무엇인가』(서울: 난장이, 2011)
지젝 지음, 조형준 옮김, 『헤겔 레스토랑』(서울: 새물결, 2013)
김보현 지음, 『데리다 입문』(서울: 문예출판사, 2011)
김용옥 지음, 『노자와 21세기』(서울: 통나무, 1999)
김용운 지음, 『철학정원』(서울: 한겨레출판, 2007)
오강남 지음, 『장자』 (서울: 현암사, 1999)
윤병태 지음, 『삶의 논리』헤겔 『대논리학』의 객체성과 이념론 분석 (서울: 용의 숲, 2007)
이광모 지음, 『헤겔철학과 학문의 본질』(서울: 용의숲, 2006)
이명권 지음, 『우파니샤드』(파주: 한길사, 2011)
이명권 지음, 『베다』(파주: 한길사, 2013)
이정은 지음, 『헤겔 「대논리학」의 자기의식 이론』(서울: 한국학술정보(주), 2006)
이진우 지음, 『니체의 차라투스트라를 찾아서』(서울: 책세상, 2010)
손철성 지음, 『독일 이데올로기 연구』(서울: 도서출판 영한, 2007)
한자경 지음, 『일심의 철학』(파주: 서광사, 2002)
한자경 지음, 『칸트 철학에의 초대』(파주: 서광사, 2006)
한자경 지음, 『헤겔 정신현상학의 이해』(파주: 서광사, 2009)

플라톤 지음, 강철웅 외 옮김, 『편지들』(서울: 이제이북스, 2009)
아리스토텔레스 지음, 이상섭 옮김, 『시학』(서울: 문학과 지성사, 2005)
오비디우스 지음, 천병희 옮김, 『원전으로 읽는 변신이야기』(고양: 숲, 2007)
베르그송 지음, 이희영 옮김, 『웃음/창조적 진화/도덕과 종교의 두 원천』(서울: 동서문화사, 2008)
소로우 지음, 강승영 옮김, 『월든』(서울: 은행나무, 2012)
프로이트 지음, 강영계 옮김, 『쾌락원칙의 저편』(서울: 지식을 만드는 지식, 2009)
푸코 지음, 이규현 옮김, 『말과 사물』(서울: 민음사, 2012)
푸코 지음, 심세광·전혜리·조성은 옮김, 『생명관리 정치의 탄생』(서울: 난장, 2012)
들뢰즈 지음, 이강훈 옮김, 『매저키즘』(고양: 인간사랑, 2007)
랑시에르 지음, 주형일 옮김, 『미학 안의 불편함』(고양: 인간사랑, 2008)
랑시에르 지음, 허경 옮김, 『민주주의는 왜 증오의 대상인가』(고양: 인간사랑, 2011)
애링턴 지음, 김성호 옮김, 『서양 윤리학사』(파주: 서광사, 2003)
서동욱 지음, 『들뢰즈의 철학』(서울: 민음사, 2002)
서동욱 지음, 『차이와 타자』(서울: 문학과지성사, 2003)
진은영 지음, 『순수이성비판, 이성을 법정에 세우다』(서울: 그린비, 2004)
진은영 지음, 『니체 영원회귀와 차이의 철학』(서울: 그린비, 2007)

숨 막혀 죽겠거든, 철학하라

– 인생의 힘든 고비에서 나를 잡아준 책들

발행일 1쇄 2014년 10월 30일

지은이 홍정

펴낸이 여국동

펴낸곳 도서출판 인간사랑

출판등록 1983. 1. 26. 제일 - 3호

주소 경기도 고양시 일산동구 백석로 108번길 60-5 2층

전화 031)901 - 8144(대표) | 815 - 2021(영업부) | 031)907 - 2003(편집부)

팩스 031)905 - 5815

전자우편 igsr@naver.com

페이스북 http://www.facebook.com/igsrpub

블로그 http://blog.naver.com/igsr

인쇄 인성인쇄 **출력** 현대미디어 **종이** 세원지업사

ISBN 978 - 89 - 7418 - 580 - 0 04100
978 - 89 - 7418 - 579 - 4(세트)

이 도서의 국립중앙도서관 출판시도서목록(CIP)은 서지정보유통지원시스템 홈페이지(http://seoji.nl.go.kr)와 국가자료공동목록시스템(http://www.nl.go.kr/kolisnet)에서 이용하실 수 있습니다.(CIP제어번호: CIP2014029735)